U0507778

（1）项目基本情况：国家社会科学基金项目（12BZZ047）
中国涉外民间组织的政府管理研究

（2）参与人员：

何　静　郑　昕　李立轩　刘　艳　钟道华　洪玉梅　王成君

陈菁菁　袁广盛　李世勇　史传林　钟俊菘　罗思颖　徐诗豪

（3）深圳职业技术学院学术著作出版基金资助出版

中国涉外民间组织的政府管理研究

魏红英 何静 著

中国社会科学出版社

图书在版编目（CIP）数据

中国涉外民间组织的政府管理研究／魏红英，何静著．—北京：中国社会科学出版社，2017.6

ISBN 978-7-5161-9804-9

Ⅰ.①中…　Ⅱ.①魏…②何…　Ⅲ.①社会团体—行政管理—研究—中国　Ⅳ.①C232

中国版本图书馆 CIP 数据核字（2017）第 021478 号

出 版 人	赵剑英
责任编辑	冯春凤
责任校对	张爱华
责任印制	张雪娇

出　　版	中国社会科学出版社
社　　址	北京鼓楼西大街甲 158 号
邮　　编	100720
网　　址	http://www.csspw.cn
发 行 部	010－84083685
门 市 部	010－84029450
经　　销	新华书店及其他书店

印　　刷	北京君升印刷有限公司
装　　订	廊坊市广阳区广增装订厂
版　　次	2017 年 6 月第 1 版
印　　次	2017 年 6 月第 1 次印刷

开　　本	710×1000　1/16
印　　张	16
插　　页	2
字　　数	261 千字
定　　价	68.00 元

凡购买中国社会科学出版社图书，如有质量问题请与本社营销中心联系调换
电话：010－84083683
版权所有　侵权必究

目　　录

第一章 导　　论

一　问题的由来与研究意义

在推进国家治理体系和治理能力现代化进程中，涉外民间组织的政府管理已经成为中国亟须解决的一个重要问题。涉外民间组织是境外在华非政府组织（简称为境外①在华 NGO 或境外非政府组织）和境内涉外社会组织两类的统称。前者指在境外合法成立、在中国境内开展活动的民间组织；后者指在中国境内依法成立，人员、资金、活动或战略等涉及境外因素的社会组织。

二战后，国际非政府组织获得了很大的发展，组织的规模和活动能量在全球治理的进程中不断增大，活动覆盖从经济、社会、环境到人权、维和、裁军等各个领域。中国在经济、社会快速发展的过程中，面临人口问题、贫富差距和环境恶化等全球共性的问题，这无疑吸引了国际非政府组织的关注。伴随全球化程度的加深和中国对外开放政策的推进，许多境外非政府组织以各种方式进入境内，或成立公司、或建立代理机构、或以项目方式。同时，中国境内民间组织也逐渐走出国门。它们的数量越来越多、规模越来越大、活动范围和领域越来越广，对中国社会治理的影响越来越显现。以至于无视涉外民间组织，就无法理解中国某些领域的公共治理和社会管理的未来发展趋势。

涉外民间组织具有两面性，有的对中国的经济社会文化发展、环境保

---

① 在中国，国内和境内是两个不同的概念。中国境内（不含香港、澳门、台湾）在"境内"（边境以内），也在"国内"（国土之内），有时简称"大陆"；香港、澳门、台湾虽和外国一样属于"境外"（边境以外）但属"中国领土"一部分。

护、公共外交等起着积极作用，有的则对中国的政治经济安全造成危害。因此，如何通过政府管理发挥涉外民间组织的积极作用并限制其负面效应，这成为中国面临的必须研究的重大现实问题。

目前，中国政府对涉外民间组织的管理相对滞后，既有的理论研究明显不足，整体宏观视角的研究不多，纳入公共治理视角的研究更为少见。主要的研究集中在涉外民间组织的现状探讨，以及政府管理必要性的论证等方面，少有对涉外民间组织政府管理的研究，这更凸显了本课题研究的价值和意义。

本研究有助于拓展非政府组织管理研究的范围和深度。尽管对于社会组织的政府管理研究目前国内外有许多，并且深化了政府与社会组织关系的相关理论。但是，对涉外民间组织的政府管理的研究却并不多见。由于涉外民间组织管理具有政治经济的复杂性和主权的敏感性，涉及法律、国际政治、公共管理、社会学等多学科知识，研究起来很有难度，因此，已有的研究成果并不如意。国内对此问题的研究极其薄弱，只有一些介绍性或初步研究的文章，系统地深入研究几近空白。本选题将丰富中国民间组织管理的理论研究，弥补该领域研究中可能存在的某些不足，拓展和深化非政府组织政府管理的研究。

本研究有助于政府把握中国涉外民间组织的历史、现状和发展趋势，提升政府的管理绩效。客观地说，中国政府在准备不充分的情况下渐渐打开了外国 NGO 进入的国门。对于深度参与中国经济和社会发展各领域的境外 NGO，中国政府尝试管理，中央政府也默认或许可地方政府管理创新，并取得一定成绩。但是，管理水平明显存在不足。个中缘由之一，就是政府对涉外民间组织的了解不够。本研究梳理中国涉外民间组织以及它们与政府关系的历史和现状，分析了政府管理涉外民间组织的过程和内容，有助于增进政府对境外 NGO 在中国发展的理解，从中找到中国公共治理的某些特色方式和路径，提升政府管理绩效。

本研究为政府管理涉外民间组织的实践提供学理支持。涉外民间组织管理具有特殊性，需要有理论支撑。本研究尝试建立政府管理涉外民间组织的职责清单，提出分类管理、整体管理、流程管理、要素管理等理念和操作措施，构建涉外民间组织政府管理的理论模型。研究成果的运用有助于更好地发挥政府管理应有的功能和作用，有利于防范 2015 年军报元旦献词《革弊鼎新开创强军兴军新局面》中提出的一些西方国家对中国策动"颜色革命"的企图。

本研究有助于国内社会组织的发展壮大。境外在华NGO的规范管理给予国内NGO相对公平的发展环境，有助于国内民间组织以及境外在华NGO的共同发展。社会组织的发展对国内经济有促进作用。莱斯特·M.萨拉蒙的研究表明，在一些发达国家，非营利组织已经发展成为一个举足轻重的产业。① 从这个意义上说，本研究有助于民间组织的发展，对于国内经济和社会发展具有积极意义。

二　问题的界定与研究范围

（一）民间组织与涉外民间组织

这里的民间组织、NGO、社会组织三个概念的选择主要依从国内外学者惯用的表达习惯，它们之间并没有太大的本质区别。当然，这并不否认在具体语境使用中的侧重点的差异和组织性质的不同侧面。

"民间组织"也称为社会组织，二者都是具有中国特色的称呼，"民间"是与"官方"一词相对应的具有中国文化特色的名词，反映中国传统二元社会结构的角色关系。民间组织是2006年前政府官方的普通用语，并因为自1998年政府管理部门中民间组织管理局的设立而得到广泛使用。社会组织的概念源于2006年10月党的十六届六中全会通过的《关于构建社会主义和谐社会若干问题的重大决议》中的提法。2007年党的十七大进一步确认了"社会组织"的概念。2007年11月召开的全国社会组织建设与管理经验交流会上，时任民政部部长的李学举指出：社会组织是对传统的非政府组织、非营利组织、第三部门或者民间组织等称谓的改造，是用中国特色社会主义理论深刻认识这类组织的基本属性、主要特征而形成的科学概括。

"社会组织"是由自然人、法人和其他组织为满足社会需要或部分社会成员需要而设立的非营利性组织，社会组织的官方概念包括社会团体、民办非企业单位、基金会三部分。除此之外，国内官方概念之外的还有两

---

① ［美］莱斯特·M.萨拉蒙等：《全球公民社会——非营利组织视界》，贾西津等译，社会科学文献出版社2002年版，第9—10页。

部分，也属于社会组织，当然这种说法值得商榷。一是被称为特殊社团的工会、共青团、妇联、工商联等人民团体和群众团体；二是由国家机关举办或者其他组织利用国有资产举办的，从事教育、科技、文化、卫生等活动的社会服务组织，如国家举办的学校、医院等参公机构和其他公益性的事业单位。

在国际上和学术界，根据各自研究的侧重点不同，社会组织称之为非政府组织（Non‐Governmental Organization，NGO）、非营利组织（Non‐Profit Organization，NPO）、第三部门（The Third Sector）、公民社会组织（Civil Society Organization，CSO）、志愿组织（Voluntary Organization，VO）、慈善组织（Philanthropic Organization）、社会团体、民间组织、免税组织（Tax‐Exemption Organization）、非营利部门（Non‐Profit Sector）、非政府公共部门（Non‐Governmental Public Sector）、独立部门（Independent Sector）等等。学界比较一致的认同是非政府组织、非营利组织等概念。

无论使用哪种概念，在民间组织的特征方面，大多认同美国学者莱斯特·萨拉蒙教授的概括：一是组织性（formal organization），即有一定的制度和结构；二是民间性、非政府性，即不依附于任何政府或企业，这是民间组织生存的前提；三是非营利性（nonprofit‐distributing），即不以营利为目的；四是自治性（self‐governing），或相对独立性，即能够自主决策和自主活动；五是志愿性（voluntary），组织成员秉承志愿精神自愿组成，其活动经费也主要来自志愿者的捐赠。这些特征并不需要面面俱到，需要客观而动态地加以观察和理解。在中国，主流的解读是从非政府和非营利两个主要特性来界定民间组织、社会组织的，如中国清华大学 NGO 研究所的一些学者就是如此。

涉外民间组织并不是一个国际通用的、界定清晰的概念，至今国内外还没有一个统一的认识，并且内涵外延混乱。常见的用语有"在华国际NGO"[①]、"境外在华 NGO"[②]、"涉外社会组织"[③]、"涉外民间组织"、"境

[①] 王名：《代序：我眼中的在华国际 NGO》，见韩俊魁：《境外在华 NGO：与开放的中国同行》，社会科学文献出版社 2011 年版，序。

[②] 韩俊魁：《境外在华 NGO：与开放的中国同行》，社会科学文献出版社 2011 年版，第 1 页。

[③] 孙伟林：《社会组织管理》，中国社会出版社 2009 年版，第 115 页。

外公益性民间组织"①、在华境外非政府组织②等。事实上，这些概念的内涵外延有很大差异。

在政府文件中，孙伟林主编的《社会组织管理》一书的界定③得到一些人的认同。他认为，涉外社会组织是指在中国境内活动，且发起人、会员或法定代表人三者之一涉及境外因素的非营利组织。主要分为两大类：一是在中国境内成立，且发起人、会员或法定代表人三者之一属于非内地居民、境外法人或其他组织的非营利组织，可称为"在华成立的涉外社会组织"，如外国商会等；二是在境外成立，且在中国境内开展活动的非政府组织或非营利组织，一般称为"境外非政府组织"。当然，这种界定有一定道理，但是，以发起人、会员或法定代表人三者之一涉及境外因素为标准来判断，遗漏了组织要素中组织活动范围、资金、组织战略等要素，尤其是遗漏在中国境内成立，其活动推向国际的中国国内的国际社会组织，即境内走出国门的社会组织。

由于人员的管理与组织的管理差异很大，本研究在参考其他学者观点基础上，以组织要素中的人员（会员）、活动、资金、战略等的涉外性作为标准，判断社会组织的涉外性。

涉外民间组织是指在境外成立、在中国境内开展活动的民间组织（简称为境外在华 NGO）以及在中国境内依法成立，主体、活动、资金、战略等要素涉及境外因素的中国社会组织（即境内涉外民间组织）。

（二）国际非政府组织与国际组织

民间组织的学术话语多指非政府组织，而非政府组织在早期指的是国际非政府组织。

非政府组织（Non - Governmental Organization，NGO）的定义至今没

---

① 胡敏：《境外公益性民间组织在华发展状况调研报告》，清华大学硕士学位论文，2005年。

② 2015 年全国民政工作视频会议 12 月 25 日在北京召开。民政部部长李立国对 2015 年重点民政工作作了部署和要求。提出"推进四类社会组织直接登记工作，启动行业协会商会与行政机关脱钩试点，完善政府向社会组织购买服务制度，创新政府监管和社会监督，配合加强在华境外非政府组织管理"。这里用词为"非政府组织"。

③ 孙伟林：《社会组织管理》，中国社会出版社 2009 年版，第 115—116 页。

有统一的界定。一般认为，最早正式使用该词是 1945 年 6 月签订的《联合国宪章》第 71 款。一般用在联合国的文件和其他国家官方文件中，指那些在地方、国家或国际级别上建立的、以促进经济发展与社会进步为目的的组织，也就是指国际非政府组织。

对非政府组织的定义，一般采用具有公认权威性的《国际组织年鉴》中引用的联合国的两个文件，一个是联合国经社理事会 1950 年第 288 号决议，将非政府组织定义为"凡不是经由政府间协议而创立的国际组织都可被看作非政府组织"，当时指的是国际性的非政府组织。另一个权威性的界定是国际社团联合会（Union of International Association，UIA）在出版的《国际组织年鉴》提出的非政府组织国际化的三个标准：组织成员、资金来源、活动分布地至少为三个国家。

1968 年经社理事会第 1296（XLIV）号决议则扩大了非政府组织的范围，规定了联合国与非政府组织关系的法律框架，认为"接受由政府当局指定成员的组织，如果这种成员资格不干预该组织观点的自由表达的话"。该决议允许非政府组织在联合国经社理事会的咨商地位，前提是致力于联合国经社理事会及其附属机构所关注的问题，包括国际经济、社会、环境、文化教育、卫生保健、科学技术、人道主义和人权等。在经社理事会享有咨询地位的非政府组织，必须要有一定的代表性和国际性，应具有代表其成员发言的权威。这个决议还规定，非政府组织如要在联合国注册，其组织成员必须以民主的方式参与组织活动，应有民主决策机制，应具有责任机制的安排和决策过程的透明度。

这两个决议只承认了国际性非政府组织。直到 1996 年，联合国经社理事会才进一步承认了在各地区和各国活动的非政府组织。1996 年，联合国经社理事会通过的 1996/31 号决议对联合国同非政府组织之间的咨询关系再次作了规定。1968 年决议只承认国际性非政府组织，而 1996 年决议则进一步承认了在各国和各地区活动的非政府组织。允许各国和各地区的非政府组织以自己的名义独立地在经社理事会发表意见，而不必像以往那样，必须通过在经社理事会里有咨询地位的国际非政府组织去间接地表达自己的主张。该决议要求非政府组织支持联合国的工作，加强了经社理事会非政府组织委员会的作用，并为非政府组织参加联合国组织的正式国际会议及会议准备阶段制定了规则。可见，国际组织早期指的是国际非政府组织。涉外民间组织并不等于国际组织。

事实上，对于国际组织的界定在学术上也没有一致的认识。早期国际法中，国际组织是国际政府组织的简称，后来有所放宽，包括国际非政府组织。早期国际组织的衡量标准是组织成员来自三个以上国家，并特指政府间的组织。梁西教授在《国际组织法》中从法学角度定义：国际组织是国家间进行多边合作的一种法律形态。王铁崖主编的《国际法》将政府间国际组织定义为"由两个以上的国家组成的一种国家联盟或国家联合体，是由其成员国政府通过符合国际法的协议而创立的，并且具有常设体系或机构，其宗旨是依靠成员国间的合作来谋求符合共同利益的目标。"《国际关系政治词典》根据国际组织外在结构的描述，将之定义为"超越国家边界的正式安排，通过这种安排建立起制度化的机构"[1]，限定于政府间组织。

后来，学界将非政府间组织纳入国际组织的范围。国际法权威学者谢默斯（H. G. Schermers）给出的国际组织的定义：一种跨越国界的以促进国际合作与理解为目标的多国机构。一般说来，凡是两个以上的国家，其政府或民间团体、个人，基于某种目的，以一定协议形式而创设的各种机构，均可称为国际组织。[2] 这个概念不仅包括政府间组织，而且也包括非政府间国际组织甚至是跨国公司等。自由主义学派罗伯特·基欧汉等人则强调国际组织是"许多不同层次之间联系的网络、规则和机构"[3]，认为正式国际组织和跨民族的非政府组织，是国际制度的主要表现形式和载体。国际非政府组织（International Non - Governmental Organizations, IN-GOs）是指具有"国际性"的非政府组织。1994 年联合国文件将非政府组织定义为：一种非营利性实体，其成员为一个或多个国家的公民或公民协会，它们的行为由成员的集体意志所决定，以满足一个或多个和该非政府组织合作的团体成员之需。[4]

---

① Lawrence Ziring. International Relation. A Political Dictionary. The 5th ed. Abc - clzo. Inc., 1995, 327.

② H. G. Schermers, International Institutional Law, Sijth of&F - Noordhoff Press, 1980.

③ ［美］罗伯特·基欧汉、［美］约瑟夫·奈：《权力与相互依赖——转变中的世界政治》，林茂辉等译，中国人民公安大学出版社 1992 年版，第 65 页。

④ 俞正梁等：《全球化时代的国际关系》，复旦大学出版社 2000 年版，第 145 页。

非政府组织在国际法中的法律地位并未统一。但一些超大型的非政府间国际组织已经通过公约授权或者国家参与的形式获得了有限的、派生的国际法主体资格。在《公民权利和政治权利国际公约》、《经济、社会和文化权利国际公约》、《奥胡斯公约》和《消除一切形式种族歧视国际公约》、《联合国人权保卫者宣言》中，可以看出有一些明示或暗示的语言提到国际非政府组织的权利和义务。国际非政府组织在联合国体制内的法律地位经历了从"咨商"到"参与"的转变，表明非政府间国际组织在国际社会享有一定国际法上的权利及承担一定的国际法上的义务。这些权利义务会影响东道国的管理政策，成为东道国管理的一个重要依据。

国际组织是政府间组织、非政府间国际组织、跨国公司的总称。涉外民间组织排除了政府间组织和跨国公司。但是，它们之间在国际舞台的运作联系密切。

（三）涉外民间组织的"国际性"特征

涉外民间组织最核心的属性就是涉外性，或者称为国际性。对此，不同学者、不同时期的认定标准差异很大，归纳起来有几个方面：

1. 组织目的与活动范围具有国际性。不为某一特定国家谋求特定利益。有的要求活动目的必须与联合国宗旨及人权宣言相符。

2. 机构设置与成员构成具有国际性。指法人、成员或会员来自于三个以上的国家或地区。国际社团联合会出版的《国际组织年鉴》提出的非政府组织国际化的三个标准：组织成员、资金来源、活动分布地至少为三个国家。1996 年后做了修改，认为成员和经费不会对其国际性产生实质影响，要求非政府组织从事的活动必须具有跨越国界的特点，并将国际组织的"国际性"的三个国家标准减低。

3. 资金或其别的主要资源来源或用途具有国际性。资金来源的国际化，非一国资金。①

4. 多因素标准。刘鸿武、沈蓓莉则提出，国际性的"三个方面：组织的目的和活动范围的跨国性和国际性、机构组成的国际性、资金或

---

① 王杰等：《全球治理中的国际非政府组织》，北京大学出版社 2004 年版，第 18—20 页。

其他资源来源和使用的国际性"①。在 2014 年广东省《广州市社会组织管理办法（征求意见稿）》中，对"境外组织"的界定：资金主要来源于境外组织的，名称或者标识与境外组织的名称或标识一致的，或是名称或者标识与境外组织的名称或标识相似，且宗旨、目的或业务活动相似，有互相联系的社会组织，都将被认定为"境外组织在本市的（分支）代表机构或实际处于境外组织控制、管理"。正式稿因为其敏感性被删除。

5. 具有国际倾向。2002 年的《国际组织年鉴》则包含了具有国际倾向的国内组织。这种界定更为宽泛，并为中国部分学者接受。中国学者刘贞晔提出"凡是组织活动目标具有国际倾向的非政府组织都属于国际非政府组织"。②

6. 国际组织标准。从 1950 年起，国际社团联合会（The Union of International Associations，UIA）正式编撰的《国际组织年鉴》（*Yearbook of International Organizations*）开始对国际 NGO 进行系统记录和整理。但由于遴选的标准很严格，只有组织成员、官员、选举、基本预算贡献等方面至少来自三个国家方可成为年鉴收录的对象。

综合上述观点，我们认为，涉外民间组织是国际非政府组织的组成部分，指组织的目的、活动范围、机构组成、资金、战略、其他资源来源或使用等具有跨国性跨境性的社会组织。

（四）境外民间组织的分类

为了便于研究，在借鉴其他学者研究的基础上，笔者将涉外民间组织分为境外在华非政府组织（简称"境外非政府组织"）和境内涉外民间组织两大部分。其中境外在华非政府组织由境内港澳台非政府组织和在华外国非政府组织组成。境内涉外民间组织由走出国门的社会团体、民办非企业单位、基金会，以及在华成立的涉外社会组织四部分组成（见图 1-1）。中华人民共和国境外非政府组织境内活动管理法所称

---

① 刘鸿武、沈蓓莉：《非洲非政府组织与中非关系》，世界知识出版社 2009 年版，第 22 页。

② 刘贞晔：《国际政治领域中的非政府组织：一种互动关系的分析》，天津人民出版社 2005 年版，第 61 页。

"境外非政府组织，是指在境外合法成立的基金会、社会团体、智库机构等非营利、非政府的社会组织"，它只是涉外民间组织的一类。上述两类都属于本课题的研究对象。只是由于时间精力的限制，研究重点放在境外 NGO 的政府管理方面。对于境内涉外民间组织的管理单设一章，该章对于在华成立的涉外社会组织不做研究，因为该组织与国内社会组织的管理大体一致。

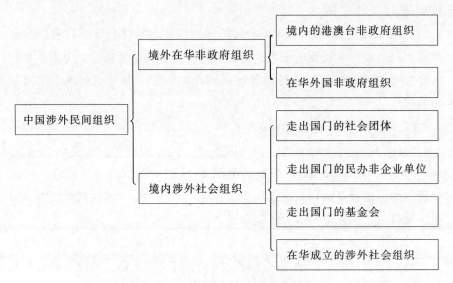

图 1-1　中国涉外民间组织分类图

三　问题的研究现状

（一）关于国际非政府组织的研究

国际非政府组织研究内容主要有：

1. 概念、属性和分类、发展历程；

2. 在全球治理中的作用，包括在经济、环保、人权、安全等领域的影响；

3. 与其他国际行为体之间的关系。涉及在华民间组织的研究多集中于在华开展的具体项目、对中国社会发展的作用、存在的问题等。

根据刘贞晔著的《国际政治领域中的非政府组织：一种互动关系的分析》一书分析，国际政治领域关于非政府组织的研究分为两个阶段，第一阶段是 20 世纪 60、70 年代至 80 年代末，对非政府组织的研究缺乏独立性，被放在跨国关系和非国家行为体的总体研究中。有罗伯特·基欧汉（Robert Keohane）和约瑟夫·奈（Joseph Nye）的《跨国关系与世界政治》（1971，1972），彼得·韦林特（Peter Willetts）的《全球体系中的压力集团：跨国关系中的议题——非政府组织》（1980）。

第二阶段是 20 世纪 90 年代之后，在理论上构建全球市民社会和全球治理的话语，用以解释非政府组织在国际政治领域的政治功能。以让尼·利普舒兹（Ronnie D Lipschutz）的《全球市民社会与全球环境治理》（1997）为标志，还有罗西瑙的《没有政府的治理：世界政治中的秩序与变化》（2001）。另外还有具体领域的非政府组织的研究。

代表性的研究主体有：伦敦经济政治学院全球治理研究中心和市民社会研究中心、全球治理领域的研究学者、美国霍普金斯大学公共政策研究所和非营利部门比较项目研究团队、全球社会运动的研究学者等，来自政治学、国际政治、社会学、公共管理等多学科，他们使得相应的理论分析有了一定的分析框架和基础。

中国学术界对国际政治领域非政府组织的研究"处于起步阶段"[①]。

（二）关于中国政府对境外在华 NGO 管理的研究

1. 国内关于涉外民间组织政府管理的研究

（1）中国涉外民间组织的一般性研究。主要研究其特征（朱健刚 2007）、对中国政治安全的影响（王娟萍 2009）、在华的基本概况（胡敏 2005；NICkYoung 2005），进入中国的主要方式（谭三桃 2008）及在华活动存在的问题（邵楠 2010；金彪 2008）等。还有，在全球公民社会的话语中，概括总结境外在华 NGO 的概念、属性和分类、发展历程和作用（徐莹 2010）等。

（2）国际非政府组织与中国当地政府关系的研究（戴光全、陈欣 2009；刘朔、陆根书 2009；卢秦 2008；徐传凯 2008 等）。

（3）中国政府对涉外民间组织管理的研究，主要内容包括：

---

① 刘贞晔：《国际政治领域中的非政府组织：一种互动关系的分析》，天津人民出版社 2005 年版，第 30 页。

①管理的必要性（胡敏 2004；李永忠、邱钮斌 2009；金彪 2008；陈建 2007；赵黎青 2006 等），其中王名（2007）和赵黎青（2006）倡导政府应采取积极有为的开放态度。

②准入制度存在的问题（张玲 2011）。

③改进管理的对策建议等（邵楠 2010；龚微、谭萍 2006；何泽霞 2009；耿立新 2004；蔡旻 2010；韩俊魁 2011；陈姝娅、刘明宇 2011）。

2. 从国际 NGO 自身管理的角度，分析内部管理问题，提出改进建议的研究。

3. 研究单一某个境外 NGO 组织的研究。国际关系学从外交视角分析国际组织的功能，有专门研究单一基金会与中国政府关系的（资中筠 2012），钱春元的博士论文《美国私人基金会与美中关系：兼论国际政治社会化》（2005 年，外交学院），还有研究外国商会的，以及外国研究中国境外 NGO 的。但是，放在中国历史长河中的研究不多。

4. 对于涉外民间组织的国别研究和专题研究。如李峰对国际宗教非政府组织的研究（2013），还有研究美国学者的研究①，国别研究如关于俄罗斯对外国 NGO 的管理（王岳 2008）、越南等国的介绍。涉及政府管理的研究仅有王名和杨丽的合作论文②。

总之，这些研究作为基础性、前期性的成果，为后期研究做了较好的铺垫。研究内容从管理的必要性，到如何管理，逐步深入。但是学术界的认识和研究明显不足，尚处于由零散、不成熟走向整体、全面化提升的阶段。从政府管理视角纳入公共治理视角的研究更为少见。目前既缺乏微观的可操作性对策，又缺乏宏观角度政府综合管理的研究，尚需要将宏观的顶层设计与微观的入口管理、监督管理、内部治理等流程管理的结合研究。本研究尝试补充这一不足。

（三）关于境内涉外社会组织及其管理的研究

该内容的研究综述见第十章"境内涉外社会组织的政府管理研究"

---

① 江忆恩、肖欢容：《美国学者关于中国与国际组织关系研究概述》，《世界经济与政治》，2001 年第 8 期。

② 王名、杨丽：《国际 NGO 论纲》，《中国非营利评论》，2011 年第 8 卷。

中第一部分"问题的由来"。

四　研究方法、思路和内容结构

（一）研究方法

我们采用多视角多维度，进行调研。主要研究方法有：

1. 文献分析法。我们通过图书、期刊、电子资料、政府网站，以及大事记，如中国残联大事记、中国民促会大事记，从网络、数据库、图书馆等处收集涉外民间组织管理、多个省份涉外民间组织相关的资料，归纳、整理出需要的文献资料并设置问题。

2. 问卷调查。根据 2013 年中国发展简报的名单，以问卷形式，共发放问卷 213 份，实际回收 76 份，调查境外在华 NGO 对政府管理的需求和认识，形成相应报告，作为本研究的基础。

3. 访谈。在获得一定资料基础上，进行访谈。运用参与性访谈、电话及网络的无结构式开放性访谈，了解问题，尝试找出答案。访谈对象有四个方面：政府民政部门、外事部门的工作人员和负责人；专家学者；境外 NGO 组织的负责人和工作人员，包括已经进入中国境内的或准备进入境内的组织；一般民众。了解他们与境外 NGO 联系状况，对政府管理的看法和建议（人员名单见"致谢"）。

4. 案例研究。选择沿海、内地和涉外组织多的云南省、广东省、湖北省三个省份和中国香港地区，对有代表性的涉外民间组织进行实证调研个案研究，选取相应人员和组织采用结构性访谈和深度访谈相结合的方式进行调查或访谈等。

（二）研究思路

本研究在全球化和中国社会建设的背景下，拟由现实社会领域产生的涉外民间组织管理问题，选择沿海、内地和涉外组织多的三个省份，运用政府与社会组织关系理论和社会组织功能理论，进行实证调研和理论分析，探讨中国现有境外 NGO 管理机制，尝试建立涉外民间组织政府管理的四大管理机制或模式，在法律政策层面、执行层面、监管层面及组织管理体制层面，找出与现实脱节或不合时宜的地方，提出具有中国特色的涉外民间组织政府管理战略及其他参考改进的建议，促进境外 NGO 在华发挥正面积极作用，遏制其消极影响，同时提升中国国际形象。

本课题研究的路径或研究设计如下：

1. 从理论上论证政府管理的必要性。

2. 对涉外民间组织管理进行静态断面剖析和动态过程分析。

3. 从实践方面了解管理政策与境外 NGO 需求之间的问题，并提出管理建议。

本研究的基本思路见图 1 - 2：

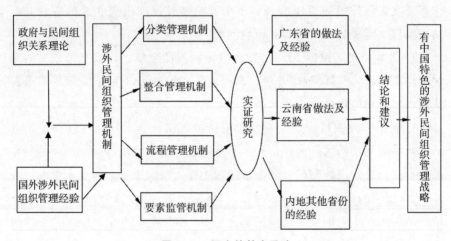

图 1 - 2　研究的基本思路

（三）主要创新

本文采用文献研究、访谈、历史研究等方法，运用非政府组织管理理论、政治学理论、公共政策学理论和国际关系理论，尝试从政府管理和管理流程的角度切入，探索境内政府对境外 NGO 管理问题。这一宏观整体视角的研究，有利于弥补该领域研究中存在的某些不足。

1. 在研究主题上，虽然有学者的相关研究和实践的措施，涉外民间组织研究仍属于中国社会管理的薄弱环节，微观的区域性的个案研究不多，宏观视角、整体性的研究更显不足，还有待深入研究。本研究将宏观政策与微观的个案需求结合，比较全面反映中国管理的现状和未来趋势。

2. 在研究路径上，先行研究多围绕单一的涉外民间组织或者政府管理分别展开，本研究则将二者结合，从历史发展、政府与涉外民间组织的关系、管理主体、管理过程等角度展开研究。

3. 在研究内容上，从管理方式（分类管理）、管理体制（包括整合管理）、管理流程（合法化管理、登记注册管理、监督管理）、管理要素（资金监管）四方面，构建了中国政府动态管理与静态管理相结合的复合式管理模型，进而全面梳理并深入分析中国政府管理中存在的问题、产生的原因，提出具有中国特色的涉外民间组织政府管理战略及其他改进管理的实现途径。

4. 尝试提出并论证的主要观点有：

（1）构建管理方式（分类管理）、管理体制（包括整合管理）、管理流程（合法化管理、登记注册管理、监督管理）、管理要素（资金监管）四方面组成的复合式管理模型。

（2）列举政府对境外非政府组织和境内涉外民间组织管理服务的职责清单。

（3）作为民间组织，涉外民间组织可使用分类监管、全程监管等通用管理工具。

（4）分类管理，尤其是分类采用备案、许可、公益认可三种不同的管理制度，可以改变个案审批和预防性管理的弊端。

（5）要加强涉外民间组织的资金监管。

（四）主要内容和章节安排

本书共分为十二章。由基本理论与实践部分、境外在华 NGO 的政府管理、境内涉外社会组织的政府管理、域外经验与对策建议四部分组成。

第一部分　由导论、理论、历史现状三章组成，从理论与实践结合的层面刻画出管理的理论基础、境外在华 NGO 基本状况，分类管理元政策，为后面的研究做铺垫。

第二部分　境外在华 NGO 的政府管理，是本书的研究重点，由第四章至第九章共六章组成，从分类管理、管理体制、管理运作流程勾画出中国政府对之管理的具体轮廓，即分类管理、管理体制、合法性管理、登记注册管理（包括整合管理）、资金监管、监督管理，研究政府管理是否合理有效，管理存在的问题，产生的原因及对策。

第三部分　境内涉外社会组织的政府管理，专设一章。

第四部分　由域外经验与对策建议组成。

具体章节内容如下：

第一章　导论。主要说明本课题提出的背景和研究的目的意义；对研究对象——涉外民间组织进行探讨，从概念的内涵外延通过类型学进行归纳和梳理，界定研究的范围，阐述了研究的思路；介绍了本书的章节安排，以及需要回答的问题。

第二章　中国政府管理涉外非政府组织的理论分析。从学理上探讨国际非政府组织存在以及政府管理的理论基础。阐述治理理论、主权理论、国家与社会关系理论以及管制理论的主要内容，它们分别回答了境外涉外民间组织存在的价值，中国政府为什么要管理，以及如何管理的问题。它们共同构成本研究的理论框架。

第三章　中国政府管理境外非政府组织的历史变迁和现状。阐述中国政府对境外 NGO 管理的历史演进，分析其变迁的原因和特点，找寻政府管理的趋势和规律。回答了中国政府管理如何形塑政府与境外民间组织之间的关系结构的问题。认为政府通过机构构建和制度变革直接导致二者关系的变化。伴随全球结社革命和中国对外开放，境外在华 NGO 呈现数量增加、规模扩大、影响广泛的特点，已经从初级阶段走向发展阶段。

第四章　分类管理：涉外民间组织管理的元政策研究。中国历史上形成的社会组织分类管理中存在的类型部门化、部门本位化、目的差异化、管理碎片化等缺陷，一定程度上妨碍了政府管理的成效和社会组织的发展。为此，需选择中国社会组织一致性管理分类的元政策，运用法人分类、经济性分类、慈善免税分类等综合技术，构建社会组织正向功能与政府分类管理技术的匹配模式。

第五章　管理体制：中国涉外非政府组织的双重管理体制研究。中国政府对涉外民间组织的监管实行登记管理部门和业务主管单位负责的"双重管理体制"。这一体制在一定程度上增加了境外民间组织登记注册的难度，使得有些境外民间组织不能或不愿通过合法渠道进行登记注册，而转向工商管理部门登记，或不登记而游离于政府监管之外，致使政府难以监管。涉外民间组织的制度需求和政府制度供给之间的矛盾凸显，强化了涉外民间组织对社会合法性和社会资源的双重依赖。

第六章　合法性管理：中国境外非政府组织准入制度研究。境外在华

NGO 的合法性有两个视角："合理性"和"合法性"。一些国际非政府组织在解决中国的社会和经济发展中的一些问题中起到了积极、有效的作用，进入中国具有"合理性"，然而，这种合理性具有许多不确定性，难以判断和控制其进入中国的合法性；在中国国际非政府组织的法律不完善的情况下，大量国际非政府组织未注册而以"合法律性"不足的方式在中国活动。解决国际非政府组织合法性不足带来的诸多问题，要建立完善的准入制度，通过对准入领域、主体准入、资金准入、人员准入及管理等方面建立法律规制，赋予国际非政府组织法律地位和身份，满足其在华活动的"合理性"需求。

第七章 登记注册管理创新：云南双重备案制度的个案分析。登记注册管理是境外 NGO 获得合法身份的基础，一直备受社会和理论界关注。地方政府在中央政府明示和默许情况下寻找出路。其中，云南省双重备案制度的创新具有特色。其形成过程：起源于双方的合作需求和官员的自觉，初建于对行政组织的吸纳，示范于中央政府试点，形成于政策的规范化制度化。体现着云南省政府被中央政府吸纳，又吸纳境外 NGO 的双重"协同与吸纳"过程。但是，该地方创新要上升为国家政策，面临着去单一化、去区域化、去行政化的挑战，需要等待时机，等待重大事件、问题明朗化、重要人物的点化和方案齐备等"三流合一"的政策窗口开启。该章还简约讨论了《境外非政府组织管理法（草案二次审议稿）》中的问题。

第八章 资金监管：监管涉外民间组织的命脉。资金监管是一项政策性很强的系统工作，法律法规是政府监管的依据。资金监管是政府对涉外民间组织监管的核心环节，可以防范涉外民间组织的负面影响。通过跨境资金流入渠道、组织实施项目数量、类型及构成等情况，从总体上掌握涉外民间组织的资金运作状况，实现政府对涉外民间组织的有效监管。

第九章 监督管理：中国境外非政府组织的日常监督研究。涉外民间组织的有效监管是涉外民间组织管理的重要环节。涉外民间组织的监管具有特殊性，因此，特别需要强调政府监管的意愿和监管能力。二者涉及的监管主体、监管对象、监管制度及监管手段等要素相互联系相互作用，共同构成监管框架。中国需要在强化监管主体的监管意愿的前提下，依赖完善的法律制度体系和监管体制机制，执行严格的年审公开制度，提升对境外非政府组织的监管水平和效果。

第十章　境内涉外社会组织的政府管理研究。在中国境内社会组织国际化的历时态演进中，中国政府对之形成了应景管理模式。这一模式的初级性决定了管理方式的落后、管理力度的孱弱、管理制度的缺失。它越来越不适应国内企业走出去、中国崛起和软实力发展对社会组织国际化的要求。需要向制度化管理模式转化，正确定位政府职能。政府提供完备法律框架、整体规划、提供公共产品或服务、财政支持、明晰政社关系等。当中国和平崛起受到外界质疑时，政府通过政策引导、制度规范、资源整合、扶持合作等，推动中国民间组织国际化的合法化、有效性的提升。

第十一章　域外经验：他国管理境外非政府组织的主要做法。国外形成了四种有代表性的涉外民间组织政府管理模式，即美国的差别化管理、英国的一体化管理、俄罗斯严加防控式管理，以及越南的优待便利式管理。它们基于东道国自身的需要，不拘一格，即使在一国不同时期，也会因为国内外环境的变化而不断改变。

第十二章　中国特色的境外在华非政府组织管理战略研究。政府的战略管理，建立在对境外在华 NGO 的基本判断、基本理念和基本认识基础上。通过构建可控和谐的二者关系、多元监管平台、归口管理体制，建设具有中国特色的涉外民间组织管理格局。通过吸引国际组织总部落户中国，提升中国的国际影响力，提升城市的知名度、美誉度和国际化程度。

第二章 中国政府管理涉外非政府组织的理论分析

本章从学理上探讨涉外民间组织的存在以及政府管理的理论基础。阐述治理理论、主权理论、国家与社会关系理论以及管制理论的主要内容，它们分别回答了涉外民间组织存在的价值理由，中国政府为什么要管理，以及如何管理的问题。但是对于国际组织的国内管理的学理分析还有待深入。

一 国家主权论

（一）国家主权及其历史演变

1. 国家主权的主要内容

主权是国家区别于其他社会集团的基本属性，是国家的固有权利，指一个国家独立自主地处理自己内外事务，管理自己国家的最高权力，具有国内权力最高性和国外权力的独立性两个基本的属性。主要内容有：

管辖权。国家对它领土内的一切人（享有外交豁免权的人除外）和事物以及领土外的本国人实行管辖的权力，有权按照自己的情况确定自己的政治制度和社会经济制度。这是一种具体的、可以行使的国家能力，具有身份和权能两方面内容。

独立权。国家完全自主地行使权力，排除任何外来干涉。国家的自主性在国际经济全球化的背景中受到一定限制。

自卫权。国家为维护政治独立和领土完整而对外来侵略和威胁进行防卫的权力。主权是国家作为国际法主体所必备的条件，互相尊重国家主权是现代国际法确认的一条基本原则。丧失主权，就会沦为其他国家的殖民地和附属国。主权和领土有着密切的联系，国家根据主权对属于它的全部领土行使管辖权，反过来，主权也必须有领土才能存在和行使。

平等权。主权国家不论大小、强弱，也不论政治、经济、意识形态和社会制度有何差异，在国际法上的地位一律平等。

经济全球化对国家主权存在不同程度的挑战，发展中国家在经济全球化进程中存在主权弱势，体现在国际体系结构、国际体系进程以及发展中国家的内部体制三个方面。面对经济全球化对国家主权的挑战，处于主权弱势的发展中国家最明智的选择是积极参与全球化进程，争取在某种程度上改变国际体系结构的力量分布状况，促使结构不完全为大国所操纵，以此消除结构和进程对国家主权的压力，从而更好地维护和实现主权。

2. 主权理论的历史演进

从发生学意义上看，现代意义上的国家主权理论形成于近代资本主义产生和发展、资产阶级民族国家出现时期。代表人物有最早提出并论证国家主权概念的让·布丹（Jean Bodin）。他于 1567 年发表《论共和国六书》，第一次明确提出了主权概念及其理论。主权理论制度化的实践始于1648 年的《威斯特伐利亚和约》，根据《和约》规定，独立的诸侯邦国对内享有至高无上的国内统治权，对外享有完全独立的自主权。自此，以主权为核心价值与基本原则的民族国家体系逐渐形成。

经过雨果·格劳秀斯（Hugo Crotiuε，"国际法之父"）、托马斯·霍布斯（Thomas Hobbes，契约君主主权论者）、约翰·洛克（John Locke，议会主权论者）、让－雅克·卢梭（Jean－Jacques Rousseau，人民主权论者）、黑格尔（Hegel，国家人格君主主权论者）、约翰·奥斯丁（John Austin，功利主义主权论者）等的论证和发展[①]，主权理论的内容越来越充实。尽管对主权理论是否有对外维度还存在争论（周永坤 2009；杜国胜 2010），但是传统国家主权理论仍然为近代国际关系格局的形成奠定了理论基础。

第二次世界大战后，传统国家主权理论受到新生社会现实的检视与冲击。"后威斯特伐利亚时代"已经到来，出现了三大变化：

一是国际组织如雨后春笋般迅猛发展。传统意义的国家主权的独立性

---

① 王沪宁：《国家主权》，人民出版社 1987 年版，第 4 页。

和排他性受到国际组织等主体的挑战和约束。从实践上看，一些政府间国际组织事实上得到了成员国让渡（让与）的部分国家主权的行使权。国际行为主体的数量增多与职能扩展，形成对国家主权的一定限制或替代。

二是国际公共问题需要主权国家合作。主权国家面对的诸如大规模杀伤性武器扩散、全球气候变暖、人道主义灾难、艾滋病蔓延等问题，根本无法明确其具体归属。

三是科技发展以及通信技术发展挑战主权国家的边界和权威。资本、劳动力、信息和思想等要素的流动或传输成为各国常态，并不断挑战国家管理能力，产生了来自科技革命对国家主权行使范围和空间的改变。经济相互依赖对国家经济自主权的制约和经济一体化导致的国家经济主权行使权的让渡，使彻底的"闭关锁国"越来越成为不可能。迈克尔·哈特和安东尼奥·奈格里甚至指出："当代通信并不从属于主权；相反，主权似乎从属于通信——或者准确地说，主权通过通信系统表现出来。……通信的非区域化的能力是独特的：它并非通过限定或削弱现代地区性主权而达到要求；它要抨击的正是向一个地区联结一种秩序的可能性。"[①]

国家机构与私人部门、第三部门的联系越来越网络化而难分彼此[②]。国家的旧有形象受到挑战。罗伯特·基欧汉（Robert Keohane）和约瑟夫·奈（Joseph Nye）指出："信息并不是在真空中流动，而是在早已有所归属的政治空间中流动。信息的跨界流动以及其他交流，都是在国家近四个世纪以来建立的政治结构中进行的。"[③]

（二）全球化对主权理论的挑战及实践侵蚀

威斯特伐利亚体系将民族国家的内部疆界与外部世界的位置相对固化，国家实行内外有别的自主管理模式。但是，这种传统意义的主权国家或国家主权受到经济全球化和信息技术发展的冲击。从理论上说，20世

---

① ［意］安东尼奥·奈格利；［美］麦克尔·哈特：《帝国：全球化的政治秩序》，杨建国、范一亭译，江苏人民出版社 2005 年版，第 396 页。

② ［美］约瑟夫·S. 奈、［美］约翰·唐纳胡：《全球化世界的治理》，王勇等译，世界知识出版社 2003 年版，第 17 页。

③ ［美］罗伯特·基欧汉；约瑟夫·奈：《信息时代的权力和相互依赖》，载于美国《外交事务》（双月刊），1998 年 9—10 月号。

纪出现了贬低和否定主权的思潮，出现了诸如主权过时论、主权可分论、主权弱化论、主权让渡论、人权高于主权论等挑战国家主权的新思潮。

主权否定论。代表人物有英国的拉斯基，他曾经是激进的主权否定论者，认为主权是战争的根源，强调国家主权若不消灭，国与国的理性生活终不可能。

主权过时论。认为主权是一个"坏字眼"（badword），是一个过时（out of date）的概念，应该抛弃。因为在国内层面，主权被利用为"国家神话"（national mythologies），在国际层面，主权是一个"标语"（catchword），一个"替代思考和明确定义的标语"。代表人物有前美国国际法学会会长韩金（Louis Henkin）教授。从某种意义上说主权过时论是西方一些大国借全球化的东风推行其"新干涉主义""新殖民主义"等政策的借口。

新主权论。在联合国内出现了要求重新定义主权的声音。1992 年 1 月 31 日，原联合国秘书长布特罗斯·加利在安理会第一次首脑会议上作了题为《和平纲领》的报告，呼吁会员国特别是 5 个常任理事国重新定义主权，以便加强联合国进行预防性外交、建立和平、维持和平与冲突后缔造和平的能力，核心一点是："绝对的、排他的、主权时代已经过去，它的理论从来就与实际情况不符"。其后，继任秘书长安南也认为："国家主权，就其根本意义而言，正在重新定义，特别是靠全球化和国际合作的力量。国家现在被普遍认为是服务于它们的人民的工具，而不是相反"。

主权侵蚀论。在政治经济实践中主权受到了以下侵蚀：主权的侵蚀、能力侵蚀、意志侵蚀、结构侵蚀、进程侵蚀。

（三）主权挑战与非政府组织的落地许可

1. 主权的两个属性决定了国家管理涉外民间组织的必要性。尽管传统意义的主权理论受到挑战，但是在国际社会，主权对内的最高属性决定了各国可以通过立法、司法、行政，通过经济、政治、文化乃至军事手段实行国内统治，不受外来力量的限制或干涉。主权的独立性决定国家对内对外的行动自主。对于非本国非政府组织的进入，各国仍然具有管理的主权，需要落地许可。

2. 非政府组织在弥补主权国家的不足和缺陷方面具有自身优势。"他们在特定议题领域和国际政治特定环节上具有对主权国家行为的补充和纠偏作用。"① 世界各国面临的共同问题使得国家之间的合作成为必要。能源问题、环境问题、资源短缺问题、人口问题、国际恐怖主义问题等等早已越出国界向各处扩散，需要非政府组织的参与解决。

3. 主权本质与主权行使的分离使非政府组织的落地成为可能。"主权的困境则是由实践中主权本质与主权行使的分离性所导致的。区分国家主权的本质与国家主权的行使，有利于解决经济全球化条件下国家主权所面临的困境问题。"②

二　全球治理理论

（一）多元治理

全球治理理念是 20 世纪后半叶应对现代科学技术发展和经济全球化引发的问题和挑战而产生的一种综合性的理论回应，由著名的"罗马俱乐部"在 20 世纪 60 年代末首先提出。

1989 年世界银行首次使用"治理危机"后，历经政治学、经济学、社会学领域学者的使用推广，成为具有内在逻辑联系的理论。尽管各自看法不同，但是，其一致认同：国家或政府不是唯一的权力中心。

1995 年联合国全球治理委员会对"治理"做了界定，指各种公私个人和机构管理共同事务的诸多方式的总和。其特征可以概括为：过程，治理是一个过程；协同，治理是政府、社会、市场等多元主体的共同协作；参与，治理是各主体参与的非正式的可持续的行为。

全球治理因为各种行为体的作用以及治理方式的差异，形成了不同的治理模式，其中，"国家中心治理、有限领域治理、网络治理是其中具有代表性的治理模式，而多元多层合作治理模式是各种行为主体参与全球治理的最具有效性的治理模式"。③

与本项目研究密切相关的主要内容为治理多元化。其代表人物詹姆斯·罗西瑙表示："国家主权的减退是当今世界一大潮流。当然，国家在

---

① 刘贞晔：《国际政治领域中的非政府组织：一种互动关系的分析》，天津人民出版社2005 年版，第86—95 页。

② 刘青建：《国家主权理论探析》，《中国人民大学学报》，2004 年第 11 期。

③ 吕晓莉：《全球治理：模式比较与现实选择》，《现代国际关系》，2005 年第 3 期。

自身领域内仍占主导地位，国际利益、国家间的冲突、交涉和制度仍规定着政治、军事和经济外交方面的事务。但由于运输和电子技术扩大了多中心世界中不同联合体的自主权，国家的主导地位不断削弱，而在跨越边界的大量多种交易中，国家既不能参与其中也无法施加影响。"① 取而代之的是非政府组织。著名传播学者阿芒·马特拉则指出："民族国家之所以受到质疑，原因在于对解决存在的问题来说，它显得太大，而对大问题来说，其又显得无能为力。"②

"现在，'维护主权'这一呼吁通常并不是（根据传统定义）主张绝对的、全面的、单边的国家权威，而是（更为温和地）指国家在某个特定的控制区保持其影响力。"③

（二）回飞镖模式

1998 年，美国政治学家玛格丽特·凯克（Margaret E. Keck）与凯瑟琳·辛金克（Kathryn Sikkink）合著出版了《超越国界的活动家：国际政治中的倡议网络》，该书首次提出了跨国倡议网络（International Advocacy Networks）的概念。作者综合国际关系、社会运动、网络和其他理论，通过对人权、环境保护和维护妇女权利三个具有代表性领域的互动关系进行个案研究，提出了非政府组织的主要影响模式——"回飞镖模式"（boomerang pattern）（见图 2–1）。该模式是指在国家治理中，国内非政府组织因为与国家沟通交流渠道受阻，转向国际非政府组织或其他实体给国内政府施压，以求得问题解决的方式。

据图 2–1 可以简单地看到"回飞镖模式"的作用原理。当非政府组织的诉求不能得到 A 国政府的回应时，非政府组织则会通过跨国倡议网络，把诉求信息传递给其他网络成员，其他网络成员会通过游说或者营造舆论对本国政府或其他国家施加影响，让本国政府或者其他国家政府向 A

---

① ［美］詹姆斯·N. 罗西瑙：《没有政府的治理——世界政治中的秩序与变革》，张胜军、刘小林等译，江西人民出版社 2001 年版，第 326 页。

② ［法］阿芒·马特拉：《传播的世界化》，朱振明译，中国传媒大学出版社 2007 年版，第 102 页。

③ ［美］D. 赫尔德、［美］J. 罗西瑙：《国将不国：西方著名学者论全球化与国家主权》，俞可平译，江西人民出版社 2004 年版，第 165 页。

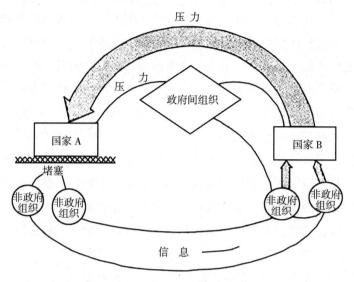

图 2 - 1　回飞镖模式图①

国政府施加国际压力，与此同时，非政府组织还会向政府间国际组织施加影响，同时让政府间国际组织对 A 国政府施加影响，继而打开沟通渠道，从而能够让 A 国政府与非政府组织进行问题的沟通和交涉。非政府组织通过"回飞镖模式"在跨国倡议网络活动中把自己的倡议和主张网络化，形成某种对国家和政府间国际组织的压力，并达成与国家和政府间组织进行互动的目的，从而实现自己的最终目标。②

非政府组织在跨国倡议网络中进行说服、交往和施压的活动，主要运用以下四种策略：

第一，信息政治。非政府组织是重要信息的来源渠道。它们会按照共同的目标和原则，对搜集到的信息进行加工，利用媒体在跨国倡议网络中压迫国家行为体改变行为立场和政策目的。

第二，象征政治。非政府组织通常会抓住象征性意义的重大事件，并利用媒体的影响力对这些重大事件的重新解读，赢得普通民众对这些重大事件的关注和支持，最终形成相关问题的跨国倡议运动。

---

① ［美］玛格丽特·E. 凯克、［美］凯瑟琳·辛金克：《超越国界的活动家：国际政治中的倡议网络》，韩召颖等译，北京大学出版社 2005 年版，第 14 页。

② 同上书，第 15 页。

第三，杠杆政治。非政府组织的杠杆作用可以分为物质杠杆和道德杠杆。外国政府和国际政府组织掌握着决策权，非政府组织通过使目标行为体接受它们所倡导的理念，对这种决策权施加影响。但是，目标国是否能够接受非政府组织所倡导的理念，还在于道德杠杆作用得以发挥。国家行为体对政府信誉度的重视，使非政府组织将自己置于国际社会的监督之下，从而达到倡导理念的目的。

第四，责任政治。国家行为体在改变立场和政策后，却未必能够始终如一地坚持执行。为了保证国家行为体政策的连续性，非政府组织会把目标国政府所发表的公开声明与自己所掌握的信息相比较，揭露目标国政府言论与实际做法之间存在的差距，从而达到压迫目标国家政府履行自己做出的承诺的目的。

在这种跨国交流网络中，既包括政府、媒体、工会，也包括 NGO（非政府组织）、社会群体、个人等传播主体。公民个人或群体通过报纸或杂志出版、举办国际会议、兴建相关网站等多种形式，就共同关心的问题展开各种方式的对话，寻求共识，组织行动。议题的分野与利益的分化，造成群体和个人关注的问题与以国家主权为视角的问题有所分歧。如果国内行为体与国家之间的交流渠道被堵塞，代表跨国倡议网络的特点的"回飞镖模式"就会出现，即国内的非政府组织或个体绕过他们的政府，直接寻求国际盟友的帮助，力求从外部对其国家施加压力获得问题解决，这种情况在人权运动当中最为明显。拥有传播渠道的每个人和每个非政府组织，可以绕开主权的约束来把信息传递出去。①

倡议网络的行为体主要包括：（1）国际和国内的非政府研究和倡议组织；（2）地方社会运动；（3）基金会；（4）媒体；（5）教会、商会、消费者组织和知识分子；（6）区域和国际政府间组织的有关部门；（7）政府行政和立法机构的有关部门。

值得注意的是，国际和国内非政府组织在所有的倡议网络中都发挥着关键作用。通常由它们发起行动并对强大的行为体施加压力，促使像国家和政府间国际组织这些国际关系中强大的行为体改变立场或进行政策

---

① ［美］玛格丽特·E. 凯克、［美］凯瑟琳·辛金克：《超越国界的活动家：国际政治中的倡议网络》，韩召颖等译，北京大学出版社 2005 年版，第 14—15 页。

调整。

三　政府与社会之间关系理论

（一）市场失灵、政府失灵及其非政府组织应对

非政府组织像国家、国家机器、政府组织等一样，不是从来就有的，它是人类社会发展到一定社会历史阶段的产物，它的兴起是由诸多因素决定的。市场失灵论和政府失灵论在某种意义上解释了非政府组织的产生。

1. 市场失灵论

在一些主流经济学家看来，市场是提供社会产品与服务的最佳场所，不仅先于政府产生，而且有许多政府所不具有的灵活性、主动性、创造性。经济学原理假设，在一定条件（即不存在垄断、信息不对称、外部性等条件）下，市场可以有效地配置社会资源。然而在现实社会生活中，这些条件很难得到满足。因此，市场经济的自发运行会带来一系列问题，市场主体追求利润最大化的本能，会在提供部分公共物品与服务的同时，造成公共物品供应的不足，即市场部分功能"失灵"，其主要表现：

一是源于市场供应公共物品的排他行为。公共物品与服务的一个根本特征是面向全社会、具有普遍性、不应是排他的。由于公共物品的"非竞争性"和"非排他性"，任何人不用付费都能平等消费，使得它的供应者很难将不花钱的人排除在外，并且又难以通过收费等方式弥补其供给成本。追求效益最大化的"理性的经济人"就会以"搭便车"方式消费公共物品，因而这类公共物品难以进行私人经营，就意味着它无法通过市场体系，即由个别消费者和生产者之间的交易获得有效的供给。

二是源于信息资源的不对称。在市场条件下，厂商目标是实现利润最大化，并不是以向社会提供公共产品与服务本身为目的。如果不能获利，厂商是不会自觉地为社会提供公共物品与服务的，私人资本因资源配置的风险而不愿投资公共物品，就会导致社会公共物品短缺现象，无法实现经济学中的帕累托优化。在这种情况下，厂商可能会利用自己掌握的信息优势和供方地位，以放弃甚至损害公共物品与服务的形式实现自己的利益，甚至欺骗社会与大众。

三是公共物品与服务的供需矛盾。资源配置市场化是以消费者偏好为依据，实现消费者效用最大化。如果某种商品或服务无法体现消费者偏好，市场就不会进行资源配置。购买力较弱的群体的需求往往被市场所忽视，从而形成了市场在保证社会公正性方面的失灵。

2. 政府失灵论

单靠市场机制引导公共物品配置难以满足社会需求，必然需要政府来承担公共物品的供给。为了纠正市场失灵，政府采取诸如法律规制等一系列干预行为来调节市场，主要是提供公共物品、消除负外部性效应、维护市场秩序和调控经济，营造良好的经济运行环境，以此作为市场机制的补充。早在20世纪初期，西方国家政府就采取了干预措施，逐步强化国家管理公共事务的职能，以提高行政效率，提供公共物品，增进公共福利。20世纪30年代西欧经济大危机期间，英国实行的凯恩斯主义经济政策，美国实施的"罗斯福新政"，就是政府干预市场的例证。这些政策措施在当时有力地保证了各国经济的迅速恢复和稳定发展，较好弥补了市场缺陷。

政府在努力克服市场失灵的同时，又会由于自身的垄断地位和低效性，追求规模最大化目标，存在着浪费、高成本。以布南坎为代表的公共选择理论学派认为，政府在提供公共物品和公共服务方面缺乏市场式的竞争机制，存在着垄断性。同时，政府部门在提供公共物品时，往往只能从多数人的需要出发，可能造成公共物品供给"过剩"，导致一部分人的过度需求得不到满足，另一部分人的特殊需求也得不到满足，因为政府提供的任何商品的数量和质量都是由政治决策过程决定的，政府对公共物品的提供同样如此（韦斯布鲁德1977），① 也带来社会资源浪费。政府干预没有达到弥补市场失灵的预期目标，就是政府失灵。

正是市场失灵与政府失灵的共存，客观上要求市场和政府之外的力量予以弥补。从而催生了非政府组织并使其获得新的发展契机，参与社会公共事务管理。它们之间的关系见表2-1市场失灵与政府失灵及其非政府组织应对。

---

① Weisbrod, B. A. 1977. *The Voluntary Nonprofit Sector*. Lexington：D. C. Heath and Company.

表 2 - 1　　　　　　　市场失灵与政府失灵及其非政府组织应对①

	第一种失灵	第二种失灵	非政府组织应对
市场	擅长于提供私人物品	市场提供私人物品中的失灵现象	维权扶困等服务
	失灵于公共物品		
政府	擅长于提供公共物品	政府提供公共物品中的失灵现象	提供公共物品等
	失灵于私人物品		

（二）国家与社会二元结构论

国家与社会之间关系理论一直是政治学的核心之一。"国家与社会"之理论范式，反映了近代以来西方国家与社会关系发展之历程，适用于阐释和描述西方社会结构的内在机制和运行逻辑。在"国家和社会"理论中，国家与社会在其相对关系中界认自身的规定性。

美国的弗朗西斯·福山将国家区分为国家职能的范围和国家力量的强度："前者主要指政府所承担的各种职能和追求的目标，后者指国家制定并实施政策和执法的能力特别是干净的、透明的执法能力——现在通常指国家能力或制度能力。"② 以它们为变量，构建了"范围—强度"坐标系：纵坐标自下而上代表国家力量的强度从弱到强，横坐标自左而右代表国家职能的范围从小到大（见图 2 - 2）。按照上述坐标系所界定的国家类型，我们可建构"国家和社会"关系的四种形态："强国家、大社会"，"强国家、小社会"，"弱国家、大社会"，"弱国家、小社会"。毫无疑问，福山更加青睐于"小而强的国家"。"强国家、大社会"将是现代国家构建的理想形态。③

第一，"强国家"是现代国家有效履行国家职能的基本保障。作为现代国家构建的核心内容，国家能力是指把国家意志和政策目标有效地浸透入社会各层面并发挥影响的能力，其强弱可从"国家是否能将自己的意

① 严新明、童星：《市场失灵和政府失灵的两种表现及民间组织应对的研究》，《中国行政管理》，2010 年第 11 期。

② ［美］弗朗西斯·福山：《国家构建：21 世纪的国家治理与世界秩序》，黄胜强、许铭原译，中国社会科学出版社 2007 年版，第 7 页。

③ 覃敏健：《强国家、大社会：现代国家构建之理想形态——基于国家与社会关系之分析进路》，《长白学刊》，2010 年第 1 期。

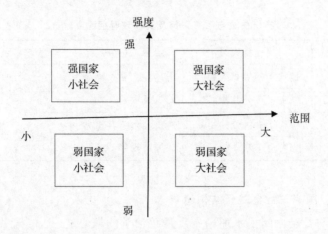

图 2 - 2　国家与社会的关系形态

志以较低的成本贯彻到社会中"来衡量。从应然的角度看，国家产生和存在的目的就是为了公共利益，"正是由于私人利益和公共利益之间的这种矛盾，公共利益才以国家的姿态而采取一种和实际利益（不论是单个的还是共同的）脱离的独立形式，也就是说采取一种虚幻的共同体的形式"。国家存在的唯一理据就是提供公共产品、履行公共服务和维持公共秩序，因此必须确保国家的自主性以及国家对于社会的回应。历史证明，在有限范围之内具有必要功能的、强有力并且有效的国家才是真正的"强国家"。对此，福山指出："美国建立的是一套有限政府制度，在历史上就限制了国家活动的范围。但在这个范围内，国家制定及实施法律和政策的能力非常之强。"①

第二，"大社会"是现代国家永葆社会生机和活力的根本之策。"大社会"不仅突出了国家自主性以及国家对于社会的回应，而且还涉及国家自主性的相对性以及社会对于国家的能动塑造。

首先，"以社会制约公共权力"是现代国家的根本要求。社会生长本身就是现代国家构建过程中的基本要素，"没有社会制约的国家权力总是

---

① ［美］弗朗西斯·福山：《国家构建：21世纪的国家治理与世界秩序》，黄胜强、许铭原译，中国社会科学出版社2007年版，第6页。

危险的和不可取的，它是对专制主义的放纵。"① 具有自身运行逻辑的社会的存在，不仅能够动员和集中大量的社会力量和资源来参与国家建设，而且在政府作用力相对薄弱的领域中，帮助政府解决一些容易被忽视的边缘性问题。这规约了政府的职能只是提供纯粹的公共物品与公共服务，以及通过公共服务的市场化来提供半公共物品与公共服务。

其次，理性、开放和成熟的社会可以孕育出丰厚的良性"社会资本"，有助于消弭社会分裂、缓解利益冲突以及增进信任与合作，从而极大拓展交易的效率空间，促进资源的流动与合理配置，实现社会生产的进步和社会福利的提高。由此，社会与国家真正实现良性互动，可以提升社会资本存量，促进人际信任与制度信任的有机统一。

再次，社会要有活力、有秩序，最关键的是要有在宪法和法律范围内的自主性，社会自组织便是其体现形态。非理性的行为往往是无组织的自发形成，而组织化的利益群体或价值群体，即使与政府的利益和价值发生冲突，依然可以通过法律的途径建立起理性博弈和商议空间。

（三）中国国家与社会互动关系

在吉德伦、萨拉蒙等人看来，政府与非政府组织的关系不外乎四种：传统的政府支配模式、非政府组织起决定作用的极端支配模式、政府与起补充作用的非政府组织的独立并存模式、政府与代理人的非政府组织的合作并存模式。

改革开放前，中国长期以来实行计划经济体制，国家几乎垄断了全部重要资源，并对全部社会生活实行严格而全面的控制，对任何相对独立于国家之外的社会力量，要么予以抑制，要么使之成为国家机构的一部分，从而建立起"强国家、弱社会"的模式。对于当时的国家行为模式，邹谠（Tsou Tang）将之形容为"全能主义"（totalism）国家，国内有学者称之为"总体性社会"。改革开放后，中国已经走过传统的支配阶段，进入补充或合作的并存阶段。上述国家全能主义模式逐渐瓦解，社会组织得到一定的认同。政府改革的总体趋势是：先规范本国 NGO 的发展，围绕

---

① 邓正来、［英］J. C. 亚历山大：《国家与市民社会：一种社会理论的研究路径》，中央编译出版社 2002 年版，第 120 页。

本国的政治需求，顺应全球化趋势，规范境外 NGO 的管理。正如盖伊·彼得斯所说，"政府的改革之道，就是运用它的力量去培育创造出更多的第三部门……顺应这些改变也就建立了所要求的组织结构。剩下的问题就是指导这些组织使之符合公有社会的价值要求，并且有能力去解决社会问题"①。中国"行政型国家主导一切"开始转型，"从一仆二主向三足鼎立的结构转型、全能主义政府向监管型政府的制度转型、从大同社会小康社会向和谐社会的战略转型、官僚主义统治向多元治理的策略转型"②，为社会发展预留了一定空间。

进入 21 世纪以来，中国已由经济领域的改革全面进入经济、政治、社会等领域的综合改革，党和政府密集出台了一系列有助于解决社会问题、缓解社会矛盾、促进社会公平、推动社会发展的政策措施，推动了国家与社会关系的转型。2002 年以来，中国政府提出了一系列推动社会建设的政策目标，反映了中央政府应对经济发展与社会问题新挑战的新制度安排与共识，并从中央政策层面确认了社会建设的重要性。2006 年，十六届六中全会首次提出"创新社会管理体制"。2007 年，十七大报告强调要加强以民生为重点的社会建设。2012 年，十八大报告不仅首次提出"社会体制"的概念，更系统论述了"在改善民生和创新管理中加强社会建设"，进一步明确了社会管理和社会建设的关系，并较为系统地提出了中国特色社会主义社会管理体系的基本框架。2013 年，十八届三中全会提出"国家治理"与"社会治理"的概念，提出"推进国家治理体系和治理能力现代化"，以及"推进社会领域制度创新，加快形成科学有效的社会治理体制"的治理目标，将进一步推动国家与社会关系的变迁。

总的来讲，改革开放以来国家与社会关系的历史变迁表明，国家对社会的控制逐渐从单纯追求"维稳"走向对公民"维权"的认可，并强调建立一套与经济转型和社会转型相匹配的利益协调机制，通过柔性管治维护社会秩序。

---

① ［美］盖伊·彼得斯：《政府未来的治理模式》，张成福、吴爱明、夏宏图译，中国人民大学出版社 2001 年版，第 71—73 页。

② 唐兴霖：《国家与社会之间：转型期的中国社会中介组织》，社会科学文献出版社 2013 年版，第 18—24 页。

基于上述历史考察，当代中国国家与社会的互动关系呈现出一种"从社会管控到社会治理"的宏观态势和过渡形态。① 从社会管控到社会治理，作为一种动态的演变过程和过渡形态，不仅是对当代中国国家与社会关系的现实描述，也暗含了国家与社会在互动中走向社会治理的发展趋势和方向。

国家正在努力通过制度变革与治理改革，创造有利于社会参与的机遇结构，有意识地培育社会力量，激发社会活力，允许并引导社会力量发挥更大作用。社会在处理与国家的关系过程中，强调其自主性的成长与释放，并展开了各种形式的自我保护运动。同时，"社会"也在改变其生存与发展策略，它并不仅仅满足在国家为其规定的范围内行动，而且还通过与国家的主动接触与互动，保持与政府的相关性，并以协作或合作的方式参与社会问题的解决。社会组织与公民通过充分利用既有体制和新体制的平台，积极参与协助政府履行相关职能，与此同时，社会力量的参与意识、社会责任与参与能力等都会得到相应提升，这为自身争取了更广阔的生存空间。

四　政府管制理论

（一）管制是政府的一项重要职能

政府管制理论也被称为管制经济学（Economics of Regulation）。"政府管制"中的"管制"一词来自英语 Regulation，汉语译为"规制""管制"或"监管"，意为控制、管理、规则、法令。

早期的监管理论产生于 20 世纪 30 年代传统微观经济学的公共利益监管理论。20 世纪 70 年代以后，美、英等西方国家对自然垄断行业运营效率的不满，引发了一场声势较大的放松管制运动。它们在对该理论基本假设修正的基础上，提出了监管有效性理论。20 世纪 90 年代以来，政府管制理论得到进一步的发展，其中最重要的是激励性管制理论的提出。该理论的基本观点是：

---

① 郁建兴、关爽：《从社会管控到社会治理——当代中国国家与社会关系的新进展》，《探索与争鸣》，2014 年第 12 期。

1. 政府是管制主体

政府为了解决市场失灵的问题，基于公共利益和社会公平正义的需要，通过立法或其他形式，对各种微观经济主体（企业等）的行为通过各种规则（或制度）加以规制。《新帕尔格雷夫经济学大辞典》界定管制是"政府为控制企业的价格、销售和生产决策而采取的各种行动"。[①] 政府管制（Government Regulation）特指政府对私人经济部门的活动进行的某种限制或规定，例如定价、费率、许可。美国经济学家史普博认为："管制是由行政机构制定并执行的直接干预市场配置机制或间接改变企业和消费者的供需决策的一般规则或特殊行为。"[②] 中国学者余晖认为，"管制是指政府的许多行政机构，以治理市场失灵为已任，以法律为依据，通过制定规章设定许可、监督检查、行政处罚和行政裁决等行政处理行为对微观经济主体（主要是企业）的不完全是公正的市场交易行为进行直接的控制或干预。"[③]

可见，政府监管的执行主体是政府，被监管的客体是企业及消费者等微观经济活动主体。

2. 管制的主要手段是规则、规制和法令

《布莱克法律词典》提出："管制是制定规则或有条件的权力，通过遵守这些规则或执行这些条件以决定什么情况下免除义务，什么情况下应课以义务或其他税收"。[④] 根据美国管理和预算办公室（Office of Management and Budget，OMB）的定义，管制是指政府行政机构根据法律制定并执行的规章和行为。这些规章或者是一些标准，或者是一些命令，涉及的是个人、企业和其他组织能做什么和不能做什么。

3. 管制的目的是为了公共利益，解决市场失灵

管制的目的是为了解决市场失灵，维持市场经济秩序，促进市场竞争，扩大公共福利。早期管制理论认为，监管是为了纠正由于存在外部

---

① ［英］约翰·伊特韦尔等：《新帕尔格雷夫经济学大辞典》，陈岱孙主编译，经济科学出版社 1996 年版，第 136 页。

② ［美］丹尼尔·F. 史普博：《管制与市场》，余晖等译，上海人民出版社、上海三联书店 1999 年版，第 45 页。

③ 余晖：《监管热的冷思考》，《公共政策评论》，2006 年第 3 期。

④ Henry Black, *Black's Law Dictionary*. West Publishing，1891：1009.

性、自然垄断、不完全竞争、不确定性、信息不对称等因素而导致的市场缺陷，即市场失灵。由政府对相关行业中的微观经济主体行为进行直接干预，从而达到保护社会公众利益、增加公众福利的目的。这即是政府管制的"公共利益理论"。

一些国家的政府管制出现了许多低效率现象，如制度僵化、腐败、管制成本过高、技术创新缓慢等"政府管制失灵"的问题，促使经济学家思考管制的动机和必要性问题，并对以保护公共利益为目的的传统管制理论提出疑问，施蒂格勒、帕尔兹曼提出了"管制俘获"（Regulatory Capture）理论，推动了管制理论的发展。管理学家盖拉特、戴维·布朗认为，民间组织在解决社会、经济发展和政治问题中扮演重要的角色，以改善人类为中心工作。①

（二）社会性管制是政府管制的重要工具

管制是政府的行政机构依照一定的法规对企业行为的干预。根据管制对象和实施手段的不同，政府管制可分为经济性管制（economie regulation）与社会性管制（social regulation）。

经济性管制是政府对自然垄断和金融业的干预，是针对特定行业的管制，即通过进入控制、价格决定、服务条件及质量的规定，以及在合理条件下服务所有客户时应尽义务的规定，对某些产业的结构及其经济绩效的主要方面的直接的政府规定。社会性管制是政府为了保护广大的消费者、雇工及公众的健康和安全而对环境、产品和服务及工作场所的质量进行的管制，它涉及各行各业的企业行为②，以及社会组织的行为。

经济性管制与社会性管制的区分主要是效用不同。前者以减少市场失灵造成的稀缺资源配置的效率损耗、实现资源配置最优化为目的，而后者以保障劳动者和消费者的安全、健康、卫生，环境保护，防止灾害为目的，因此，它也被称为 HSE（Health, Safety and Environmental Regulation）

---

① ［美］盖拉特：《21世纪非营利组织管理》，邓国胜等译，中国人民大学出版社2003年版。

② 程启智：《国外社会性管制理论述评》，《经济学动态》，2002年第2期。

管制。①

社会管制方法多样化。20 世纪 90 年代以前的社会性管制主要使用禁止特定行为、资格制度、检查制度等"命令—控制"型的管制工具。1990 年后，经济激励法在社会性管制中尤其是环境管制中得到应用，并最终形成了以"命令—控制"型方法为主，经济激励法为辅的管制工具体系。②

1. 社会性管制是发达国家政府管制改革的普遍趋势

社会性管制是基于对生产者和消费者健康和安全的考虑，制定一些规章制度对涉及环境保护、产品质量和生产安全等方面所实行的管制，以纠正经济活动所引发的各种副作用和外部影响，从根本上促进社会福利最大化。相对于其他工具而言，它具有强制性和直接性特点，并倾向于直接管理。

社会性管制更是以社会福利最大化为目标，旨在约束那些直接危害公共卫生、安全和福利的行为。日本经济学家植草益在"微观规制经济学"中将社会性管制定义为"以确保国民生命安全、防止灾害、防止公害和保护环境为目的的规制"。③ 王健认为，中国将社会性规范分为 5 类：（1）规范市场秩序、培育和发展竞争性市场的管制；（2）保护消费者的管制；（3）协调社会成员利益，建立健全社会保障的管制；（4）保护生态和环境的管制；（5）维护民族经济利益，促进国内产业发展的管制。④

社会性管制是政府工具的重要内容之一。萨拉蒙根据"每一种政府工具都具有某种特征，使得其可以被识别出来"的原则，提出了 15 种政府工具，其中将管制细分为社会性管制和经济性管制。⑤

从世界范围管制的发展趋势可以看出，经济性管制呈现出放松管制和重构管制的趋势，而在安全健康等社会性管制领域则表现出加强管制的趋势。

---

① 郭剑鸣：《风险社会境遇下西方国家的社会性管制与社会管理：政治学意义》，《社会科学战线》，2013 年第 5 期。

② 张磊：《社会性管制问题研究：理论焦点与制度变迁》，《理论界》，2014 年第 3 期。

③ ［日］植草益：《微观规制经济学》，朱绍文等译，中国发展出版社 1992 年版，序。

④ 王健：《中国政府规制理论与政策》，经济科学出版社 2008 年版，第 173 页。

⑤ Lester M. Salamon, *The tools of government: An Introduction to the new Governance*, New York: Oxford University Press, 2002, 19.

2. 社会性管制是政府管理境外 NGO 的主要工具

中国政府管制境外 NGO 具有必要性。尽管国家体系受到挑战，但是，国家仍然是国际社会的重要主体，国家利益国家主权的维持和巩固仍然是各国人民追求的目标，因此，防范外来入侵和破坏是当权政府的主要职责，也是国家范围内的公共利益之所在。不可否定，绝大多数境外 NGO 活动具有价值中立性，但是，也不可否认，有些境外 NGO 活动的价值倾向性明显，与中国政府的价值取向存在偏差，且对中国的意识形态或社会秩序具有破坏性。有些国际 NGO 的消极影响或破坏作用在某些东道国造成的事实令中国不得不防。因此，中国政府管理秩序的价值取向决定了中国需要基于安全性与可预见性有机统一的境外 NGO 管理。

吉尔伯特认为，政府监管的理由有三个：市场失灵、税收（监管是确定税率的有效方式）和政治考虑。这三大考虑同样适用于对境外 NGO 的监管。

社会性管制针对的环境资产等的外部性和安全保证中的信息不对称性两大问题，在境外 NGO 的活动和项目中同样存在。监管是政府对公众要求纠正某些社会个体和社会组织的不公平、不公正和无效率或低效率的一种回应。

市场经济需要政府监管，社会领域同样需要政府的指导。秩序与效率是政府管理的价值定位。管理的基本原则有风险预防原则、谨慎发展原则、全程管理原则。"志愿失灵"现象在境外 NGO 中同样存在，这就需要政府及时调整对社会组织的管理基本价值取向，做到管理服务与管制规范培育双重任务并重。

中国进入风险社会及政府转型的重要时期，一方面公益服务不足，社会福利水平低下，需要 NGO 组织的快速发展，有能力承接民众个性化的社会福利需求；而另一方面中国国内 NGO 发展尚处于初级阶段，其发展能力和发展水平与国际 NGO 还有很大差距，需要境外国际 NGO 能力培训和管理技术的输入，这就不可避免地提出政府监管的问题。

3. 境外 NGO 社会性管制的具体方式

对于境外 NGO 的社会管制方式一般有以下几种：

（1）目标管制。如社会稳定和公益慈善。以社会组织的宗旨约束其行为。

（2）数量和领域的管制。对境外 NGO 进入的数量、领域进行限制或放开。

（3）资格制度。指通过认可具有一定资格的事业者方可从事特定领域的业务，并赋予相应义务等。社会性管制一般同时使用多种手段。如登记注册制度、减免税收的资格认定。

（4）年检与监督，如进入检查、定期检查等。

具体的管制手段有：

（1）以行政许可制为主的行政手段。行政许可制度是对进入制度的一种管制。政府依法准许境外 NGO 等组织从事某种活动的行政行为，通常是通过注册登记或备案等方式，赋予该组织以某种权力能力，或确认其在境内开展活动的资格，同时制定惩罚条款。行政手段是政府进行社会性管制的基本工具。社会管制性工具有四个关键性的要素：规则、标准、惩罚条款和行政机构。另外一种方式是标准设立，政府设置各种标准，对入境 NGO 的合法性进行许可。通过设立进入中国的准入标准，对境外 NGO 的行为活动进行管制。

（2）财政补贴或税收优惠政策。教育、医疗等各类公益设施等给社会带来了正向外部性，政府应用财政补贴或税收优惠政策，调动社会组织生产者的积极性，使其增加到社会需要的有效水平，生产外部经济的公共物品。财税政策实质上是社会管制方式从命令与控制型的管制方式，向市场导向型的政策工具、激励型的政策工具转变的表现。

（3）信息优势管制。社会组织的发展取决于信用体系的建设。为了推进社会组织诚信建设，不断加强和完善社会信用体系，政府有必要对境外 NGO 进行信息管制，这些信息主要包括基本信息、荣誉信息、失信信息等三方面。社会组织基本信息是指在社会组织登记管理机关登记的，反映社会组织基本情况的各项信息。主要包括：组织名称、组织类型、组织机构代码证号、登记证号、法定代表人、住所（地址）、注册资金、业务主管单位、登记日期、联系电话、年检年度、年检结果、评估年度、评估结果、评估单位等。以预防对信息的垄断和隐蔽，从而有损参与人的知情权以及物资资金的安全。由政府行使社会管制职能，对信息优势方实行管制，平衡慈善公益活动各方对信息的占有程度。

社会性管制体系是由管制立法、管制主体、管制对象、管制目标、管制方法政策组成的一个有机整体。管制体系的完善程度和管制绩效正相关。中国境外 NGO 监管体系虽然在不断改善，但是还很不成体系。管制的成本逐年增加，管制的总体绩效较差等管制失灵现象仍然存在。所以需要从社会性管制立法、执法和社会监督三个方面进一步加强。

第三章　中国政府管理境外非政府组织的历史变迁和现状

本章从政府与境外 NGO 关系的视域，阐述中国政府对境外 NGO 管理的历史演进，分析其变迁的原因和特点，找寻政府管理的趋势和规律，认为，中国政府通过机构的组建和制度的变革，直接形塑了政府与境外民间组织之间的关系结构。这一结论，为政府选择限制、鼓励，抑或折中的路径提供了参照。伴随全球结社革命和中国对外开放，境外在华 NGO 呈现数量增加、规模扩大、影响广泛的特点，已经从初级阶段走向发展阶段。

一　中国政府管理境外非政府组织的历史变迁

考察中国政府与境外 NGO 关系的历史发展，实为考察中国公共服务和政府公共管理历程的一个重要组成部分。

要想全面列举记述境外在华 NGO 与中国政府关系的发展历程，既不可行，也没有必要。因此，本文有所选择。一是按照历史、影响力、国别、特别事件四个维度，选择有代表性的境外 NGO；二是根据公共治理领域，选择中国政府部门或协调机构，如扶贫办、中国国际民间组织合作促进会（简称民促会）、残联等，从历史发展中找到它们的交集及其发展轨迹。当然，这种选择方式是主观的，运用中会有所变通。

本章节的问题是，在威权政治背景下，进入中国的境外 NGO 有哪些？它们与中国政府的关系如何？它们如何利用自身和对方的资源，寻求共同治理公共事务的共识？本文梳理它们合作领域和合作方式的历史发展过程，回答境外 NGO 如何参与中国公共治理，以及中国政府如何改进二者关系等问题，从中找寻它们未来发展的端倪。

国际非政府组织进入中国的时间最早可以追溯到 19 世纪末宗教传教活动。"19 世纪中叶前后，随着大批传教士进入中国，以宗教为背景的社会公益活动在华兴起。"① 根据美国学者 L. G. 怀特的观点，第一个真正意义上的国际非政府组织成立于英国②。1844 年 6 月 6 日，英国青年佐治·威廉在伦敦创立了基督教青年会普世运动，1855 年世界基督教青年联盟成立。1885 年基督教青年联盟在中国成立学校青年会，有由传教士施美志在福州设立的英华书院、传教士毕海澜在北京设立的通州潞河书院。

但是，也有学者表示，1881 年进入中国的英国长老会才是最早进入中国的国际非政府组织。英国长老会③（Presbyterian Church of England）也译为"英格兰长老会"或"英兰长老会"。1843 年该会组织大会（Synod）时就决定成立海外宣道委员会（Foreign Mission Committee）。1881 年英国长老会差会（English Presby – terian Mission，EPM）在潮汕成立本土教会"潮惠长老大会"，后改名为潮惠长老总会，1914 年改名岭东长老大会，下设汕头中会和五经富中会，1927 年该会参加中华全国基督教会，改名为中华基督教会岭东大会。1950 年，英国长老会将所有在华产业移交给岭东大会。

现代意义的国际非政府组织进入中国开始于 20 世纪初叶。除了宗教色彩的传教组织之外，主要有三个：一是 1904 年在上海成立的上海万国红十字会，救助日俄战争受伤士兵。1912 年 1 月 15 日，红十字会国际委员会正式承认中国红十字会。二是英国救助儿童会。1913 年成立后，第二年就派人考察中国，1920 年对中国黄河水灾的儿童进行捐款救助。三是经过十年广泛深入的调查研究，在中国建立中华医学基金会、北京协和

---

① 王名、杨丽：《国际 NGO 论纲》，《中国非营利评论》，2011 年第 8 卷。

② 现代意义的非政府组织最早成员的说法在学术界说法不一。有的认为，最早可以追溯到中世纪的罗马天主教会。联合国开发计划署查尔斯·查特菲尔德（Charles Chatfield）认为是 1839 年成立的反奴协会（the Anti – Slavery Society）、1952 年成立的国际印刷联盟（International Typographical Union）；有学者提出是成立于 1855 年的世界基督教青年会联盟（The World Alliance of the YMCAs）（基督教青年会 Young Men's Christian Association，YMCA）；还有的认为是 1847 年成立的共产主义者同盟。这里择其一。

③ 胡卫清：《英国长老会在客家地区传教活动研究（1881—1949）》，《汕头大学学报》（人文社科版），2014 年第 4 期。

医学院（PUMC）的美国洛克菲勒基金会。它们与中国政府在教育、文化交流、公共卫生方面共同治理，"在国家利益冲突、文化认知艰难的情况下开展项目并取得了一定社会效益，但也有一些组织成为殖民主义者的帮手而备受诟病。"① 由于本章研究重点是中国共产党政权的政府，新中国成立之前，中国与外国民间组织接触，可以看作为境外 NGO 与政府联系的前奏。

新中国成立后，境外非政府组织在中国的发展受到国际局势的影响，它们在中国的活动与国际非政府组织的世界运动的时间阶段大体一致。伴随公共治理领域扩展和合作方式深化，中国境外非政府组织与政府之间的关系大致经历了改革前排拒期的零星接触、改革期的初始合作、有限合作期的主动完善以及全面协作期的合法化探索四个阶段，各个阶段的合作领域和合作方式各具特点。

（一）20 世纪 80 年代前零星接触阶段的治理垄断

改革开放前的排拒时期，中国公共治理完全由政府垄断，即政府管理，其他治理主体包括其他组织被边缘化或消失。中国政府与境外 NGO 之间只有零星的接触和交流，二者关系脆弱而短暂。这一阶段的特征为：

1. 中国政府与境外 NGO 需求各异的协作治理

新中国成立初期，中国需求有二：一是公共治理需求，即治理公共事务或社会问题的需要。这不是中共政权的主要需求。因为政府已经包揽社会福利，国内社会组织不复存在，国外 NGO 活动领域非常有限。二是主权合法性的需求。作为新政权，中国政府需要尽快得到外界认同，获取主权自信。这是取得政权合法性的重要途径，也是中国政府更为重要的主权合法性需求。对于通过暴力方式取得政权的中国共产党来说，这种需求尤为迫切。中共政权进入联合国遭到以美国为首的西方国家反对之后，转向国际民间组织的推动。因此，采用内外有别的政策，外松内紧，给予外国 NGO 更多的自由，显示中国政府的外界形象，以及愿意与国际社会寻求价值观一致的意见表达。

对于境外 NGO 来到中国，最为疑惑的问题有两个，一是国际非政府

---

① 韩俊魁：《境外公益民间组织在中国发展现状及其困局的思考》，见陈金罗、刘培峰主编：《转型社会中的非营利组织监管》，社会科学文献出版社 2010 年版，第 248 页。

组织为什么要来中国？其理性何在？二是作为主权国家，20 世纪 90 年代前，中国在不完全开放国内民间组织的情况下，出于何种考虑允许境外 NGO 进入？

国际组织学解释：国际非政府组织的理性在于组织成长和组织价值促进，在于人道主义和慈善事业的价值追求，在于通过国际主义的理念扩展。"任何理性分析都不得不假设一个先在的权力、预期、价值观以及准则的背景，这些因素对利益的决定和估算的作出产生影响"；"他们的行为违反的是利己主义的假设，而不是理性这个假设"。①

境外 NGO 的确"贯彻某种理想原则，不能简单视之为政府的实用主义的工具。这是一种微妙而复杂的现象"②。除此之外，中国文明古国吸引力也是一种解释。另外，还有中国社会当下发生的社会变革，以及幅员辽阔所带来的社会问题的多元性。

当然，对于具有持续性的事业来说，光有好奇心和理想是远远不够的。西方发达国家 NGO 精英阶层的西方中心论，"洛氏基金会在华创业的动力是那个历史时期在美国精英阶层占主导地位的理想主义加西方中心论"③，"甚至一个致力于人道主义救助的国际非政府组织的命运也会受到大国政治的影响"④，等等都有可能为上述问题之解。

2. 境外 NGO 进入中国的数量少，活动领域窄

境外 NGO 进入中国的主要有：一是延续新中国成立前已经在境内活动的组织。有美国洛克菲勒基金会，英国救助儿童会等。二是基于改变经济贫困状况的国际 NGO 和国际政府组织。它们于 20 世纪 80 年代与中国国际经济技术交流中心（中国民促会前身）合作。如德国农业行动、荷兰国际发展援助组织、宣明会（World Vision）、米泽瑞（Misereor）、凯尔国际、德国明爱、加拿大合作社协会、希望国际、国际发展救济组织、Crossroads 等，它们通过交流中心在贫困地区开展发展项目。三是救灾扶

---

① ［美］罗伯特·基欧汉：《霸权之后——国际政治经济中的合作与纷争》，苏长和等译，上海人民出版社 2001 年版，第 90—91 页。

② 资中筠：《洛克菲勒基金会与中国》，《美国研究》，1996 年第 1 期。

③ 资中筠：《洛克菲勒基金会与中国》，《美国研究》，2008 年第 8 期。

④ ［美］入江昭：《全球共同体：国际组织在当代世界形成中的角色》，刘青等译，社会科学文献出版社 2009 年版，第 17 页。

弱的国际组织。如 1982 年乐施会参与中国青海水灾救援。1985 年美国国际艺苑俱乐部向中国残疾人捐赠日光车。四是政府安排的交流互访。活动领域集中在贫困地区的捐款、资助，以及高校青年人学习的资助。

3. 境外 NGO 在中国发展具有明显的断裂性

有的境外 NGO 在 20 世纪 50 年代后直至 1972 年美国承认中国的联合国地位之间有 20 多年与境内断绝关系，有的在"文革"后与境内断绝关系。断裂性来源于两大阵营斗争的敌对国际政治环境，是母国向内拉力和东道国对外推力的结果。

一是境外 NGO 所在国对之的责难和怀疑。如，洛克菲勒基金会遭到美国政府的调查和怀疑，在中国的活动和项目被指责为"明显地倾向于左派的政治观点"，使之在分裂这个世界的意识形态的鸿沟之上架起桥梁的"我们这一代人的任务"① 无法实施。二是中国政策的推力。新中国成立后对境外 NGO 财产的没收和国有化改造，压缩着它们的生存空间，进而间接排斥了境外民间组织。1951 年北京协和医学院收归国有，洛克菲勒基金会离开中国境内。

（二）20 世纪 80 年代后初始合作阶段的规范化尝试

20 世纪 80 年代既是国内政策划分的分水岭，也是外交政策的重要里程碑。不论从合作规模、合作方式，还是合作领域看，这一时期中国政府与境外非政府组织合作的初始阶段特征明显，如中国政府合作初期的应对性的组织建构、私人交往的组织化以及临时性规则出台等。在王名教授看来，20 世纪 80 年代开始至 90 年代初，"在华国际 NGO 的活动总体上处于起步阶段"②。

中国政治背景为：

1978—1980 年，国内提倡自由讨论，提倡解放思想；

1982—1987 年，中央强调坚持四项基本原则，反对资产阶级自由化，清除精神污染；

---

① 资中筠：《洛克菲勒基金会与中国》，2008 年 2 月，《凯迪社区》（http：//club. kdnet. net/dispbbs. asp？ boardid = 1&id = 2063042）。

② 王名、杨丽：《国际 NGO 论纲，中国非营利评论》，2011 年第 8 卷，第 25 页。

1988—1989 年，社团大发展；

1989—1992 年，"六四"政治风波后，收紧对民间组织的管理；

1992 年，放松对民间组织的管理。

有人将这一时期境外公益性民间组织来华开展活动分为"四个阶段，第一、1978—1986 年为破冰阶段；第二、1986—1995 年为试探阶段；第三、1995—2000 年为正常化阶段；第四、2000 年至今，为快速发展时期"。①

20 世纪 90 年代，大陆的国际非政府组织数量逐渐增加。以世界妇女大会在北京召开以及中国加入世贸组织等事件为契机，国际 NGO 开始迅速发展。除了扶贫、教育等传统慈善领域，国际 NGO 更关注艾滋病防治、环境保护、妇女儿童、社会企业、公平贸易、农民工权利保护等较新的公益领域，一段时间内为中国公益事业发展带来了国际经验和国际视角。在中国成为世界举足轻重的经济体的背景下，发达国家的援助政策作出方向性调整，许多国际组织也相应灵敏地作出回应，逐步减少或停止在中国的资金支持，更加多元化地开展活动。

1. 中国特色的有选择的主动开放

选择经济实用型外国 NGO。20 世纪 80 年代以发展经济为重心工作的中国特别青睐资助型国际 NGO。最早在北京设立办事处的外国 NGO 中，福特基金会榜上有名。"1949 年之前与中国关系最重要的是洛克菲勒基金会。……20 世纪 80 年代中国改革开放后，（美国基金会）又开始发生关系，此时福特基金会占重要的地位"。福特基金会资助司法体系改革、生殖健康、环境和发展、经济改革及其社会影响四个领域。

采取特事特例方式非规范性地引入。1988 年福特基金会与国务院签订特别协议，由国务院批准中国社会科学院作为它的挂靠单位，在北京设立办事处。这种进入中国的特事特例方式，在其他境外基金会中屡见不鲜。有些外国 NGO 进入境内，需要通过华侨、国际友人和知名人士的个人魅力与政府部门打交道，个人之间的交流被提升到组织层面，出现私人行为的组织化。

能否得到许可和项目开展的条件，很大程度取决于是否有主管部门的

---

① 胡敏：《境外公益性民间组织在华发展状况调研报告》，清华大学硕士学位论文，2005 年。

上级领导批示或批准，也取决于领导个人意愿，这一意愿与领导个人的事业心和魄力有关。由于中国刚从"文革"噩梦中醒来，对外交往的恐惧感并没有完全消除，因此，与境外非政府组织之间的关系发展受到一定限制。

2. 部门化地方化的合作

20 世纪 80 年代后，直接和间接进入中国的国际 NGO 数量明显增多。从公共治理领域看，除了倡导性的组织、宗教性组织之外，几乎涵括了所有领域，与中国政府各事务部门发生联系。如民政部门、教育管理部门、环保部门、林业部门、甚至司法管理机构。

国际非政府组织主要有：一是经济贫困地区的扶贫。如国际小母牛组织。二是贫困个人包括儿童、残疾人的救助。如全球 2000 年组织、美国隆纳济世基金会、新加坡济世之家及英国救助儿童会等。三是环境生态保护和动物保护。有世界野生动物基金会、绿色和平组织。四是公共卫生教育文化。如李嘉诚基金会等。

这一阶段采用部门化合作方式，政府渠道化的公共治理特点明显。境外 NGO 利用政府渠道，使项目进入社区和援助者。境外 NGO 利用政府平台，进行宣传和倡导扶贫，引导参与。不过，这一阶段存在着公共治理的部门和地区的不均衡状态。因为部门和区域限制，制约了一些组织的活动和项目开展，呈现不均衡状态，有的地区和部门，境外 NGO 的数量多、类型杂，出现扎堆现象。从公共服务领域看，大多集中在少数民族地区和贫困地区。

这种状态在 20 世纪 90 年代有所改观。地方政府之间的竞争，使境外 NGO 发展空间增加。地方政府公共治理意识增强，扩展了境外 NGO 参与中国治理的机会和领域。

通过地方政府之间的竞争来实现政府与社会组织合作是 20 世纪 90 年代前境外 NGO 发展所不具备的条件。我们在解释境外 NGO 能够参与公共治理的理由时，更多地强调它们自身能力，以及中央政府的作用，却忽视了地方政府这一关键变量。

3. 公共治理组织的规范化管理尝试

为了接纳境外 NGO 服务，对等地进行交流合作，体现公共治理的间接性和民间性，中国政府专门建立相应机构，出台制度规定，克服相互交流的障碍。

成立国际民间组织合作的协调机构。1985年中国国际经济技术交流中心成立民间处。1987年国务院批准交流中心（民促会前身）作为中国与国际民间组织合作的协调机构。

开始实行小范围税收优惠政策。1984年3月成立中国残疾人福利基金会。同年6月，得到中央领导批示同意，作为特殊情况，准予免税捐赠进口。同年10月，财政部发出《关于社会福利生产单位征免税问题的通知》。

对于经济领域NGO的管理走向规范，国务院1980年出台《关于管理外国企业常驻代表机构的暂行规定》，规定了审批和注册登记要求。1989年7月实施《外国商会管理暂行规定》，给予了外国商会在中国取得合法地位的条件。

（三）20世纪90年代有限合作阶段的主动完善

境外非政府组织大量进入中国的时间应是1995年世界妇女大会之后。这与国际社会给予联合国经社理事会的咨商地位是分不开的。

1. 公共事务的深度合作

发展型合作和实质性合作增多。1995年，英国救助儿童会与昆明市流浪儿童救助保护中心合作，主要对中心工作人员开展"参与式""以儿童为中心"等救助理念和救助技能的培训。改变单一捐款资助的做法，境外NGO开始关注中国可持续发展问题，在贫困地区实施各种发展项目，双方合作共事，共同解决问题。

21世纪后，有亚洲城市清洁空气行动中心（CAI - Asia）中国办事处的行动，有法国发起发展组织（Initiative Développement），与当地环保部门开展农村水资源管理与公共卫生、可持续生活方式等项目。它们通过参与性合作提升能力和素质，促使每个受益者成为发展项目的主动成员，培养当地发展项目的成员，使其今后能持续独立地发展项目。

这种关注发展问题、采取持续性发展方式和参与方式提升人员素质的做法，在这一时期开始铺开。人员之间的交流学习增多，能力提升的项目比例增加，社区发展方案在农村开展。

2. 敏感性非政府组织进入大陆

1995 年世界妇女大会在北京召开，向世界展示中国的开放胸怀。随后，各种类型组织尤其是与妇女有关的组织如雨后春笋般发展。这些组织既有在境内建立的境外 NGO 办事机构，又有提供资金支持的资助机构，还有开展各类公益项目的运作机构，开展培训等活动的咨询机构，以及在工商领域开展活动的外企协会、商会及职业团体等，其中倡导性组织和培训中心越来越多。

宗教类组织有条件地进入大陆。20 世纪 80 年代基督教救世军、宣明会来到中国，中国政府对此比较敏感。20 世纪 90 年代敏感性宗教 NGO 进入大陆遵循不传教的"潜规则"。如台湾慈济基金会 1992 年在境内救灾，与境内领导达成五点共识，即一个目的：赈灾；二个原则：直接、重点进入灾区；三个不为：不谈政治、不刻意传教、不搞宣传；四类物资：温饱、复耕、卫生的物质、解决居住的问题；五种协助：造名册、提供车辆、维持秩序等等，构成合作前提。这一做法得到中国政府赞许。2008 年 2 月 27 日，中国国台办正式批准台湾慈济基金会在大陆境内成立慈济慈善事业基金会，该基金会成为首个由非境内人士担任法定代表人的民间基金会。

3. 有意识地加强管理、总结经验

要求外国商会注册登记。尽管只是在政治敏感性低的经济领域中的外国商会进行试水，这在有媚外情结的中国，是一个进步。

登记管理国内 NGO，提供对等交流条件。进入 20 世纪 90 年代后，在联合国开发计划署的支持下，中国国际经济技术交流中心与联合国开发计划署在山东济南共同举办了第一届（1990 年）、第二届（1992 年）国际民间组织合作研讨会。在国内外专家建议下，一个全国性、非营利性、联合性、自愿结成的独立社团法人即中国国际民间组织合作促进会于 1992 年由对外经济贸易部正式批准成立，并于 1993 年在民政部正式登记注册。1999 年根据国务院令的要求在民政部重新登记。该会的设立宗旨之一就是要协助中国非政府组织与国际非政府组织建立合作关系。因此，它成为国际非政府组织进入中国的一个重要入口平台，为更多的国际非政府组织进入中国提供了便利。到 1995 年，在华国际非政府组织已有约 100 个。

完善国内 NGO 税收优惠管理。2004 年国家税务总局给予 33 家外国

在华代表机构免税待遇。

由中国民促会组织首次正式出版《国际民间组织合作实务和管理》一书，总结了管理经验和教训。

不过，国际非政府组织进入中国的高峰期还是在 1995 年以后，其契机是 1995 年由北京承办的联合国第四次世界妇女大会及其同时进行的非政府论坛。此次会议不仅表现了中国政府对非政府组织，特别是国际非政府组织在国际事务中的作用和影响的认可与支持，同时也更加坚定了中国政府努力发展同国际非政府组织关系的决心。因此，在会后迎来了国际非政府组织纷纷进驻中国的高潮。1995 年至 1999 年，在短短 5 年时间内就有 46 个国际非政府组织首次到中国开展项目活动。进入 21 世纪后，随着中国加入 WTO，国际非政府组织进驻中国的速度再次加快。从 2000 年到 2004 年，至少有 80 个国际非政府组织来到中国，平均每年约 20 个。而这些都是官方登记注册的境外在华 NGO，对于一些选择工商登记或者其他途径进入境内的境外在华 NGO，由于数量众多，无法一一调查。其进入中国境内的时间也不得而知，但大致形成共识的是，它们大多数进入中国的时间应该是 21 世纪之后。

4. 境外 NGO 的本土化

境外 NGO 关注自身身份，有的在华设立办事处，有的被迫在工商登记，还有的实施本土化政策，各显神通，采取各种形式落地境内，获取合法性。

其中本土化是一种变通。由于浸润着中国文化的个人与西方人员的文化差异，导致它们在交往中难免出现误解，而且，中国对于外国 NGO 进入的法律缺失，登记注册门槛过高，一定程度制约了境外 NGO 的项目开展。为了便于获得相应的合法身份，境外 NGO 不得不借助本地草根 NGO 渠道和人民团体合法身份，打开中国管理大门。采用的方式有项目培训和直接指导。

（四）21 世纪全面协作阶段合法化的探索

这一时期，境外 NGO 数量和规模更大。"境外在华民间组织，目前国内大约有 1 万余家这样的机构。"① 它们开展各种活动。除了正常领域

---

① 郭鲲：《民政部部长李学举：涉外民间组织首次私人合法登记》，2007 年 3 月 13 日，中国经济网（http://www.ce.cn/xwzx/gnsz/gdxw/200703/13/t20070313_ 10671804.shtml）。

外，也出现了敏感的政治维权性组织活动以及发展型的公共事务组织，如 2005 年由德国基督教发展服务社（EED）资助开展的"基层民间组织能力建设培训项目"、美国律师协会资助"维护农民工权利和为其提供法律援助实地调研项目"、2007 年日本国际反饥饿组织（JIFH）资助"民间组织与媒体"培训等相对敏感公共事务。之所以可以实施，与中国政府管理的合法化探索分不开。

1. 公共治理环境的改善：法律制度的进一步完善

随着各种组织以及活动网络化问题的出现，民政部 2001 年颁发的《社会团体分支机构、代表机构登记办法》，其中第十八条提到，港澳台地区和外国社会团体在中国境内设立分支机构、代表机构另行规定。提出了问题，却没有解决。2004 年中国施行《基金会管理条例》，将"境外基金会在中国内地设立的代表机构"列为基金会的三种形式之一，为部分国际 NGO 摆脱"身份忧虑"、登陆中国以独立身份开展活动提供了条件。

2. 合作治理的创新：地方政府的试点

云南省 2010 年实施中国第一个省级管理条例《规范境外非政府组织活动暂行规定》，对境外 NGO 实行组织身份备案、项目合作备案的双重备案制度。2012 年，依据国务院批复通过了《厦门市深化两岸交流合作综合配套改革试验总体方案》，《厦门市台湾经贸社团在厦设立代表机构备案管理办法》实施，厦门在全国率先开展经济、教育、科技、文化、卫生、环保、体育、慈善领域的八类台湾民间非营利组织在厦门代表机构的备案管理工作。

3. 加速引进国际组织总部

为了提升城市国际影响力，中国有些城市和发达经济省份在"总部经济"基础上，提出总部组织的战略。如，上海欲打造"国际机构集聚地"提升城市软实力；北京市使自己的城市发展成为国际会展及旅游服务业高度发达、国际组织高度聚集、国际高端人才荟萃的世界名城，争取更多的国际活动项目在北京落地；深圳湾策划超级总部基地。

结 论

1. 中国的境外非政府组织的发展与全球结社革命有密切联系，其孕育、萌发、成长和国际 NGO 的发展息息相关。

2. 中国与境外 NGO 的交往经历了从排拒到接触，从初级发展到快速发展的过程。二者的合作领域越来越广，规模不断扩展。境外 NGO 在境内发展既得益于它们专门的知识技能、不断创新并适应环境以及与东道国政府沟通协调的能力，更得益于中国政府逐步开放的态度和改进管理的努力。

3. 中国与境外 NGO 之间经历了治理模式的不同阶段，从公共治理的垄断与边缘化、到公共治理主体的初现与壮大、再到公共治理领域扩大和环境的改善。但是，仍然没有达到二者合作共治的阶段。尽管公共治理各要素，如主体、资格、领域、需求等条件渐渐具备，但是，如果没有法制环境、公共治理的公平公开市场的形成，就不能真正走向合作共治。

4. 境外在华 NGO 在中国公共治理和民间外交的作用越来越显现。它们利用自身和对方的资源，寻求治理公共事务的共识，形成了中国政府主导的互动关系模型。

5. 在中国，政府与境外在华 NGO 关系发展取决于政府的态度和认识。当然，这种态度和认识随着历史的发展而不断变化，但是，总的趋势是更加开放、透明、规范。

二 中国涉外民间组织的现状和特点

谈及境外在华非政府组织的管理，如果不能摸清它们的总量及特征，不知道它们藏身于何处，管理就无从谈起（怎样使这些境外在华非政府组织浮出水面，则是另一重要的管理问题）。

随着中国全方位、多层次、宽领域的开放格局的形成，境外 NGO 进入中国的各地各领域。除了沿海、沿边省份外，境外 NGO 也进入内陆中部省份开展合作项目或活动，它们已经遍布中国各地区，渗透祖国的方方面面，呈现出"快、宽、广、升"的特点。

（一）发展速度快

早在半个多世纪前，国际 NGO 就已经在中国开展业务，广为人知的协和医学院及其附属医院就是由美国洛克菲勒基金会投资开办。名噪一时的晏阳初平民教育运动，也曾得到过该基金会的支持。改革开放以后，大量 NGO 开始涌入中国。在华日益频繁活动的境外非政府组织已逐渐成为影响中国社会发展的一支不可忽视的力量。然而，迄今为止，对在华境外非政府组织的数量和活动状况仍然无法得出一个准确的答案。1990 年，国家民政部首次公布了台湾和港澳等地区在境内的非政府组织数量，但至今却未正式公布境外非政府组织在中国的数量，除了少量在民政部门登记注册的少量境外非政府组织信息外，官方没有正式统计数据和资料①。

截至 2014 年底，在民政部门登记注册的涉外非政府组织数量达到 557 家（见表 3－1）。其中，国际及其他涉外社会团体 516 个，涉外基金会 9 个，境外基金会代表机构 28 个，国际及其他涉外民办非企业单位 4 个②。但是，更多的是在中国没有登记注册开展活动的非法非政府组织和一些选择在工商部门登记的改头换面的非政府组织。虽然在华境外 NGO 的准确数字无法得知，但数量肯定"相当可观"③。清华大学 NGO 研究所所长王名认为，在华境外非政府组织的总数大约在一万家左右，每年动员的资金规模大约有数十亿元④。王存奎认为，目前在中国长期活动的境外非政府组织有 1000 个左右，加上开展短期合作项目的组织数量，总数可能多达 4000—6000 个，每年通过境外非政府组织流入中国的活动资金可达数亿美元⑤。以美国在华 NGO 为例，在 20 世纪 90 年代美国的 INGO 中有大约 40% 在华。而现今美国有 1.5 万个 INGO 撒向全球各国，如果依然按照 40% 在华比例，就有 6000 家美国 INGO 在中国活动。

根据民政部发布的全国民政事业发展统计报告和社会服务发展统计报告可知，我国涉外民间组织的数量小幅增长。在政府官方的统计数据中已超过 500 家之多（见表 3－1），实际数量估计会更多。

《中国发展简报》的境外非政府组织名录列举了 221 个（2015 年 8 月 23 日《中国发展简报》境外机构数为 338 个）在华活动的境外非政府组织，

---

① 林德昌：《全球公民社会对国际非政府组织在中国境内发展的影响》，《东吴政治学报》，2010 年第 4 期。

② 民政部：《2014 年社会服务发展统计公报》，2015 年 6 月 10 日民政部门户网站，ht-tp：//www.mca.gov.cn/article/sj/tjgb/201506/201506008324399.shtml。

③ 韩俊魁：《境外在华 NGO：与开放的中国同行》，社会科学文献出版社 2011 年版。

④ 王名、杨丽：《国际 NGO 论纲》，《中国非营利评论》，2011 年第 2 期。

⑤ 王存奎：《辩证看待境外非政府组织》，《中国社会科学报》，2014 年 5 月 14 日。

从另一个侧面反映了境外非政府组织在中国得到快速增长（见图 3 - 1）。

表 3 - 1　　　　　　　　2006—2014 年社会组织发展统计表

年份	涉外民间组织总数	民间组织总数（万）	涉外社会团体数	涉外民办非企业单位数	涉外基金会境外基金会代表机构数	备注
2014	557	60.6	516	4	涉外基金会 9 个，境外基金会代表机构 28 个	
2013	519	54.7	481	4	涉外基金会 8 个，境外基金会代表机构 26 个	
2012	575	49.9	499	49	涉外基金会 8 个，境外基金会代表机构 19 个	涉外基金会第一次纳入统计
2011	581	46.2	519	36	境外基金代表机构 26 个	
2010	475	44.6	427	37	境外基金代表机构 11 个	探索实施了涉外社会组织登记管理规定，加强行政执法
2009	717	43.1	661	56	0	初步形成社会组织体系，规范开展年检和评估工作
2008	593	41.4	572	21	0	建立捐赠税前扣除资格认定监管机制；第一次全国社会组织执法监察会议
2007	470	38.7	467	3	0	民政部正式启动涉外基金会登记管理工作
2006		35.4				2006 年及之前民政事业发展统计报告没有数据

（注：根据民政部发布的全国民政事业发展统计报告和社会服务发展统计报告自制。）

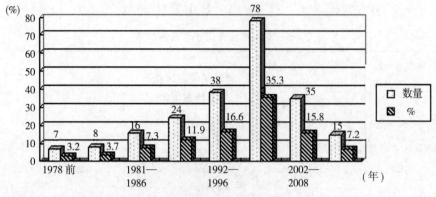

图 3-1　在华境外 NGO 的数量和比例

（二）业务范围宽

国际 NGO 在中国最早进入的区域是北京和云南，现在遍布境内 31 个省、自治区、直辖市，这一说法可以从各省市高校国际化合作对象中得到印证。它们所从事的业务可能涉及经济、社会、生态、文化甚至政治等多方面，主要包括：农林牧渔、文化教育、卫生保健、生态环境、慈善救助、救灾减灾、社会福利、社区建设、农村发展、产业发展、贸易金融、社会服务等社会生活的各个领域。有的在国际债务、国际金融、国际贸易、儿童劳工、跨国公司责任、气候变化、人权、人道甚至在核军控领域变得越来越活跃。

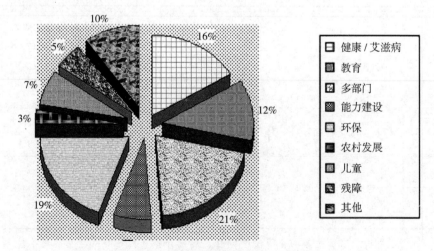

图 3-2　在华境外 NGO 的主要活动领域

国际 NGO 进入中国的数量众多，种类也繁多。从组织类型来看，主要包括宗教机构、人道主义救援和发展机构、私人基金会、专家型非营利的咨询和项目执行机构、宣传机构、政策研究思想库、专业协会和互助、自助组织。

据《中国发展简报》的国际 NGO 名录统计，境外 NGO 最活跃的领域主要是环境保护、公共健康和教育等（见图 3 - 2）。而大部分的国际 NGO 都来自美国，位居其次的则是香港和英国（见表 3 - 2）。大部分的境外 NGO 都来自美国（44.8%），其次是香港（15.8%）和英国（12.3%）。

表 3 - 2　　　　　　在华国际 NGO 的来源国家/地区统计表

	美国	中国香港	英国	日本	ROK	德国	法国	瑞典	其他	总数
数量（个）	99	35	27	5	6	7	6	5	31	221
%	44.8	15.84	12.28	2.26	2.26	3.18	2.26	2.26	14.03	100

（来源：中国发展简报，《国际在华 NGO 名录》）

美国在华 NGO 在中国数量最多，具有一定的代表性。《美国 NGO 在华慈善活动分析报告》中披露大约 1000 家左右的美国 NGO 在华开展活动。其中，各种公益慈善类 NGO 约 500 家左右；工商类的商会、行业协会大约 500 家左右，各占 50%。以监测到的 266 家美国在华 NGO 为样本，分析发现：来华的美国 NGO 中，独立基金会占 13%（34 家）；公司类基金会占 20%（54 家）；公共慈善组织占 62%（166 家）；另有约 5%（12家）的机构性质不详。[①]（见图 3 - 3）。

根据中国现有法律法规规定，对涉外民间组织分类，主要有外国商会、外国基金会及其他形式。在民政部注册登记的境外非政府组织中，主要是基金会。2015 年 6 月公布的境外基金会代表机构 2014 年度检查结果显示，有 28 家年检并合格。

它们是：世界经济论坛北京代表处、比尔及梅琳达·盖茨基金会（美国）北京代表处、唐仲英基金会（美国）江苏办事处、中国—默沙东艾滋病基金会（美国）北京代表处、世界健康基金会（美国）北京代表

---

① 刘佑平：《美国 NGO 在华慈善活动的现状和影响》，2012 年 3 月 30 日中国公益慈善网（http：//www. charity. gov. cn/fsm/sites/ngoreport/index. jsp）。

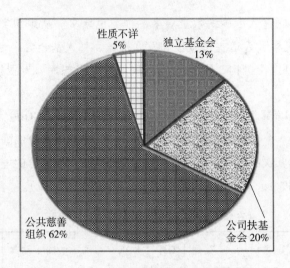

图 3 - 3　美国在华 NGO 的种类比例

处、中华孤残儿童基金会（美国）北京办事处、应善良福利基金会（中国香港）上海办事处、中华爱心基金会（中国香港）北京代表处、世界自然基金会（瑞士）北京代表处、李嘉诚基金会（中国香港）北京办事处、半边天基金会（美国）北京代表处、梅里埃基金会（法国）北京办事处、香港顺龙仁泽基金会顺德代表处、能源基金会（美国）北京办事处、中华浩德国际基金会（美国）北京代表处、保护国际基金会（美国）北京代表处、新希望基金会（中国香港）北京代表处、美国中华医学基金会北京代表处、国际和平交流基金会（中国香港）深圳代表处、欣欣教育基金会（美国）北京代表处、财团法人研华文教基金会（中国台湾）北京代表处、达米恩基金会（比利时）北京代表处、国际救助儿童会（英国）北京代表处、微笑列车基金会（美国）北京代表处、嘉里集团郭氏基金会（中国香港）北京代表处、保尔森基金会（美国）北京代表处、墨卡托基金会（德国）北京代表处、利保益基金会（德国）北京代表处。

（三）活动地域广

境外非政府组织在中国区域分布广，境内省、自治区、直辖市一级区域几乎都有境外非政府组织的足迹。仅从教育领域看，各省级高校的国际化工作取得很大进步，与境外学术性、培训性、资助性组织实质性的合作不在少数。为此，国家专门建立"教育部教育涉外监管信息网"，这是中华人民共和国教育部发布各类教育涉外活动监督与管理信息的专门网站，由中华人民共和国教育部国际合作与交流司主管。

其他领域的境外非政府组织的区域分布则有所区别，取决于服务对象的区域分布和社会组织工作方式。倡导性和贫困救助类的组织一般分布区域广，有的一个组织的活动范围就涉及了 20 多个省、自治区、直辖市，甚至镇、村、寨。如世界宣明会已经在中国近 20 个省、自治区、直辖市，推行约 88 个救灾及扶贫发展项目。一般来说，北京、上海、云南、贵州等城市和地区境外非政府组织比较集中。总体上，境外非政府组织的活动地域主要集中在中国中西部较不发达地区。经济类的中介组织则集中于北上广经济发达城市和地区。

（四）资金量上升

自《基金会管理条例》颁布实施以来，2007—2012 年，在民政部依法登记的 20 家境外 NGO 代表机构已累计在中国内地实施了 2051 个公益项目，总投入达 50.82 亿元人民币，年度投入呈上升趋势（见图 3 - 4）[1]。其中，2012 年的公益项目支出为 11.33 亿元人民币。

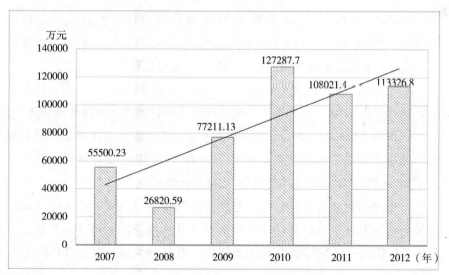

图 3 - 4　2007—2012 年度境外社会组织支出总额

---

[1]　该图根据 2015 年 8 月查阅的中国社会组织网公布的境外社会组织年度工作报告自制。

据有关部门统计①，美国 NGO 在华捐赠金额，基本呈逐年上升趋势。目前美国 NGO 平均每年注入中国的捐赠数量大约是 2.95 亿美元。30 年来，美国 NGO 对华捐赠输入资金规模约为人民币 200 亿元。自 1988—2009 年，累计对华捐赠资金超过千万美元的美国在华 NGO 超过 10 家。其中，82% 流入了高等教育机构、科研机构及政府机构，分别为 31%、30% 和 21%，只有 17% 注入中国民间组织。从地域流向看，美国 NGO 对华捐赠资金遍及中国内地的 29 个省、自治区、直辖市。其中，资金流入最多的是北京，占整个美国 NGO 在华捐赠总额的约 65%。一是因为北京是美国 NGO 相对集中所在，二是其对中央政府部门的捐赠，也算在了北京的地域范围内，其他依次是上海、江苏、广东、四川、云南和陕西，而河北、吉林和新疆是资金流入量最少的地区。综上所述，我们估计境外在华非政府组织每年投入中国的资金约在 1 亿—2 亿美元之间。

虽然境外 NGO 累计对华项目资助总额到底有多少，综合效益有多大，至今还没有确切的统计。但通过民政部官网公布的 2007—2012 年前 10 名境外 NGO 公益项目支出情况可略见一斑了（见图 3-5）②。

1. 2007—2012 年前 10 名境外 NGO 的公益项目支出占支出总额的 94.09%，除李嘉诚基金会（中国香港）、唐仲英基金会（美国）出现较大波动外，其他基金会的项目运作、资金支出都比较稳定。

2. 李嘉诚基金会、唐仲英基金会的投资波动恰好印证了 2008 年全球金融危机以及 2010 年世界金融后危机所造成的世界经济动荡衰滑趋势。

3. 境外 NGO 尤其是比尔及梅琳达·盖茨基金会增加在华公益项目投入，2009—2012 年开展公益项目 54 项，投入 7.73 亿元人民币。世界自然基金会（瑞士）每年也有近 1 亿元的资金投入。

4. 能源基金会（美国）北京办事处于 2010 年 3 月 5 日设立，为能源基金会（美国）在中国开展可持续能源领域的业务进行协调与联络，支持相关机构进行可持续能源利用的研究、试点和实施。截至 2012 年底，

---

① 《美国 NGO 在华慈善活动分析报告》在京发布，2012 年 3 月 30 日中国日报网（http：//www.chinadaily.com.cn/hqgj/jryw/2012—03—30/content_ 5573166.html）。

② 该图根据 2015 年 8 月查阅的中国社会组织网公布的境外社会组织年度工作报告自制。

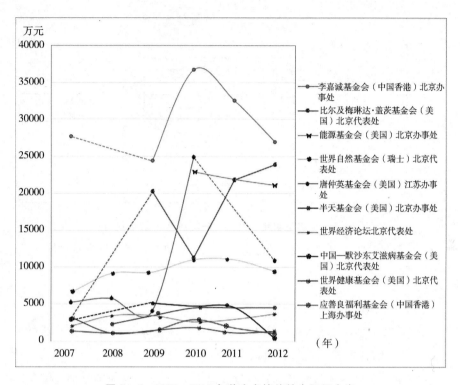

图 3 - 5　2007—2012 年前十名境外社会组织支出

该基金会共投入 6.59 亿元，在工业、建筑、电力、交通、环境等领域开展节能新技术、可持续能源项目 76 个，取得较好社会效益。

5. 世界宣明会（中国）在中国推行的一百多个项目，总投入达到 13423 万美元，约合 8.56 亿元人民币（见图 3 - 6）①。仅 2011 年用于汶川地震救灾的经费预算就有投入约 3.6 亿元人民币（合 5700 万美元）。

世界宣明会（中国）于 1993 年设立中国办事处以来，集中在中国内地的中、西部地区开展儿童区域发展项目、救灾项目。自 2011—2014 年以来，已经在中国近 20 个省、自治区、直辖市推行约 123 个救灾及扶贫发展项目。救助儿童会秉承"一个所有儿童都能享有生存、保护、发展及参与权利的世界"的愿景，为儿童的生活带来及时和持久的改变，主要在四川、云南、西藏、新疆开展救助工作。

---

① 该图根据世界宣明会—中国官网公布的 2011—2014 年度工作报告自制。

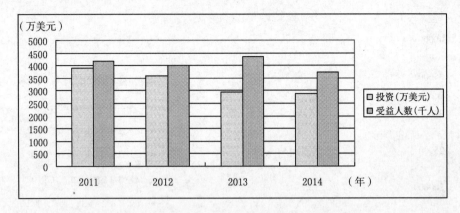

图 3 - 6　世界宣明会中国 2011—2014 年开展项目情况

（该图根据世界宣明会—中国官网公布的 2011—2014 年度工作报告自制）

（五）与母国关系复杂

境外在华 NGO 与母国总部的结构关系和运作特点多样。参考刘贞晔的分析①，结合本课题内容，可以分为以列几种关系模式：

一是办事机构、派驻机构的紧凑模式。母国总部与他国分部之间具有紧密的联系和组织的隶属关系，如自然基金会。

二是独立分部的加盟模式。如狮子会。允许在他国成立分部。对总部除了缴纳会费，每年有一次会员大会之外，各分部的活动、资金、人员选举都由自己做主。每个国别的分部都是相对独立的。

三是伞状分散模式。如大赦国际。

三　境外非政府组织在中国的项目运作

（一）境外非政府组织进入中国的途径

从 20 世纪 80 年代起仅福特基金会等少量境外非政府组织进入中国，到目前国内大约有 1 万余家这样的机构或设立办事处，或注册为企业，或在境外建立总部或分部指导境内项目运作，加速进入中国境内并融入中国

---

①　刘贞晔：《国际政治领域中的非政府组织：一种互动关系的分析》，天津人民出版社 2005 年版，第 64 页。

经济社会发展的进程中。它们进入中国境内的渠道主要有：

1. 通过注入资金和支持项目的形式来开展活动。它们不在中国注册，而只是同寻找到的中国境内合适的合作者签署协议，提供资金支持。例如，日本笹川和平财团于 1989 年与中国国际友好联络会共同设立了中日友好交流基金，其宗旨是利用该基金，通过开展中日两国在政治、经济、文化、教育等领域的人员交流，加深相互理解，促进友好与合作，培养两国所需人才，为中日两国的繁荣、发展和世界和平作出贡献。

2. 在香港、澳门等地建立总部、分部或办事处，指导境内的项目运作。境外非政府组织在香港或澳门建立总部或分支机构，然后通过这些机构，在中国内地开展活动。根据中国发展简报 2005 年出版的英文版《200 国际 NGO 在中国》统计，共有 30 多个境外非政府组织在香港、2 个在澳门建立总部或分支机构负责在中国内地开展活动。比如世界最大的募捐组织世界宣明会，其在初始阶段因为无法在中国获得合法身份，从 1982 年进入中国后，将中国办事处设在香港，直到 2004 年才在北京设立办公室。

3. 设立项目办公室。国外非政府组织在中国实施项目的过程中，专门设立相关的项目办公室。这样的项目办公室本身不具备独立的社团法人资格，也没有上级主管部门，具有"一事一设"的性质，往往在项目实施完成后，办公室即撤销。例如，国际野生生物保护学会（WCS）为在青藏高原和帕米尔高原开展有蹄类保护，在东北地区开展跨国界东北虎保护，在长江中下游地区对扬子鳄和斑鳖进行保护，在华南地区开展减少野生生物消费和贸易以及野生动物保护宣传教育项目，分别在相应地区的拉萨、珲春、广州设立了三个项目办公室。

4. 注册外国（地区）企业常驻代表机构。境外非政府组织根据国务院 1980 年发布的《关于管理外国企业常驻代表机构的暂行规定》，到相关工商管理部门登记，以外国企业公司的形式注册，借以在中国开展活动。例如，英国海外志愿服务社从 1981 年起开始积极参与中国的发展和减贫工作，1990 年 3 月 30 日，它在北京市工商行政管理局以外国（地区）企业常驻代表机构身份登记注册了英国海外志愿服务社北京代表处。

5. 签订特别协议或签署"谅解备忘录"。境外非政府组织通过与中国政府或其授权的相关机构签订特别协议，在中国设立办事处。根据特别协议，这样的办事处不须再在民政部门登记注册。最早通过这样的方式在中国设立办事处的是福特基金会。1987 年，中国社会科学院经中国政府同意，与福特基金会签订了《中国社会科学院与福特基金会协议备忘录》，其中规定"政府同意基金会在北京开设一个办事处"。据此规定，福特基金会于 1988 年 1 月在北京设立了中国地区办事处。

6. 设立代表处或办事处。境外非政府组织按照中国现行的非政府组织登记管理制度，找到合适的业务主管部门，向民政部门登记注册，在中国设立办事处。例如，按照《基金会管理条例》的规定，梅里埃基金会（法国）、世界经济论坛处、唐仲英基金会、半边天基金会（美国）、世界自然基金会等就在中国内地设立了代表处或办事处。

7. 注册为公司或企业的形式。一些境外 NGO 以企业的名义在工商管理部门注册，不是以 NGO 的名义出现。如国际信用评估与监督协会（ICASA），世界自然基金会，绿色和平组织在北京设立的办公室等，就是在当地工商部门注册登记的。

8. 以个人的名义设立办公室或账户。比如菲利浦—海德基金会。

9. 在边远省份注册。在中央没有明确规定、各地立法规定不一时，在边远省份注册，比如晨星教育基金会有限公司在云南设立代表处。

10. 不注册，与中国政府组织或官办 NGO 或民间组织合作办项目。比如美国国际慈善团。境外 NGO 和中国的民间 NGO 日渐建立的积极合作伙伴关系，促进了后者对社会和政治的民主化所起的作用。

11. 在国家外国专家局申请"国际专家服务执照"。

12. 不注册，黑着干。比如基督教救世军和香港乐施会。

（二）项目运作中的障碍

与政府的沟通有待改善，境外非政府组织在项目运作中最大挫败感来自于与政府的沟通不畅。其中包括以下几种情况：

1. 政府对某些境外非政府组织的工作理念不认同，对少数组织怀有防范心理，监控偏严。比如要求规模过大的组织进行分解，要求组织频繁汇报工作等。

2. 政府的工作方式和境外非政府组织的工作方式存在较大差异，因此，在具体进行合作的时候容易产生分歧，如果不能进行沟通协调，则项目很容易被搁置。

3. 某些政府部门尤其是基层部门的办事效率较低，程序烦琐，办事拖沓，这和境外非政府组织的风格大相径庭。

4. 某些政府部门对境外非政府组织的目的或能力表示怀疑，因此，即使是对和自己密切相关的项目也很冷漠，保持旁观者姿态，不闻不问，这让很多热心工作的境外非政府组织感到很无奈甚至委屈。

5. 国内政府换届导致合作的波折。领导变动、领导个人工作作风或关注点的差异可能导致正在实施的项目缺乏后续的政策环境支持，或导致一些非政府组织项目前期协调工作归零，增加项目合作的时间成本；有的项目因为时间延误，项目针对的对象和问题发生变化而错失良机。

第四章　分类管理:涉外民间组织
管理的元政策研究[①]

分类管理是指政府运用综合分类技术，对社会组织进行差异化管理。它是非政府组织后续财政支持政策、监管政策的前提和基础，因此，被称为元政策。分类管理不仅仅是涉外民间组织的管理问题，也是国内社会组织面临的问题。本章讨论范围并不仅限于涉外民间组织，而是更多地从宏观上分析社会组织分类管理问题。

社会组织的分类管理是组织管理的通用工具。中国社会组织分类管理制度是在20世纪80年代社会运动的国际风潮影响下产生的。它既是参照国际社会组织分类方法的结果，更是根据中国国情所做的变通分类。

中国历史上形成的社会组织分类管理存在类型部门化、部门本位化、目的差异化、管理碎片化等缺陷，一定程度上妨碍了政府管理的成效和社会组织的发展。为此，需要选择中国社会组织一致性管理分类的元政策，运用法人分类、经济性分类、慈善免税分类等综合技术，构建社会组织正向功能与政府分类管理技术的匹配模式，并对涉外民间组织管理实施"区别对待、依法管理"。

一　涉外民间组织的分类现状

目前，中国民间组织的分类繁多。既有民政部门三种社会组织的分类，又有立法部门的公益组织的分类，还有税务部门的慈善组织的分类，

---

① 该章主要内容发表于：魏红英、郑昕：《分类管理应同社会组织功能相匹配》，《开放导报》，2014年第5期。

更有国家层面的人民团体、社会团体和事业单位的类型。

（一）中国政府对境外非政府组织的分类

政府主管部门民政部将纳入管理的民间组织分为三大类别。一是社会团体，即中国公民自愿组成，为实现会员共同意愿，按照其章程开展活动的非营利性社会组织；二是民办非企业单位，即企业事业单位、社会团体和其他社会力量以及公民个人利用非国有资产举办的，从事非营利性社会服务活动的社会组织；三是各类公益性基金会，即利用自然人、法人或者其他组织捐赠的财产，以从事公益事业为目的而设立的非营利性法人。其中，对数量最多的社会团体，民政部又将其分为四种：一是学术性团体，指从事自然科学、社会科学以及交叉科学研究的团体；二是行业性团体，指由同行业的企业组织的团体；三是专业性团体，指由专业人员组成或依靠专业技术、专门资金从事某项事业而成立的社会团体；四是联合性团体，指人群的联合体或团体的联合体，如工会。

从政策法规角度看，只有《外国商会管理暂行规定》和《基金会管理条例》中有关于涉外民间组织的注册管理规定。根据中国现有法律法规规定，对涉外民间组织分类，主要有外国商会、外国基金会及其他形式。

1. 外国商会。在华的商会和行业协会从性质上讲属于非公益性的社会组织，是为特定群体和特殊利益集团服务的组织，其主要目的更多的是为跨国公司在华开展业务争取空间、争取各种优惠的条件。[①] 在全球化的浪潮下，跨国公司和大量外国企业进入中国，这类组织不可避免地会为特定利益集团奔走、游说，影响政策的制定和实行，以保证它们的既得利益。《外国商会管理暂行办法》对外国商会的性质、管理办法和注册登记作了明确规定。

2. 在华的外国基金会和境外基金会驻华代表机构。《基金会管理条例》（2004 年）对由非内地居民担任法定代表人的基金会以及境外基金会驻华代表机构的注册登记进行了明确规范。该《条例》明确指出，拟由非内地居民担任法定代表人的基金会和境外基金会在中国内地设立的代表

---

① 王名：《中国 NGO 发展和研究现状》（http：//www.unirule.org.cn/symposium/c312.htm）。

机构由国务院民政部门负责登记。然而，实际上经民政部门依法登记的在华外国基金会和境外基金会设立代表机构为数不多。进入中国境内的外国基金会，多数是纯粹的资助型组织。在民政部注册登记的境外非政府组织中，主要是基金会。2015 年 6 月公布的境外基金会代表机构 2014 年度检查结果显示，有 28 家年检并合格。

3. 以其他形式注册的涉外民间组织。按照中国现有法律，除外国商会和外国基金会，还有一些涉外民间组织通过其他方式注册登记获得了开展活动的许可。

一是以企业的名义在工商管理部门注册。如国际信用评估与监督协会（ICASA），绿色和平组织在北京设立的办公室等，就是在当地工商部门注册登记的。又如，在云南省，至少有 200 家境外非政府组织在开展活动。许多外国非政府组织的注册登记由它们参照外资企业管理办法代为办理，一般都以项目办公室的名义注册。①

二是以国内社会团体名义注册。一种是国内成立组织参加境外非政府组织。如狮子俱乐部国际协会，通常简称"国际狮子会"，是享誉世界的国际性慈善服务非政府组织。2005 年 6 月 14 日，中国狮子联会在北京注册成立，成为狮子俱乐部国际协会的分会。另一种是境外非政府组织资助国内人士成立民间组织。通过资助本地民间组织来实施项目，培养本地民间组织的能力。这些靠外来资金注入运作项目和维持生存的国内社团，表面上看起来是国内组织，但实际上离开了外国非政府组织的资助，这些组织很难生存下去。

根据华夏时报的报道②，成立于 2000 年的北京慧灵智障人士社区服务机构的 80% 以上的捐赠都来自于境外，包括德国、加拿大、意大利、澳大利亚等多个国家的基金会和企业，而来自于国内基金会的资金还不到 10%。在国内外具有相当影响力的"红枫妇女热线"项目曾入围 2010 年中华慈善奖评选。但"红枫"多年来寻求民政注册一直未果。"红枫"成立 23 年来主要是靠包括美国福特基金会、美国全球妇女基金会等境外基

---

① 程芬：《帮国际 NGO 解决身份难题》，《公益时报》，2007 年 8 月 14 日。

② 于娜：《福特基金会悄然脱离 NGO?》，2011 年 8 月 5 日《华夏时报》（http：//www. chinatimes. cc/article/24523. html）。

金会的支持。福特基金会从 1993 年开始资助红枫妇女热线项目，到 2011 年，一共资助了七八十万美元。

三是挂靠国内社团组织，以分支机构的名义开展活动。如世界方便面协会中国分会，就是挂靠在中国食品科学技术学会名下运作的协会。类似像世界方便面协会这样挂靠国内社团的组织应该说还有很多，有些还很隐蔽。

四是以其他方式获得合法身份开展活动。如一些境外非政府组织通过与像中国社会科学研究院、国家外国专家局、国家环境保护总局、国家扶贫办公室、国家计划生育委员会、妇联等这样的机构或组织缔结专项工作协议，获得了在国内开展活动的法律地位。还有一些境外非政府组织则通过与地方行政机关合作，获得在地方开展活动的法律地位。从部分境外非政府组织合法性获得方式就可以窥豹一斑（见表 4 - 1）。

表 4 - 1　　　　　　　　中国涉外民间组织合法性获得方式

序号	合法性的获得方式	举　例
1	经国务院特批，在境内设立办事处	福特基金，1988 年通过与国务院的特别协议，成为首家在北京设立办事处的国际 NGO，合作方是中国社会科学院。
2	以国内社会团体名义注册	一是国内成立组织参加外国 NGO。如狮子俱乐部国际协会，通常简称"国际狮子会"，是享誉世界的国际性慈善服务 NGO。2005 年 6 月 14 日，中国狮子联合会在北京注册成立。二是外国 NGO 资助本地人成立非政府组织。
3	以公司、企业的形式注册	国际信用评估与监督协会（ICASA），绿色和平组织和世界自然基金会在北京设立的办公室等，就是在当地工商部门注册成立。在云南省，至少有 200 家外国非政府组织在开展活动，许多外国非政府组织是参照外资企业管理办法进行注册登记的。
4	以个人的名义设立办公室	菲利浦—海德基金会

续表

序号	合法性的获得方式	举 例
5	缔结专项工作协议	外国非政府组织通过中国社会科学院、国家外国专家局、国家环境保护总局、国家扶贫办公室、国家计划生育委员会、妇联等机构或组织缔结专项工作协议，获得了在国内活动的法律地位。
6	不注册，与国内有关组织合作	美国国际慈善团
7	在香港、澳门等地建立总部或分部，由此指导在境内的项目运作	世界宣明会在初始阶段因其无法在中国获得合法身份，从 1982 年进入中国后，将中国办事处设在香港，直到 2004 年才在北京设立办公室。

（注：以上内容均来自各非政府组织网站）

（二）境内外国机构对境外非政府组织的分类

《中国发展简报》是英国人高飏（Nick Young）创办的一家外国非政府机构刊物，其网站按照在华外国 NGO 开展活动的领域，将工作领域分为：劳工；环保与动保；三农、社区发展与救灾；教育；健康与防艾；性别与性少数；老人与儿童；残障；社会创新、社会企业；能力建设、研究、支持、咨询；民族/宗教/文化/艺术；企业社会责任；社工；其他等14 类。早在 2005 年 1 月，《中国发展简报》推出特别报告《200 国际NGO 在中国》，该报告主要编辑者之一高飏探索了这些进入中国的境外非政府组织的历史传统，即宗教传统、人道主义传统和慈善传统，并分析了其他一些非政府组织的产生来源，在此基础上，将在中国开展活动的国际NGO 分为 8 类（见表 4 - 2）。

表 4 - 2　　　　　　　　在华开展活动的 INGO 类型表

类型	机构举例	资金来源
宗教机构	世界宣明会、米索尔、德国基督教发展服务社	教会，个人支持者，公众捐款，政府和私人基金会的捐款

续表

类型	机构举例	资金来源
人道主义救援和发展机构	乐施会、救助儿童会、国际计划、无国界医生组织、世界自然基金会和多个环境团队	个人支持者为主，公众筹款，政府和基金会拨款
私人基金会	盖茨基金会、帕卡德基金会、福特基金会、斯塔基金、嘉道理慈善基金会	创始人捐款的资金的利息收入
专家型非营利的咨询和项目执行机构	美国温洛克国际农业开发中心、美国帕斯适宜卫生组织、派特、美国家庭健康国际、沛丰中国	政府和基金会的合同和拨款
宣传机构	国际河网、森林保护网络	个人支持者，基金会拨款
政策研究思想库	美国国家民主基金	政府和基金拨款
专业协会	香港社会工作人员协会、美国律师协会	会员费，政府和基金会拨款
互助、自助组织	香港视网膜病变协会、协康会	会员费，政府和基金会拨款

目前，《中国发展简报》网上对境外非政府组织进行了多视角多层次分类。在 NGO 名录中，第一层次是国内国外的分类，有国内机构、境外机构、基金会和企业四类。2015 年 8 月 23 日所搜索的境外机构数量为338 个（这一数据与 2012 年我们问卷调查时的数据相比有所增加）。当然，由于该网站采用自愿申请的方式呈现组织，因此，许多组织并未加入，但是，并不影响其分类。

（三）其他境外非政府组织的分类

按照组织性质，有学者将中国社会组织分为医疗与卫生、教育文化单位、会员组织和非营利性研究机构；按照事业目的，分为公益性组织和互益性组织，公益性组织包括慈善事业、教育事业、科技研究组织、私人基金会、社会福利结构、宗教团体和政治团体等。互益性组织包括俱乐部、合作社工会、商会、互助、职业团体等；按照组织成员（主体）的构成，分为政府间国际组织和非政府间国际组织。这种分类直接反映国际组织的地位以及对国家的影响程度。

还有，根据在华境外 NGO 在中国境内活动的实际情况，充分考察其组织性质、组织愿景、组织形式和活动领域，构建如下分类体系①（如表 4 - 3 所示）。

表 4 - 3　　　　　　　在华境外 NGO 组织性质分类表

组织性质		组织愿景	组织形式	活动领域
在华境外 NGO	互益性组织	经济互益型	①外国商会　②行业协会	（1）企业间交流与合作（2）扶贫帮困　（3）抗灾救灾　（4）医疗卫生　（5）教育培训（6）文化传播　（7）技术援助　（8）公益慈善　（9）环境保护（10）社会服务（11）法律政治（12）学术交流
		社会互益型	③专业协会 ④其他互助组织	
	公益性组织	援助支持型	⑤境外基金会在中国设立的代表机构	
		倡导动员型		
		宗教慈善型	⑥公益咨询机构⑦项目执行机构⑧带宗教性质的慈善组织⑨其他公益组织	
	其他在华境外 NGO		涉及国家安全、有特殊政治背景、特殊行动目的的在华境外 NGO	

上述分类，对于政府管理和社会组织发展起到一定的促进作用。但是，由于社会组织的多元化以及它们之间在活动宗旨、职能及运作方式上的相互重叠，上述分类与政府分类不一致，在实际工作中会产生一系列问题，需要综合考虑，形成一致性分类技术。

二　中国社会组织的分类问题成为政府一致性管理的瓶颈

（一）管理类型的不周全，使大量社会组织游离于法律之外

中国从政策层面纳入管理的社会组织类型主要有："三大条例"（1998 年修改的《社会团体登记管理条例》、1998 年出台的《民办非企

---

① 陈晓春、施卓宏：《在华境外非政府组织的分类管理探析》，《中国行政管理》，2014 年第 3 期。

业单位管理暂行条例》和 2004 年出台的《基金会管理条例》）规定的
社会团体、民办非企业单位、基金会三类，这直接忽略和屏蔽了许多需
要管理的社会组织类别，包括大量无法按照现行法规登记注册的草根组
织、境外在华社会组织（除外国商会、境外基金会之外）、社区社会组
织、农村社会组织及各种网络型、松散型的社会组织新形态等，其总量
约为 300 万家①。

另外，在工商部门登记注册的公益性组织。大量的民间组织事实上并
未在民政部门登记注册，而是在工商部门登记注册。按照法律规定，凡在
工商部门登记注册的组织，就不是社会组织，而是经济组织。另外，还有
广泛存在而且社会作用极其重要的公民自治组织，像村民委员会和居民委
员会，也难以按照上述标准进行归类。民间组织的数量众多，名目庞杂，
目的有别，组织形式各异。这些分类既不能穷尽现存的各类民间组织，而
且三类民间组织之间又交叉重叠，难以分清。

公益还是慈善的词语的选择，已经给中国立法部门和管理部门带来了
需要澄清的疑惑。这一术语的选择运用在中国慈善相关立法以及地方试点
中成为前置障碍。在学术界，两词的混用或不规范运用也成为不那么的科
学了。

以境外在华社会组织为例，"对于深度参与中国经济和社会发展各领
域的境外 NGO，中国政府也尝试管理，但明显不足。管理法规的缺失、
管理职能碎片化、管理过程空心化、管理随意性同时存在"②。目前中国
直接与之有关的法规有两个：《外国商会管理暂行规定》和《基金会管理
条例》，实际上，在已进入中国的外国社会组织中，商会和基金会只是其
中的两种类型，在数量上只占相当小的部分。而大量的社会团体、公益组
织、中介组织等游离于法律之外。它们以设立办事机构、项目合作、资金
资助等方式进入中国。准确数字无法得知，"至少在 5000 家以上"③。清

---

① 根据王名的统计和国家民政部数据计算而得。王名：《走向公民社会——中国社会组
织发展的历史及趋势》，《吉林大学社会科学学报》，2009 年第 3 期，第 5—12 页。

② 魏红英、史传林：《中国政府对境外 NGO 管理存在的问题及对策》，《社会主义研究》，
2013 年第 5 期。

③ 韩俊魁：《境外在华 NGO：与开放的中国同行》，社会科学文献出版社 2011 年版，导言，
第 8 页。

华大学 NGO 研究所所长王名认为"国内大约有 1 万余家这样的机构。"①
由中民慈善捐助信息中心发布的《国际 NGO 在华慈善活动分析报告》中
指出，改革开放以来，仅美国在华 NGO 总数大约在 1000 家左右②。还有
"数量在 100 万到 150 万之间"③ 的大量草根。尽管 2000 年《取缔非法民
间组织暂行办法》规定，未登记注册的非法人形式的结社为非法组织，
应该取缔。但事实上，它们一直存在并在开展活动。

（二）分类管理目的差异导致社会组织类型的碎片化

中国对社会组织的态度和政策并不是一以贯之的，经历了限制—利
用—合作的曲折发展。这直接导致了中国政府在社会组织分类问题上的
灵活随意。而且，中央政府的偏好排序显然与地方甚至区域的偏好排序
有所差异。分类管理往往被"局部"性的地方政府更为灵活地运用和
操作，演变、升级、或产生更为混乱的后果。政府机关如此，学术领域
亦然。

1. 社会组织分类的部门化倾向严重。政府管理社会组织的类型部门
化差异，源于政府管理目的的变化。

民政部门规范性文件称为社会组织，并将其分为社会团体、民办非企
业单位、基金会，我们称之为"三分制"。三分制实施的双重管理体制被
看作限制或者抑制社会组织发展的标志，被学者称为"分类控制"④，是
中国政府基于自身的利益，根据社会组织的挑战能力和提供的公共物品，
对不同的社会组织采取的不同的控制策略。地方政府在实践中进行组织分
类创新，如深圳市、北京市的八类组织、枢纽组织等创新。

《中华人民共和国公益事业募捐法》、《民间非营利组织会计制度》、
《中华人民共和国税法》等部门法及行政法规分别使用"公益组织"、"非

---

① 郭鲲：《涉外民间组织拟合法登记》，2007 年 3 月 13 日载于新浪网（http://news. si-na. com. cn/c/2007 - 03 - 13/024411396501s. shtml）。

② 中民慈善捐助信息中心：《美国 NGO 在华慈善活动分析报告》，2012 年 3 月 30 日（http://www. charity. gov. cn/fsm/sites/ngoreport/index. jsp）。

③ 邓国胜：《中国草根 NGO 发展的现状与障碍》，《社会观察》，2010 年第 5 期。

④ 康晓光、韩恒：《分类控制：当前中国境内国家与社会关系研究》，《社会学研究》，2005 年第 6 期。

营利组织"、"慈善组织"，另外，还有一些非主流的分类。不一而足。

　　民政部门、税务部门和立法机构等部门几乎都有各自对应的社会组织名称和分类标准，它使中国社会组织的分类标准和形式多种多样。问题并不在于名称的多样化，而在于这些名称之间的关系没有统一的认知和说法，有的甚至在政府部门管理中不能转换。

　　2. 地方政府的管理创新使类别差异呈扩大趋势

　　随着中国市场经济建立、国际政治经济的全球化以及政府职能转化，地方政府迫于民众社会服务需求而内生出促进和培育社会组织发展的动力。它们在突破双重管理体制的同时，创新出各类社会组织类型，产生不同政策目的的不同组织分类标准。这些新名称的种属关系并不明确，这就更增加了管理的混乱。

　　（1）八类直接登记的社会组织。2012年，深圳市政府为了避免政治宗教等敏感类社会组织，采用列举方式分出重点培育发展的新的社会组织类型，实行工商经济类、公益慈善类、社会福利类、社会服务类、文娱类、科技类、体育类和生态环境类等8类社会组织由民政部门直接登记。

　　（2）枢纽型组织。2008年9月北京市社会工作委员会为了管理同类别、同性质、同领域社会组织，首次在出台的《关于加快推进社会组织改革与发展的意见》的文件中使用"枢纽型组织"概念，指"由负责社会建设的有关部门认定，在对同类别、同性质、同领域的社会组织进行联系、服务、管理工作中，在政治上发挥桥梁、纽带作用，在业务上处于龙头地位，在管理上承担业务主管职能的联合性社会组织"[1]。该提法也为人民团体的回归提供路径。

　　3. 政府分类的不一致延展到学术研究的名称混乱

　　学术研究机构的相同研究对象的名称也是五花八门，如清华大学称为NGO研究所，该所主办的以书代刊名称则为《中国非营利评论》；上海交通大学则称为第三部门研究中心。

　　有学者将这些不断翻新的社会组织类型的出现，归为政府嵌入式管理

---

① 李璐：《枢纽型社会组织：政府和草根社团的纽带》，《中国经济导报》2013年2月16日第B05版（http://www.ceh.com.cn/llpd/2013/02/171334.shtml）。

的结果。①

（三）社会组织的部门分类影响统一立法和规范管理进程

中国政府各部门分类的标准内容都有特别的边界并相互交织，结果制约了政府统一管理政策和法律的出台。早在 2002 年国家就开始了对"三大条例"的修改工作。北京大学、清华大学、中国社会科学院受托分别起草了《社会团体管理条例》专家建议稿。但是，酝酿十多年的"三大条例"修改仍在进行中。个中原因很多，"条例修改难度大的根本原因在于体制"②，尤其是双重管理体制。实质是政府该给予哪些社会组织宽松环境以及制约哪些社会组织发展的问题，即准确分类、区别管理的问题没有解决。

2005 年，民政部提出慈善法立法建议，中国慈善法的起草工作正式启动。十几年过去了，慈善法却千呼万唤不出来（2013 年《慈善事业法》已经列入十二届全国人大常委会立法规划第一类项目——即条件比较成熟、任期内拟提请审议的法律草案）。2013 年在深圳市专家学者和社会组织精英呼吁慈善立法的论证会上，专家明确提出，首要的是要理顺已有法律法规中慈善组织与非营利组织、公益组织概念之间的关系。

（四）分类标准不规范加深社会组织发展的不平衡

威权政治的中国，政府管理决定着社会组织的发展及其功能的发挥。随着政府职能转换、民众社会需求的多元化以及社会经济发展的全球化，中国社会组织迎来了前所未有的发展机遇。但是，社会组织发展并不尽如人意。究其原因，除了社会组织自身能力外，政府管理、尤其是政府的社会组织分类管理是一个重要因素。中国社会组织的分类管理在历史发展过程中起到了明晰主体、便于控制的作用。但是，随着社会组织数量剧增、规模扩大，这一管理方式的缺陷已成为阻碍社会组织发展和功能发挥的桎梏。

---

① 刘鹏：《从分类控制走向嵌入型监管：地方政府社会组织管理政策创新》，《中国人民大学学报》，2011 年第 5 期。

② 王名等：《社会组织三大条例如何修改》，《中国非营利评论》，2013 年第 9 期。

　　分类标准不规范导致公平显失，使实现公平的组织工具反而成为公平的牺牲品。目前社会组织分类是多重标准的混合体。大致有层次分类（如基层组织）、职能分类（如社会福利）、其他分类（如工商经济类）三大类标准，无法达到政府引导社会组织发展的目的，更不能解决社会组织结构失衡问题，反而加深了社会组织发展的不平衡，出现"四多四少"：社会团体多而亟须发展的民办非企业少；民办非企业中教育培训类多，科技类较少；互益性组织多公益服务类少；运作型组织多，支持型组织少。需要大力培育扶持的组织，却并不在培育类型之列。

　　具体来说，社会组织中急需发展的支持型社会组织、智力型社会组织和社区社会组织综合服务机构三类组织发展明显不足。而对于这些组织，政府没有统一的标准和支持政策，导致支持型社会组织、智力型社会组织、社会组织综合服务类组织寥寥无几。社会组织综合服务类组织的发展，既是社会组织成熟度的标志，也是社会组织可持续性发展的支撑。它为社区社会组织提供培育、发展、服务、评估、预警等综合性服务，如活动指导、政策咨询、党建、人力资源管理、培训业务咨询等，体现社会组织之间的合作共赢。由于公益资源有限，如果缺乏这类战略咨询、能力建设、资源平台的综合服务机构，各组织各自为政，就不能形成公益服务交流的氛围，专业技术人员和管理人员的社会资源就不能开发出来，而且，容易出现依赖政府的路径惯性，导致政府陷入管理的新陷阱，从而走向直接管理的老路。

（五）分类管理的随意性危害政府威信

　　中国分类管理存在的问题既是历史遗留，也是当下制度路径依赖的产物。既有分类不彻底、分类行政化部门化本位化问题，又有分类管理的碎片化问题，并产生不良后果。

1. 增加了立法沟通成本

　　任何部门相关管理政策的出台，都需要耗费更多的协调沟通成本，来界定这些本身不太周延的概念的差异和边界，从而推迟相关政策出台的时机。如果问题仅仅出于认识的差异并不可怕，可怕的是社会组织分类界定已经直接影响到政府的管理，进而影响社会发展。这从第二届中国公益慈善项目交流展示会上，专家学者和社会组织精英呼吁慈善立法的事件以及立法滞后可见一斑。据与会专家测算：因为慈善立法迟一年出台，中国流失的慈善资金达上亿元，更不要说因此流失的就业岗位和民众享受的各种福利。这种行政化的分类管理为后期政府管理法制化设置了障碍，已经影响到未来立法的进程和政府管理的规范化。缺乏顶层设计的分类管理，使有的社会组织甚至游走于法律边缘，与现有法律规定不合，损害法律尊严。

2. 增加了培育发展社会组织的政策的实施难度

到 21 世纪初期，尽管中国社会组织数量和规模取得了突破性进展。但是，社会组织发展仍然面临着诸多问题，如自治性不强、参与难、融资难、吸引人才难等。它在很大程度上需要政府政策解决，需要政府政策的支持、培育、引导。但是，政府相关政策在实施中却受制于原有的社会组织分类标准。

在一些地方，政府购买社会组织服务因为社会组织分类不一致而缺乏操作性。购买对象的不确定性和不一致性的诟病一直与服务市场化的赞誉相伴随。甚至出现政府购买社会组织服务的政策因为社会组织的类型不一致而无法操作的情形。

社会组织发展急需资金支持，然而因为社会组织类型的多元化，得不到政府税收优惠政策的普遍性规范，从而制约了企业和个人的捐赠。

社会组织发展需要社会认同和公众资助，却往往受制于公益组织与事业单位、人民团体等界限不清晰。社会组织的行政化混淆了公众视线。

分类管理体制导致管理部门协调难。分类管理的碎片化使社会组织的监管、政府职能转移和购买服务等工作协调难。在培育社会组织的政府购买服务政策执行中，政府公共服务项目的开发、评价、监督等制度都需要部门协调。多年来，政府公共服务项目都归属不同的职能部门，各部门在推进服务项目开发和社会化方面的主动性均有差异。一些本来可以实施购买服务的项目，由于无法制定规范的评价标准和监管制度，主管部门顾忌实施效果而宁愿暂缓，导致支持社会组织发展成为空谈。在社会组织的监督管理责任方面，有公安消防、公安、市场监管、财政、税务、统计、国家安全、外事等八个相关部门，部门之间缺乏统一公开的信息平台，难以形成监管合力。

3. 损害政府威信。默认的大量"非法组织"的存在，挑战政府管理，对政府威信产生不利影响。概念的差异化，造成管理的漏洞，使政策不一致，混淆民众认识，降低了政府威信。

三 去行政化的分类技术：基于主权需求的 NGO 分类管理

（一）基于依法行政功能的法人分类技术

组织的法人化是法治化国家建设的必然。法人管理登记可以将公平、法制、责任贯穿于社会组织管理和发展始终。政府为社会组织发展提供法治化环境，社会组织作为法人登记注册，受法律约束和监督，并承担应有的法律责任。对于群众文娱活动团队和兴趣团体等草根社会组织，可普遍实行简易的备案制度，同时变业务主管单位和登记管理机关双重许可为统一的登记许可体制。① 可以改变政府一元体制的传统管理观念，使行政和自治二者相容共存。

许多国家和地区都采用法人分类技术。台湾将法人分为社团法人与财团法人。社团分为营利与非营利；财团分为基金会、宗教法人、特殊法人。② 还有的将法人分为公法人与私法人、社团法人与财团法人、公益法人与营利法人等。中间法人正是基于法人的不同分类而产生。中国《民法通则》将法人分为企业法人和非企业法人，后者包括机关法人、社会团体法人、事业单位法人三类，它们在获得法人资格条件和行为能力的范围上有所不同。这些分类是历史产物，起到过重要作用。但是，随着经济社会发展，出现了问题。一是没有全部概括中国法人或社会组织；二是没有与社会团体法人对应的法人，导致中国基金会列入社会团体法人；三是事业单位法人与社会团体法人在现实社会领域的重合交叉。中国社会团体法人是其中典型的一类。"中国各种规范中对于团体的分类是比较混乱的"③。

党的十八大提出，要加快形成政社分开、权责明确、依法自治的现代

① 郁建兴、吴玉霞：《社会管理体制创新与服务型政府建设——基于浙江省宁波市海曙区的研究》，《当代中国政治报告》，2009 年第 7 辑。
② 肖杨、严安林：《台湾基金会》，九州出版社 2009 年版，第 31 页。
③ 栾群：《私法中社团法人和财团法人的分类及社团管理》，《社团管理研究》，2009 年第 5 期，第 30—33 页。

社会组织体制，其实质也就是使社会组织去行政化，具有社会性、独立性和自治性。为了确保社会组织成为真正独立的主体，需要法律保障。法人分类技术是法治社会的通用做法，就是在法律上确立社会组织是一类独立的主体，使之对法律负责，而不对政府负责。将社会组织纳入法人治理视角，给予它们具有民事权利能力和民事行为能力，依法独立享有民事权利和承担民事义务的法律地位，这体现法治精神。在德国学者梅迪库斯看来，法人的作用在于便利交易和责任限制。这样可以降低交易费用，鼓励和激励投资，促使资源的优化配置。

我们主张分三步实施：第一步，确定社会组织的最高层次的分类，制定基本法。这部基本法需要处理宪法结社问题，选择组织法而不是行为法（如结社法），第一层次的分类是组织，第二层次才是法人。然后，再进一步区分法人形式的社团法人和非法人形式的社团法人（见图4-1），这样，就将大量的没有法人资格的社会组织囊括进来，让所有组织获得合法性。对于境外社会组织来说，这"不仅有助于形成判断INGOs合法性的标准，而且能激发INGOs主动适应中国社会和环境发展的动力"①。第二步再制定专门法，对不同的组织或法人进行规范；第三步，制定行政规范，调解管理中的问题。

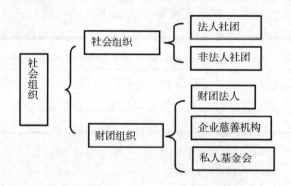

图4-1 法人分类技术

这种分类技术与一开始定位为法人，再将法人分为社团法人和财团法人的技术相比，具有优势。当然，也可以科学分类社会组织，将社会团

---

① 郑昕、魏红英：《国际非政府组织在中国的合法性与准入制度构建》，《理论与改革》，2014年第1期，第47—51页。

体、民办非企业单位和基金会整合为社会团体和捐助团体，构建社会团体法人、非法人社会团体、捐助法人、非法人捐助团体组成的社会组织体系。这样，可以解决大量非法人形式的社会团体的合法性问题，处理与现有法律中法人资格的冲突和不一致的问题。

从行政管理的角度对民间组织进行分类，至少应考虑三个标准，一是其法律地位，二是其利益导向，三是其活动内容。前两个标准关系到民间组织的税收、登记、监管等制度性待遇，后一个标准则是为了管理的方便。根据这样的思路，可以从以下三个方面对各类民间组织进行归类：

1. 按照其法律地位，将民间组织分为法人团体与非法人团体，法人团体具有独立的法人资格，其权利责任要大于非法人团体，对法人团体的审批、登记、监管等应当更加严格，而政府在财政和税收等方面对它的支持力度也应当更大；

2. 按照其活动宗旨，将民间组织分为公益性团体与非公益性团体，公益性团体的主要宗旨是增进社会的公共利益，对这类团体政府的资助和扶持应当更多；

3. 按照管理的需要，将民间组织分为：（1）行业团体，即各种同业组织和行业协会，包括具备一定管理职能的过渡性行业管理和自律组织，如中国轻工总会、中国消费者协会等；（2）学术团体，即从事自然科学、社会科学和交叉学科研究的各种协会和学会；（3）社区团体，即从事社区管理和服务的居民组织；（4）社会团体，即除上述外的其他各类民间组织；（5）公益性基金会，即旨在促进社会公益事业的各类基金组织。

（二）基于经济功能的非营利组织分类技术

现代社会组织管理离不开经济的现代化。经济性分类技术将社会组织划分为营利组织与非营利组织。

营利组织与非营利组织的分类技术在许多国家通用。美国学者莱斯特·M. 萨拉蒙（Lester M. Salamon）等做过非营利部门的比较项目，提出"非营利组织已成为一个举足轻重的产业"[①]，因此从经济角度划分社会组

---

① ［美］莱斯特·M. 萨拉蒙等：《全球公民社会：非营利部门视界》，贾西津、魏玉等译，社会科学文献出版社 2007 年版，第 9—10 页。

织类型特别具有实用性，能更好地推动社会组织的独立生存。

该分类方式的另一优势在于，与联合国国际标准产业分类体系（ISIC体系）、欧共体经济活动产业分类体系（NACE体系）相匹配。联合国国际标准产业分类体系将各种组织的经济活动划为 17 个大类，60 个小类，各小类又分为几个项。非营利组织是 17 大类中的一类，包括 3 小类，15项。[①] 它们是：教育（小学教育、中学教育、大学教育、成人教育及其他）；医疗和社会工作（医疗保健、兽医和社会工作）；其他社区服务和个人服务（环境卫生、商会和专业组织、工会、其他会员组织包括宗教和政治组织），娱乐机构、新闻机构，图书馆、博物馆及文化机构，运动和休闲。还有，欧共体经济活动产业分类体系把非营利组织划为 5 类 18项，5 类为：（1）教育；（2）研究与开发；（3）医疗卫生；（4）其他公众服务；（5）休闲与文化等。萨拉蒙建立的国际非营利组织分类标准有 12 个大类和 26 个小类：教育学术；医疗；社会福利；文化休闲；职业团体；住宅开发；国际事务；公民倡议；环境保护；慈善；宗教；其他。这种分类技术特点：一般与产业和经济结合，利于政府财政税收工具的统一使用，而较少发生不公平不一致的问题。

中国各地的分类不同。以深圳市为例，在统计中将社会组织中的社会团体和民办非企业单位分为 5 大类 14 小类。各大类及其包含小类如下：（1）经济（工商服务业、农业与农村发展）；（2）科学研究（科学研究）；（3）社会事业（教育、卫生、文化、体育、生态环境）；（4）慈善（社会服务）；（5）综合（法律、宗教、职业及从业者组织、国际及涉外组织、其他）。有的将社会团体分为教育类、科技类、文化类、卫生类、体育类、社会福利类等。

非营利组织包括两大类别，即会员制非营利组织和非会员制非营利组织。"国际通行的做法是对非政府组织进行分类管理，而首要的分类标准是依据服务对象将其划分为公益性与互益型两大类"[②]，后者则包括基金型组织和实体型组织（见图 4 - 2）。

---

① ［美］莱斯特·M. 萨拉蒙等：《全球公民社会：非营利部门视界》，贾西津等译，社会科学文献出版社 2007 年版。

② 张存达：《社会组织分类管理研究》，湖南大学硕士学位论文，2012 年，第 32 页。

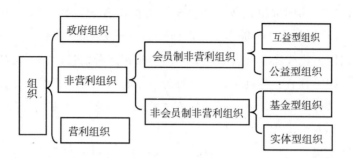

图 4 - 2　经济性分类技术

根据王名教授的概括，社会组织是在社会转型过程中由各个不同社会阶层的公民自发成立的、在一定程度上具有非营利性、非政府性和社会性特征的各种组织形式及其网络形态。这些组织中通常包括三大类别，即会员制组织，以人及其社会关系为基础的社会团体，如"学会"、"研究会"、"协会"、"商会"、"促进会"、"联合会"等；非会员制组织，以捐赠及公益财产关系为基础的基金会；实体服务机构，直接提供各类社会服务的民办非企业单位，如各种民办学校、民办医院、民办社会福利设施等。

这一分类技术实施公益性与互益性原则，这一划分原则与税收优惠政策的不同相关联，一般而言，对社会组织的税收优惠包括两个方面：一是对组织自身的优惠；二是对面向社会组织的捐赠方的优惠。公益性组织比互益性组织更多享有捐赠方优惠。它可以清晰明确公共利益和公共利益资格，容易建立差别化的扶持和监管模式。其后续做法就是将慈善组织从非营利组织中区分出来。

（三）基于社会服务的慈善免税分类技术

英国和美国很早就将慈善组织从非营利组织中区分出来。社会组织发展除了社会志愿者的文化环境外，更需要政府政策和财政税收政策的支持。在西方发达国家，国家的财力支持是它们存在的重要基础。

当然，这种直接税收分类技术不能单独使用，它应该在前两个分类技术的基础上进行。英国和美国的做法很有参考价值。英国为了区分慈善组织与非慈善组织，由特定的组织按照一定的标准认定其组织是否具有慈善性质。认定成功即取得税收减免资格。美国慈善统计协会制定了"国家免税组织分类标准"（The National Taxonomy of Exempt Entities – NTEE）。根据美国国内税收法，社会组织必须出于某些慈善的目的；不将其净收益分发给组织管理者；控制某些政治行为，才能享受免税待遇。主要有食品与营养、精神保健、健康、医学研究、住房与收容、犯罪与法律、教育、就业、公共安全等 25 大类。[①]

香港采用专门立法方式，制定专门条例，管理不同类型的社会组织。有公司条例、合作社条例、注册受托人法团条例、职工会条例以及专门的《社团条例》。其中《公司条例》将社会组织非营利组织与其他营利组织统一管理，并通过一定程序给予免税资格。许多社会组织根据《公司条例》注册，然后由税务机关决定是否为慈善组织，享受免税资格。

除了上述分类技术之外，还有许多分类技术。一是美国交换学派的代表彼特·布劳（Peter Blau）社会需求角度的互利组织、商业组织、服务组织、公益组织四类。二是世界银行的运作型与倡导型的分类技术。三是活动方式和领域的分类技术。印度学者哈斯·曼德（Harsh Man der）、穆罕默德·阿斯夫哈斯·曼德（Mohammed Asif）将介于国家与家庭之间的中间领域的组织分为 12 类。四是王名教授依照"组织构成和制度特征"，分为动员资源型、公益服务型、社会协调型和政策倡导型等。这些分类管理技术和设想都具有现实价值。只是管理目的的单一性不能适应中国复杂的政治社会发展需要，因此需要更为完善的选择。

四 政府分类管理技术与社会组织功能匹配的策略

分类管理已经成为各国政府管理社会组织的基本趋势。中国已从分散管理、归口管理向分类管理发展。但是，对于如何分类，则仁智各见。存在的问题是，在分类管理的研究中，忽视了管理的目的、性质、功能，尤其是忽略了管理的效率公平及服务性原则，而以学科的研究分类代替了管理的分类。因此，该研究仍需深入。

---

① 张存达：《社会组织分类管理研究》，湖南大学硕士学位论文，2012 年，第 4 页。

（一）提高对社会组织"一致性分类管理"必要性的认识

一致性分类管理指按照社会组织内在逻辑关系的标准，划分社会组织类型的管理技术。它是政府分类管理技术与社会组织功能匹配的前提。其必要性由政府社会管理职责决定。有三个因素促成了"一致性分类管理"的改革需求。

1. 社会组织数量巨大、规模庞大、影响力扩大，促成政府对一致性分类的需求。"中国社会组织从 1988 年的 4446 个增长到 2013 年的 54 万多个"①，还有数以百万计的未登记注册的社会组织，它们既具有重要价值和服务功能，又有挑战政府权威、影响社会稳定的潜在风险。其两面性要求政府加强管理，通过一致性分类管理，预防社会组织的消极影响并发挥其积极作用。

2. 中国市场经济和法治社会的建立完善，促进统一的社会组织分类标准的建立。统一市场和法律平等性摒弃特权和特例。

3. 基于公平与效率之间的平衡，促使政府实现一致标准。国家管理的逻辑与市场运作逻辑是一致的，即标准、统一、清晰化。"清晰化是控制的前提"②，只有经历整齐划一的加工或被重构后，才能进入"国家管道式的视野"③。对于地方政府的创新分类而言，如果不加以转化和简化，有一部分变成了虚构的简单化的表达，它们就不可能被国家的管理结构所吸收，从而导致地方性知识和实践与国家管理制度之间的两张皮。

（二）遵循一致性分类的技术原则

"一致性分类"是制度简化和社会组织身份统一的标志，也是政府管理和社会组织发展的前提，是基于组织的特征、功能的分类，要求标准统一、内外逻辑关系强并有法律法规依据。当然，一致性分类并不等于单一分类。要求：

---

① 李立国：《改革社会组织管理制度，激发和释放社会发展活力》，2014 年 5 月 1 日，中国社会组织网（http://www.chinanpo.gov.cn/3201/77048/index.html）。

② ［美］詹姆斯·C. 斯科特：《国家的视角——那些试图改善人类状况的项目是如何失败的》，王晓毅译，社会科学文献出版社 2011 年版，第 243 页。

③ 同上书，第 6 页。

1. 标准一致。要有标准，不能堆砌各种种类。应当就不同层次进行分层分类，在同一层级、同一语境中，要遵循和采用同一标准。标准一致不等于标准单一。

2. 逻辑一致。各分类标准之间有一定逻辑关系，内涵外延相对周全周密。可以根据社会组织的性质、功能、结构等特点进行类别划分。而中国社会组织分类实际上存在着不同分类标准的交叉和混用，这在方法论上是不可取的。

3. 相互转化或衔接。现代社会结构的开放性，使社会组织的地位和身份不再是固定的不可移动的，它可以通过程序、契约在不同层面、语境、等级、领域属性上改变。社会组织分类名称的转化可以通过认定、契约等程序或过程完成。如：在美国英国，社会组织要享受税收优惠政策，就必须在获得合法身份的基础上，得到"慈善"认定，这个认定过程就是转化。也可以通过契约，购买公共服务合同等，将社会组织转化为政府职责履行者。

社会组织往往不是被动地对给定的外部条件做出反应，而是试图以策略行为去改变或适应政策环境，影响政府的预期，从而促进政府修改政策。因此，要使政府在不同阶段对于不同类型的社会组织采用不同的分类管理技术，各种分类管理技术之间应该具有转换路径，而不是相互隔绝。

（三）确定中国社会组织分类管理的元政策

1. 限制、利用还是合作：政府分类管理的元政策目标的选择

早期政府管理没有太大的选择空间，这是历史使然。今天，社会组织发展的客观需求，以及政府管理的法制化环境和各种技术手段都大大改善，为政府分类管理技术手段的选择提供了可能。但是，所有技术的运用都基于政府积极主动的管理理念。"中国社会组织管理的理念跟不上形势的发展、现行法律制度不完善、双重管理体制、社会组织自身能力不足以及监督机制不健全，这些都制约着社会组织进行分类管理创新"。①

2. 功能匹配还是服务匹配：政府分类管理的技术标准的选择

分类技术与管理功能的不匹配是社会组织的分类管理的核心问题。

---

① 张存达：《社会组织分类管理研究》，湖南大学硕士学位论文，2012年，摘要页。

功能匹配还是服务匹配，社会组织分类管理制度的完善应该在社会、经济、法律领域之间寻找平衡点。这一平衡点取决于两个方面：一是社会组织的发展，二是政府管理的便利。即功能匹配。只有社会组织的功能得到政府和民众的认同，则有利于自身发展。反之，在威权政治的中国，社会组织的发展没有政府的认同，发展一定受限。政府只有主导引导，则社会组织与政府合作双赢。

限制与激励型分类技术，主要区分出政府鼓励性组织和政府限制性组织，它们各自又细分为若干类型。中国政府采取列举和排除法。如深圳市政府采用直接列举，云南省则采取排除法，认为，只要不是宗教性组织、政治性组织和其他敏感性组织，都有直接登记的可能。

由于社会组织自身功能作用的发挥需要一个过程，不同类型的社会组织其作用和功能不一致，因此，需要政府在宏观层面做比较精确的匹配。匹配要具有动态操作性，在不同主体本位之间寻求平衡，使政府本位的非政府组织、市场本位的非营利组织、社会本位的慈善组织[①]在有限的空间内平衡，在无限的时间中转换。

参照境外分类技术的经验，中国可以采用以下三种技术：去行政化的法人分类技术、基于经济功能的非营利组织分类、基于社会服务的慈善免税分类技术。

3. 分类的功能确定：监管型分类还是研究式分类

从国家视角与社会视野看，平衡与协调不同分类方法是最终选择。

五　构建组织分类体系，破解分类管理困局

破解分类管理困局需要一定的条件和基础。这些条件包括政社关系和其他变量，如管理体制、管理能力、社会组织成熟程度、政府的回应力等。其中政社关系影响权重最大。政府要在职责清单基础上，构建社会组织分类体系，执行"区别对待、依法管理"原则，推行分类指导、分步实施的政策。

----

① 唐良银：《从社会组织的分类的角度看非营利组织管理中存在的问题》，《中国西部科技》，2003 年第 5 期，第 83—85 页。

（一）界定政府管理服务社会组织的职责清单

社会组织易受一定类型的环境压力和制约的影响，尤其易受一些政治行为和权力机关的指令和干预。一定意义上，中国社会组织的发展取决于政府主导。政社关系对社会组织管理体制的影响表现在政府的职能定位上。社会组织发展的宏观定位既是政府管理的重要职能，又是政府管理方式的重大变革。中国是国家主导型的政社关系。"虽然改革开放以来中国社会已经发生了广泛而深刻的变化，但国家主导社会发展的基本模式并没有改变。而国家主导社会发展的基本方式又是通过制定和实施公共政策实现的"。① 社会组织部门化分类管理是这种理念的具体表现形式。需要政府转变管理职能，为社会组织分类管理改革奠定基础。

哈耶克认为，政府的职责是有限的，仅限于制定法律规则、保护公平以及提供市场不能提供或不能充分提供的一系列服务。就政府在社会组织发展中的责任而言，仍然属于政府公共职能范围，包括维护公共秩序；促进社会发展；提供公益产品；管理公共事务和实现社会公正五个方面。政府在发挥这五种职能时扮演着"裁判者"、"服务者"、"管理者"和"协调者"的角色②。

政府管理境外非政府组织的职责清单为：承担制度设计责任、财政资金责任和事务管理责任。主要体现在四个方面：（1）制度规范。确定社会组织发展的总体规划，包括数量、规模、领域等。（2）激励引导。对社会组织及其承接的服务提供资金支持，尤其是服务社会弱势群体的组织给予支持。（3）制度保障。提供稳定的社会组织发展的公平的制度保障，并组织监督。（4）技术支持。利用先进的技术提高管理服务效能，为境外非政府组织提供技术支持等。

地方政府则可以在中央政府职责权限基础上，通过接受授权，进行管理创新。由于历史、经济、社会状况的差异，各地的发展方向和具体道路会有很大差别，各个时期的政府职能重点也会有所差异。因此，需要地方政府根据自身特色统一规划，突出地方特色。

---

① 周光辉：《当代中国决策体制的形成与变革》，《中国社会科学》，2011 年第 3 期。
② 麻宝斌：《公共利益与政府职能》，《公共管理学报》，2004 年第 1 期。

（二） 细化分类体系，夯实社会组织管理基础

中国可以参照国际上比较通行的非营利组织国际分类体系（the International Classification of Nonprofit Organizations，ICNPO 体系）。按照 ICNPO 体系，各种民间组织被划分为 12 大类，26 小类，各小类又被分解为 150 小项。① 根据国际分类体系并结合中国现行法律法规及社会经济统计，可以将目前境外非政府组织按其活动领域分成 8 大类：环境保护、教育培训、医疗卫生、文化交流、社会服务（特殊人群）、扶贫赈灾、经济发展、法律政治等类型。这样的划分能够方便政府相关部门对境外非政府组织的监管，便于及时掌握这些组织的情况。

（三） 实施备案、许可、公益认可的管理制度

结合社会建设和政府职能转变的现实需要，确定既区别于国内民间组织又体现涉外性的有中国特色的涉外民间组织分类监管标准，并对不同类型组织采用备案、许可、公益认可三种管理制度，改变个案审批现状。

1. 民间组织分级分层管理理念

"分级分层管理"模式最早由《〈社团登记管理条例〉草案清华版》提出。政府对民间组织的管理分为三个层次：第一，民间组织普遍备案；第二，民间组织的登记许可；第三，民间组织的公益认可。备案就是要让所有民间组织在政府管理部门报到，让政府了解到它们的存在；对于一些活动经费较大、参与人员较多的民间组织则需要政府的登记许可，而对于那些声誉好、影响力大的民间组织，经过公益认可，政府可以给予募集资金等权利。这项提案提出了一种分类监管的理念，然而相关实施细则一直没有出台。如果遵循这种理念，借鉴国外的管理经验，对分类进行细化，就能大致得出管理细则了。

从监管力度层面看，备案、许可、公益许可的监管是越来越严格；从优惠政策扶持来看，备案、许可、公益许可的相关政策优惠会越来越多。

2. 涉外民间组织备案和认可

民间组织实行分级分层管理实际上是为民间组织设立了鼓励机制，而

---

① 杨青：《对在华外国非政府组织的分类研究》，《新远见》，2008 年第 5 期，第 26 页。

备案制的引入看似降低了民间组织的门槛，实际上是提高了政府对民间组织管理效用。只有通过有效的管理机制，才能做到打击和取缔那些具有反动政治倾向及营利性的民间组织，为此，要有计划、有重点地培育和发展一批能够积极参与公共服务和管理的民间组织。参考美国和英国的分类监管经验，首先根据涉外民间组织的活动范围和领域分类，然后结合民间组织的年度运营收入规模，依据由大到小、由重到轻、由核心到边缘的原则，形成分级分类、有轻有重、有严有松的监管体制，在重点领域实行重点管理。

具体地，如霍布金斯国际比较项目按照国际产业分类标准，设立社会组织国际分类，按活动领域分为 12 大类 27 小类，包括文体类、教育类、卫生保健类、社会服务和救助类、生态环境保护类、社区服务类、咨询类、公益基金及志愿服务类、国际交流及援助类、宗教类、行业类和其他等 12 大类。比如，社区服务类性质的可以采取备案制，而宗教类涉及因素比较多，最好是采取行政认可制。

就备案而言，就是采取备案制度，强化备案管理。对于尚未达到登记条件，但正常开展活动且符合经济社会发展需要的社区民间组织，如公益性、救助性、维权性、协调性的非政府组织，为社区老年人、妇女、儿童、残疾人、下岗失业人员等特殊群体服务的非政府组织，可以进行行政主管部门的主动备案管理，由社区居委会初审，街道（乡镇）核准备案，再报县（市、区）民政局备案。对于不符合经济社会发展方向、不能发挥积极作用的社区民间组织，不得进行登记或备案，并区别不同情况劝其解散或责令解散。作为例外，政治性的非政府组织一律不得采用备案制。经备案的非政府组织具有完全独立的法人资格。

就认可而言，就是放宽登记条件，简化登记程序。对那些因为登记标准过高，游离在合法之外的外国非政府组织，如果放任发展，不加以规范管理和正确引导，既不利于社区民间组织的健康发展和发挥积极作用，又有可能在个别层面或领域中积淀一些不安定因素，甚至激化现实的社会矛盾。为此，应该对现行法律法规进行调整，结合实际情况，根据"区别对待、依法管理"的原则，重点扶持符合和谐社会发展需要的慈善类民间组织，对非敏感性、非政治性的境外非政府组织制定切实可行的登记管理政策；对于业务主管单位难以明确的，可由民政部门指定或自任，适当简化办理环节，减低登记条件，采取简化登记程序等多种措施，主动进行注册登记，尽快使其纳入登记管理轨道。需要说明的是，备案制与放宽登记条件并不一定需要在更高位阶上的法律的调整，省一级的地方法规与主管部门在得到授权的情况下，就可以进行变通。但是如何进一步规范非政府组织的实体权利：对限制非政府组织实体权利的规范，如可以接受赞助但是不得向会员以外的社会成员募捐；对外先以组织资产承担责任，不足部分由组织成员共同承担连带责任；不享受免税优惠；对所有注册登记的非政府组织，实行自动获得税收减免优惠等，则需要更高位阶的法律或法规统一规范。

3. 涉外民间组织公益认可

公益认可，就是采取实质审查制度，特许权限。对组织规范、运行良好的非政府组织，主管机关有权依照公益组织法、税法、基金会条例等规定，对非政府组织提交的有关申请以及有关材料进行实质性审查，并向社会公示以后，特许该类非政府组织参与竞争公共服务。在华的外国非政府组织相对于国内的本土非政府组织来说，在资源动员、内部管理、组织运作、文化及价值观、特别是专业化程度等方面有着很大的优势，通过积极引导、统一规范和加强监管，可以更好地发挥它们在慈善救助、公益服务、社会管理和社会协调等方面的积极作用。因而对于社会公益领域规模大、影响大和意义重大的少数组织，可以实行公益认可制度。认可标准可根据中国转型时期的国情并参照美国、德国和日本等国家实行的公益认可标准来制定，由监管机构定期发布认可公告。经过公益认可的组织从政策上可以享有相应的优惠待遇，在组织运作管理上要接受政府更加严格的统一监管，并特许该类非政府组织在一定范围内募捐（目前法律不允许，《境外非政府组织境内活动管理法》规定，境外非政府组织及其代表机构不得在中国境内进行募捐）。

结　论

1. 分类管理是社会组织管理的通用做法。中国 20 世纪 90 年代开始实施的基于控制目的的分类管理方式在历史上起到一定作用，但是，社会组织分类管理的类型部门化、部门本位化、目的差异化、管理碎片化等缺陷，在一定程度上妨碍了政府管理成效和社会组织发展，成为中国社会组织一致性管理的瓶颈，亟须完善。

2. 为了克服社会组织分类管理的部门化问题，需要通过立法确定基本的一致性技术。尽管这些技术手段多样，但是必须具有逻辑性、标准统一且相互可以转换。必须使政府管理功能与分类技术相匹配。

3. 有法治、经济、社会三种元政策技术供政府选择，这三类分类可以单独使用，各有利弊。在国家层面存在一定层次秩序。要回归其社会属性，就不能不考虑其政治经济环境，毕竟组织是环境的产物。通过类型的再分类，囊括社会组织类型，为经济服务，为社会组织发展提供清晰化的管理环境。

4. 法治、经济、社会三种元政策技术之间的转换还需要理论论证。

第五章　管理体制:中国涉外非政府组织的双重管理体制研究

中国政府对涉外民间组织实行登记管理部门和业务主管单位负责的"双重管理体制"。这一体制在一定程度上增加了境外民间组织登记注册的难度,使得有些境外民间组织不能或不愿通过合法渠道进行登记注册,而转向工商管理部门登记,或不登记而游离于政府监管之外,致使政府难以监管。涉外民间组织的制度需求和政府制度供给之间的矛盾凸显,强化了涉外民间组织对社会合法性和社会资源的双重依赖。专门的涉外非政府组织管理法律法规不健全,这里以国内社会组织管理为例进行说明。

一　业务主管与登记管理:中国对涉外民间组织的双重管理体制

根据《基金会管理条例》、《社会团体登记管理条例》、《民办非企业单位登记管理暂行条例》和《外国商会管理暂行规定》,基金会、社会团体、民办非企业单位要获得法律承认的民间组织地位并合法开展活动,必须到民政部门进行登记。

中国《社会团体登记管理条例》确立了社会组织"归口登记、分级管理、双重负责"的管理模式。在双重管理体制下,中国政府对涉外民间组织的监管也实行登记管理部门和业务主管单位双重负责的"双重管理体制",即必须通过一个行业主管部门的审批,先取得"行政合法性"后才能获得"法律合法性"。该体制在当时的社会背景中,发挥了相应作用。但是,大多数涉外民间组织因找不到业务主管单位而放弃登记,这种双重监管体制在一定程度上阻挡了涉外民间组织进行登记注册的合法渠道，使得越来越多的涉外民间组织不能通过合法渠道进行登记注册，而转向工商企业部门登记，或不登记而游离于政府监管之外，致使政府难以对涉外民间组织的具体活动过程进行监督和管理。

（一） 双重管理体制下的政府责任

中国对民间组织的监管采取的是双重管理体制，即由"登记管理机关"和"业务主管单位"来进行双重审核、双重负责、双重监管。"登记管理机关"指的是国务院民政部门和县级以上地方各级人民政府民政部门，而有资格作为非政府组织业务主管单位的是国务院有关部门和县级以上地方各级人民政府有关部门、国务院或者县级以上地方各级人民政府。登记管理机关主要负责非政府组织的定期性监管，以单一业务主管单位的初审为前提。非政府组织的经常性监管主要由业务主管单位负责；登记管理机关的监管并不限于形式审查，业务主管单位的监管也并不限于实质审查，这两类监管机关对非政府组织的监管都是全面的。尽管业务主管单位对非政府组织的违法违纪行为有一定的惩处权，但对非政府组织的处罚权主要在登记管理机关。

1. 业务主管单位主要负责非政府组织的前期预审和经常性监管

（1）对社会团体和民办非企业的经常性监管。第一，前期审查。负责社会团体筹备申请、成立、变更、注销登记前的审查；第二，监督、指导。监督指导社会团体遵守宪法、法律、法规和国家政策，依照其章程开展活动。业务主管单位如果发现政府组织存在违法行为将及时予以纠正；第三，年审初审。负责社会团体年度检查的初审；第四，协助查处。协助登记机关和其他有关部门查处社会团体的违法行为。所谓查处，就是主管单位协助登记管理机关和其他有关部门检查、调查和证明违法行为的存在，也可以在职权范围内对违法行为人给予行政处分或纪律处分；第五，会同有关机关指导社会团体的清算事宜。

（2）对基金会的经常性监管。第一，指导、监督基金会、境外基金会代表机构依据法律和章程开展公益活动；第二，负责基金会、境外基金会代表机构年度检查的初审；第三，配合登记管理机关、其他执法部门查处基金会、境外基金会代表机构的违法行为。

2. 登记管理机关负责对非政府组织的定期监管

定期监管就是登记管理机关在一定的时期内对非政府组织进行监督管理。除了负责对非政府组织的成立、变更、注销的登记或备案之外，登记管理机关对非政府组织的日常监管主要体现在以下方面：

（1）对非政府组织实施年度检查。社会团体、民办非企业单位应当在每年的 3 月 31 日之前向业务主管单位报送上一年度的工作报告，经业务主管单位初审同意后，于每年的 5 月 31 日前报送登记管理机关，接受年度检查。而基金会、境外基金会代表机构应当于每年 3 月 31 日前必须将业务主管单位审查同意的上一年度报告报送登记管理机关，接受年度检查。年度工作报告应当包括：财务会计报告、注册会计师审计报告，开展募捐、接受捐赠、提供资助等活动的情况以及人员和机构的变动情况等。

（2）对非政府组织的行政违法行为进行处罚。根据《社会团体登记管理条例》第三十三条规定，登记管理机关对社会团体的处罚包括警告、责令改正、限期停止活动以及责令撤换直接负责的主管人员、撤销登记、没收违法经营额或违法所得、罚款。其中，撤销登记就意味着社会团体失去存在的合法身份，是最为严重的处罚。根据《民办非企业单位管理暂行条例》第二十五条规定，登记管理机关对民办非企业单位的处罚包括警告、责令改正、限期停止活动、撤销登记、没收违法经营额或违法所得、罚款。根据《基金会管理条例》第四十二条规定，登记管理机关对基金会的处罚包括警告、责令停止活动和撤销登记。

（3）防范性处罚。对于冒充非政府组织之名进行活动的，登记管理机关有权作出处罚。对于违反法律规定，未经业务主管单位同意和登记管理机关批准就擅自开展社会团体筹备活动的，或者未经登记，擅自以社会团体名义进行活动，或者被撤销登记的社会团体继续以社会团体名义进行活动的，登记管理机关予以取缔并没收非法财产。对于未经登记，擅自以民办非企业单位名义进行活动的，登记管理机关有权予以取缔并没收非法财产。对于未经登记或者被撤销登记后以基金会、基金会分支机构、基金会代表机构或者境外基金会代表机构名义活动的，登记管理机关有权予以取缔，没收非法财产并向社会公告。

3. 业务相关部门的职责

除了业务主管单位和登记管理机构的监管之外，其他有关政府机关如财政、税务、审计等部门也根据自己的职能范围对外国非政府组织相关业务进行监管。非政府组织及其活动必须执行国家规定的财务管理制度，接受财政部门的监督。非政府组织资产来源属于国家资助或者社会捐赠、资助的，还应当接受审计机关的监督。由于基金会的活动涉及大量资金流向，基金会、境外基金会代表机构应当在通过登记管理机关的年度检查后，将年度工作报告在登记管理机关指定的媒体上公布，接受社会公众的查询、监督。

（二）双重管理体制的弊端

1. 登记管理难以发挥监管作用

根据《基金会管理条例》第六条和第三十四条的规定，境外基金会在中国内地设立的代表机构由国务院民政部负责登记管理工作和行使监督管理职责。这一规定将国务院民政部确立为中国对境外非政府组织进行登记和监督管理的唯一合法主体，其他的任何机构都无权对境外非政府组织行使登记和监督管理职权，这样似乎是将对境外非政府组织的登记管理和监督管理职权集中起来，从而有利于对境外非政府组织进行归口管理，不至于出现《基金会管理条例》颁布前存在的无序化管理。但是，就境外非政府组织的项目实践活动来看，这样的规定也引发了新的问题。在中国的大部分境外非政府组织都将农村基层地区作为活动的主要区域，开展活动的核心内容主要在中国基层农村社区展开。因而，地域上的距离会造成民政部无法对境外非政府组织的项目活动情况进行及时、全面的监督管理。而省、自治区、直辖市和区县的民政部门对于境外非政府组织无权自主行使登记管理和监督职权。鉴于《基金会管理条例》也未对省、自治区、直辖市和区县民政部门代表国务院民政部对境外非政府组织行使相关行政管理职权给予明确授权，于是基层民政部门对由于地域差距造成的国务院民政部对境外非政府组织的监管失灵问题也失去了弥补的可能性和合法性。

2. 业务主管单位规定不明确

境外非政府组织业务主管单位是指根据法定的或者经授权的行政职能而对境外非政府组织开展的项目活动所涉及的事宜具有行政管理职权的中国政府机构。《基金会管理条例》第七条规定："国务院有关部门或者国务院授权的组织，是国务院民政部登记的基金会、境外基金会代表机构的业务主管单位"。此处的"国务院有关部门"是指对境外非政府组织开展项目活动所涉及的领域具有行政管理职权的国务院各部门、各委员会。"国务院授权的组织"是指经国务院授权而对境外非政府组织开展的项目活动所涉及的领域代表国务院行使业务管理职权的组织。2017 年 4 月 1日实施的《境外非政府组织境内活动管理法》第十一条规定，境外非政府组织申请登记设立代表机构的，应当经业务主管单位同意。业务主管单位的名录由国务院公安部门和省级人民政府公安机关会同有关部门公布。

业务主管单位的确立有利于指导、监督境外基金会代表机构依据法律和章程开展公益活动；对境外基金会代表机构进行年度检查的初审；配合登记管理机关、其他执法部门查处境外基金会代表机构的违法行为，但由于其模糊的规定，导致在实践中出现了"九龙治水"的局面。

（1）业务监督的行政主体不明确。从境外非政府组织的角度而言，《基金会管理条例》规定的业务监督行政主体和接受国务院授权的组织不明确。境外非政府组织对于中国政体和政府部门的设置不甚了解，因而难以搞清自己的项目活动所涉及领域的业务主管机构。

（2）业务主管单位的多元化。就境外非政府组织的项目实践来看，其项目活动涉及的领域很多，而并非仅涉足某一领域。但在国家宪法性文件规定的行政管理职权层面，诸如医疗卫生、林业、环保、教育、水电、国土资源等部门都对各自领域内的事宜享有行政管理职权，依照法律法规的授权独立地行使行政管辖权。但是，对于本部门职能范围之外的事宜既无权管理，也会因专业领域的跨度大而无力管理。对境外非政府组织的业务监督管理会出现两种情况：一是倘若国务院仅仅授权某一职能部门对一境外非政府组织进行业务管理的话，该业务监督部门就只能对本领域内的事宜尽到妥善的管理职责；二是即使所有的职能部门依照自己的行政管理权限分别就自己领域内的事宜对境外非政府组织行使业务监督权，又会造成业务监督管理主体众多，境外非政府组织会疲于与这些不同的业务监督主体沟通。同时，众多的业务监督主体之间也会因为部门利益、工作观念的差异等原因相互间在对境外非政府组织的业务监督过程中产生冲突。没有明确的法律规定，造成很多部门为了收取管理费，都乐于插手对境外非政府组织的管理，例如，从事艾滋病预防的组织可能受到工商、卫生、民政等部门的管理。政出多门又各自为政，必然会影响到境外非政府组织的活动效率。

二 中国涉外非政府组织的管理体制的问题分析①

（一）中央与地方管理的差异化

1. 地方政府吸引境外非政府组织的利益偏好

中国的地方治理是以地方政府为主体的治理结构。地方政府治理更多的是考虑促进地方的社会和经济发展，保证地方的和谐稳定。由于中国地方政府对于境外非政府组织登记准入没有明确管理权限，在地方政府的治理体制中，境外非政府组织被看成为地方治理体系以外的外来组织，使得境外非政府组织经常难以被清楚地界定和规范。在信息不对称、沟通不充分的情况下，境外非政府组织和地方政府进行接触，与地方权力体系、尤其是和地方政府之间展开多样化的互动。实际上大部分境外非政府组织在中国的工作都是依托地方，而不是在全国范围内开展的，它的具体项目的实施总是和地方治理紧密结合在一起的。境外非政府组织常常通过寻找合作伙伴，与一个部门或某个组织共同实施项目，给一个相对贫困或者社会问题较多的地方带来资金、技术和就业，而受到地方政府的欢迎，客观上承担了部分招商引资功能。地方政府出于自身的利益诉求而产生意识形态偏好，有选择性地忽略制度准入条件。境外非政府组织工作的正当性与否并不取决于它是否是涉外属性，而是取决于它的工作，是否能够促进当地经济和社会发展。因而大量境外非政府组织在与地方政府的长期合作中形成了各具特色的合作制度安排，有效地弥补了正式制度安排的缺陷，为境外非政府组织参与中国社会治理提供了途径。

2. 中央政府管理明显缺位

中央政府责任意识缺失，态度暧昧。根据政府职责，中国民政部门是民间组织的管理机构，"拟订民政事业发展规划和方针政策，起草有关法律法规草案，制定部门规章，并组织实施和监督检查。承担依法对社会团

---

① 该部分内容的主要观点发表在：魏红英、史传林：《中国政府对境外 NGO 管理存在的问题及对策》，《社会主义研究》，2013 年第 5 期。

体、基金会、民办非企业单位进行登记管理和监察责任"①等职责。中国外交部"代表国家和政府办理外交事务……为党中央、国务院制定外交战略和方针政策提出建议……起草外交工作领域相关法律法规草案和政策规划。"②可见，民政部门具有管理民间组织的职责，外交部门负责办理相关事务或提出建议。

但是，具体工作中，对于境外 NGO，中国政府是采取"不承认、不接触、不取缔"三不政策，抱着既想利用又怕惹事的矛盾心态，默许它们进入中国，开展活动。外事部门对于涉外人员（非组织）和事务"鼓励交往，趋利避害"，按章办事。其他部门在没有得到明确的管理授权情况下，根据自身工作需求，"打擦边球"，直接或间接地允许境外 NGO 在管辖的范围或领域活动，却无法对之进行监管。

潜在的业务主管单位缺乏管理积极性。境外非政府组织获得合法身份的一个前提是必须挂靠业务主管单位。《基金会管理条例》规定境外基金会在中国内地设立代表机构，应当经有关业务主管单位同意后，到登记管理机关民政部门申请注册。在实践中，找业务主管部门困难成为一个普遍问题，《基金会管理条例》没有明确哪些部门必须担任业务主管单位，也未规定业务主管单位疏于履行职责应当承担的具体法律责任，条例的实践性不强。另外，条例规定业务主管单位不仅要对其注册的资格进行审核，而且要履行对境外基金会代表机构活动的指导与监督、年度检查的初审、违法行为的查处等监督与管理职责，而相关的政府职能部门通常没有相应的岗位、职责的设置权，而使政府的管理资源不足，不愿承担业务主管的义务。再者，面对政治背景较复杂的境外非政府组织，减低政治风险和规避责任是政府部门的首要目标，在无明确法规的情况下，潜在的业务主管部门不愿主动成为业务主管部门，因此，实践中境外非政府组织的登记注册较难。

3. 政府部门监管错位

民政部门是民间组织的登记管理部门，当然也应该是境外在华 NGO 的登记管理部门。但是，在实际操作中，责任主体并不太清晰。进而，责任追究成为虚设。根据中国民间组织管理法规，登记管理部门和业务主管

---

① 中华人民共和国民政部政府网站（http：//www.mca.gov.cn/article/zwgk/jggl/20130329）。
② 中华人民共和国外交部政府网站（http：//www.fmprc.gov.cn/mfa_chn//20130329）。

部门对于申请成立社会组织承担各种责任，并且对登记管理机关规定了严格的责任追究机制。但实践操作中，业务主管部门的责任相当一部分转移给了登记管理机关。主管部门在国家法律不健全、国内事务更为紧急的情况下，采取了默认的态度，放任责任的流失。其他部门和地方政府有关职能管理部门则不作为、乱作为、越位作为。政府缺位与越位同时存在。在国际"颜色革命"后，境外 NGO 的监管才逐渐进入国家相关职能部门的视野之中，各种摸底调研在非公开情况下展开。

（二）部门管理分散化

随着中国全方位、多层次、宽领域的开放格局的形成，境外 NGO 渗透进了中国各地区，遍布祖国的方方面面。在中国，除了国安部、极少数敏感特殊部门外，几乎所有部门和国家机关都或多或少地履行着民政部门的境外 NGO 落地许可职责。"从共产党的各机构到政府各个部门，从人大、政协等国家机构到工、青、妇等各人民团体，从高校、社科院等国家事业单位到民办科研教育的非企业单位，从政府部门主办的社会团体到民间的所谓'草根组织'，中国各种类型的组织机构几乎都同外国非政府组织有着某种形式的联系"。[①] 方式有明示、暗示、默许、参与等。这些职责包括批准项目、参与活动、合作办公、合办研讨会、培训、提供人力及技术、扶贫等。各部门合作比比皆是，它们没有合作不合作的区别，只有合作深度的不同。在合作中，没有一个政府部门能够确切表达对于境外 NGO 管理的职责。甚至，"一些政府部门打着与国际接轨、招商引资等旗号，谋取部门利益，有的官员甚至成为境外利益集团的代言人"。[②] 境外 NGO 的深度参与，影响着中国政治、经济、法律、国际关系、教育、文化、环保、维权等多个领域。以美国在华 NGO 为例，"对华捐赠输入资金规模约为200 亿元。其中，82% 流入了高等教育机构、科研机构及政府机构，分别为31%、30% 和 21%。另外，只有 17% 注入中国民间组织"。[③]

目前，境外非政府组织的业务管理分散在外事、扶贫、教育、妇联、

---

① 蔡旻：《在华外国非政府组织依法登记问题研究》，上海交通大学 MPA 学位论文，2009 年。
② 韩俊魁：《境外在华 NGO：与开发的中国同行》，社会科学文献出版社 2011 年版，第 53页。
③ 刘佑平：《美国 NGO 在华活动的现状和影响》，《凤凰周刊》，2012 年第 13 期。

卫生、环保等各个部门中，接受对口政府部门的管理。这种分割格局使政府部门对境外非政府组织缺乏信息了解和掌控，政府监管的交叉与模糊地带较多，存在多头监管，重复监管。有的业务主管单位因注重本部门利益或怕承担管理出问题后可能带来的责任，不认真履行其应尽的管理职责，造成行政不作为，出现违法监管真空地带。

（三） 部门之间缺乏沟通

境内与境外 NGO 合作领域宽泛，导致难以确定明确的归口管理部门，各部门自行其是。更为糟糕的是，各部门之间各自为政，相互之间缺乏足够的沟通协调。外事部门只有单个个人出入境的信息，而与组织无关。部门之间没有建立信息共享机制，以及相互报备的制度安排。NGO 的项目和服务对象又是复杂的，牵扯不同部门，需要得到各个部门同意认可。如外事办管理境外 NGO 中具有专家资格的外国人专家证，贸管处参照外资企业的办法对一些组织办理合法登记，省宗教局对境外 NGO 中有宗教背景的组织和个人的审查，公安、安全部门就这些组织中的外国人的问题以及聘用中国人问题达成共识。这无形中增加了监管的难度。

（四） 区域与上下级之间缺乏协作

进入境内的境外 NGO，许多不是单一宗旨的组织，其活动范围宽、领域广，常杰性地跨省跨地区运作项目。但是，由于中国采取分类分级管理体制，各省之间并没有协同理念，上下级之间缺乏规范的备案制度和报告制度，加上国内"一地一团"非竞争性规定，使得有的组织在高层级登记失败后，化整为零，在省市地方之间流动，活动和项目处于无序状态。重复建设和慈善资源浪费现象严重。还有的不良人员，利用区域信息不互通，不断变换地点，更换名称，危害社会。

中央与地方政府之间的职责也没有明确区分或授权。地方民间组织管理部门作为政府法人，受"无明确规定则为禁止的'法人越权无效规则'"的制约，认为没有得到中央授权，不能登记管理。尽管"管理外国民间组织"的职责已经出现在部分省民间组织管理部门政府网站的责任范围内，但是，真正遇到境外在华 NGO 要求登记时，大多建议向民政部登记，以此推脱地方政府责任。

三 完善境外非政府组织管理体制的建议

(一) 树立有效管理理念，支持地方体制创新

政府监管理念是对监管的基本价值的判断，具有支配性和先导性，是影响监管行为和效果的一个重要因素。首先政府要从心理态度上消除"三不政策"的无为理念，全面正确认识境外非政府组织的性质和作用，不能"妖化"而拒之国门外，更不能放任自流消极处之。政府职能监管部门要树立有效监管理念，要清醒地认识到境外非政府组织在促进中国经济社会发展的积极作用，加以鼓励利用、正确引导，更应谨慎防范其危害国家安全和社会稳定的消极影响。综合运用法律、经济、行政等多种手段正确行使监管职能，不是简单地一味放松监管或加强监管，而应该根据具体问题进行具体分析，最终实现有效监管。

要推动地方政府管理创新。目前地方政府对社会组织管理创新有上海的三元管理模式、深圳的新二元管理模式、其他地区的一元模式和未来的多元共治模式。2002 年 1 月，上海市成立了行业协会发展署，将业务主管部门承担的行业业务指导与行业协会业务管理两项职能分开：行业业务指导职能继续由业务主管部门承担，而行业协会业务管理职能则改由市行业协会发展署承担（如人事管理、党的建设、思想政治工作、业务活动等），从而构建起登记管理部门（社团局）、行业业务管理部门（各委办局）和综合发展协调部门（行业协会发展署）的三元管理模式。深圳的新二元管理模式，从 2004 年开始就对行业协会管理体制与职能进行新的探索。2004 年深圳市行业协会服务署正式挂牌成立，承担行业协会申请成立的登记前审核工作。该机构作为深圳市人民政府直属行政事务机构。还有更激进的一元管理体制的探索。无论是"三元管理体制"还是"新二元管理体制"，都只是在政府部门之间权力的重新配置，而并没有取消或减少政府对行业协会的管理权力。但其共同的目的是为了削弱行业主管部门与行业协会的联系，还没有真正解决政府直接管理社会组织的问题，不利于政府职能转变和社会组织的发展，需要多元共治模式的补充。

（二）　确立与社会组织发展成熟程度相匹配的管理体制

从国外看，社会组织成熟程度不同就会有与之对应的管理体制。为了使管理体制与社会组织的发展阶段相匹配，有必要弄清楚社会组织所处的阶段，并据此考虑社会组织发展趋势。目前对社会组织或非政府部门成熟程度评价的理论，国内外有代表性的主要有：

1. 霍普金斯大学全球公民社会非营利部门国际指数。有三个指标：一是社会组织的数量。主要指标为人均拥有的社会组织数量，表明公民的参与度；二是社会组织从业人数。包括社会组织吸纳的全职就业人口及比例，其中分为支薪员工和志愿者人数，从业人员在服务领域、表达功能等方面的构成，表明对社会的贡献率；三是社会组织的总支出。①

2. 以日本学者科腾为代表的三代论。该理论按照社会组织的定位和服务对象作用领域将社会组织的发展分为三个阶段，也称为三代，以日本学者科腾为代表。第一代主要是自下而上的社会组织，以直接服务于弱势群体为主，致力于社会慈善；第二代社会组织出现分工（化），产生了致力于社区建设的社会组织；第三代"组织定位不是直接为弱势群体或社区服务，而是为基层民间组织提供支持与服务。例如，提供人才培训、组织咨询、网络建设等"②。

3. 中国学术界和实践领域的综合指标。常常以社会组织的自主性、独立性、资金量评价社会组织发展中的问题，其内含的评价标准就是社会组织的活动能力和独立性。如邓国胜教授主持的社会组织评估包括项目、组织自身管理、社会影响、自身基本条件等。李连杰壹基金公益组织典范工程评价有四个标准：公信、专业、执行、持续。

根据上述理论和标准，可知中国社会组织还处于发展的初级阶段③。因此，面临着双重艰巨任务：既要解决与经济发展之间的差距，又要为经

---

① ［美］莱斯特·M.萨拉蒙等：《全球公民社会非营利部门》，贾西津等译，北京大学出版社 2007 年版，第 65 页。

② David Korten, Getting to the 21st Centruy: Voluntary Action and Perspectives, West Hartford, Conn, Kumarian Press, 1990，转引自邓国胜等：《民间组织评估体系——理论、方法与指标体系》，北京大学出版社 2007 年版，第 23 页。

③ 乐正：《深圳社会发展报告（2010）》，社会科学文献出版社 2010 年版，第 114 页。

济社会同步发展提供服务和支持。基于传统自上而下的行政性治理机制的缺陷无法完成这一艰巨任务。所以，应该适时推进从行政性治理向多元共治的转型，这应该是未来中国社会组织管理体制的必然选择。

（三）建立多元共治的网络模式

中国实现由双重管理向直接登记的转变，从控制型向引导型转变，努力构建多元共治的社会治理新格局。

未来社会管理体制改革的主要实践问题是，有效应对社会组织管理机制的"碎片化"，在全国推进社会组织管理体制机制共治网络建设。治理理论中所述的网络并不仅仅是"自治、独立、自由的网络"，而是指"由政府指导和推动的组织网络"。①

1. 社会组织要自主发展

（1）弱化社会组织的依附性，将宗教及政治性组织之外的社会组织设立由双重管理变为民政部门单一管理；降低社会组织准入门槛，取消一业一会、规模及竞争限制，允许备案设立非法人型社会组织。

（2）社会组织回应需求。对社会需求作出回应，满足社会需求多元化要求；对自身发展阶段作出回应，推进中国社会组织从救助贫困的慈善发展阶段，向解决社会问题的第二、第三阶段发展；对政社关系作出回应，在对抗、合作、合作中竞争的三种关系模式中，寻求社会资源占有方式和占有量的平衡。

（3）建立专业和综合服务性促进机构。营造社会组织自我管理、自我服务、以社管社的氛围。

（4）完善网络架构的联动机制。社会管理中依托于网络架构的联动机制，是指有效地组织政府内部各部门之间、政府与社会组织之间的沟通和互补，通过良好的沟通、有效的信息交流和明确的职责分工来共同协调处理社会事务的相对稳定性的工作模式。这一体制既可以扁平化管理结构，又可以解决"碎片化"管理漏洞，提高管理服务的运行效率。

2. 政府要有效扶持社会组织发展

（1）"共治"格局建立的关键在于，社会组织自我管理的意识和能力

---

① ［美］杰瑞·斯托克：《地方治理研究：范式、理论与启示》，《浙江大学学报》，2007年第2期。

是否能成熟起来，在于政府是否能够担负起培植社会力量的任务。为此，政府要将部分社会问题治理的责权下放给社会。

（2）给予社会力量技术和资金的支持。资金支持包括提供部分运作经费，进行项目奖励等；技术支持包括管理培训等。同时，采用竞争性项目申报，对取得成绩的项目进行奖励等措施，规避资金支持可能导致的两个后果：一是有可能会扭曲社会组织成员参与社会管理的原始动机，使一些人为了获得政府的资金而进行社会活动，从长远来看，这样会阻碍社会力量的成长；二是过度依赖政府的资金支持，会导致社会组织自立性的丧失。

（3）建立司法与社会审计的监督体制。特点是去行政化，避免一事一个机构，或一职能一个机构的机构膨胀、人浮于事现象。

（4）建立财税支持体系。政府给予社会组织财力支持和税收优惠，扶持社会组织发展壮大。

（5）借鉴外国经验，加强综合管理。如美、加非营利组织管理制度中集组织自律、行业互律、市场竞争、社会监督、政府监管、司法监督等多方管理资源于一体的综合管理体系。① 英国成立于1854年的慈善委员会体制。虽然它是政府机构，但不隶属于任何部委，无须向内阁大臣负责。慈善委员会对慈善组织的监管是从注册开始的。根据英国法律的规定，慈善组织只有在注册后，才可以享受到诸如免税等方面的优惠，并得到公众的认可。委员会有权依法展开调查。德国实行的登管分离体制由三部分组成：一是德国联邦司法部。只负责研究制定各种法律草案，包括民法、结社法等，提交内阁讨论通过后实施；同时负责司法监控、财政监控。二是德国地方法院。负责社会团体的登记注册，主要是审查人数、章程、场所、内设机构等条件。三是德国内政部，所有基金会均由其所在地的州政府内政部进行注册登记。

（四）建立问责机制，完善多元监督体系

为弥补政府机关监管力量的不足，可建立授权或授信监管机制，整合

---

① 杨岳、许昀：《自律、竞争与监管——美、加非营利组织管理制度考察 》，中国社会组织网，2006 年（http：//www. chinanpo. gov. cn/web/showBulltetin. do？type = pre&id = 32216& dictionid = 5）。

社会资源，形成政府、社会舆论、公众媒体监督、独立第三方评估监督等多元监督体系。

政府要编制境外非政府组织统计年鉴，发布官方权威统计数据，给予一定的信任度评级，形成官方评价服务系统，并定期向社会公开涉外组织的有关资料档案，接受社会公众和媒体监督，提高公众的监督意识和加大媒体舆论监督力度。政府要制定法律规制、政策标准和职业道德规范，加大培育社会组织或第三方评估机构的力度，不断提升社会组织公信力。通过授权或授信，选择具有较高信誉和资质能力的第三方评估机构进行受托评估监督，形成独立的第三方评估制度，充分发挥社会力量的作用。

无论是境外非政府组织的活动，还是政府机关的监管，以及相关社会主体的监督，都必须对各自的行为承担相应的法律责任和社会责任，这就必须建立责任追究制度即问责机制。责任追究制度是整个监管体系的重要组成部分。建立问责机制，就是旨在明确各行为责任主体对谁负责、如何负责、何时负责以及负责的程度，确保各行为责任主体在相应的法律规制范围内开展工作，实现健康有序的规范化运作。

（五）完善专门的境外非政府组织管理体制

虽然从根本上说，社会组织管理体制是适应社会组织发展而发生的制度演进，但这种演变与社会组织发展之间并不同步，"缺乏同步性、同振性，在一定程度上存在相互脱节和矛盾的情形"[①]，甚至滞后于社会组织的发展。要推进非政府组织管理体制改革，改革双重管理模式，建立单一登记管理体制，取消业务主管单位，简化登记注册程序，形成宽进严管的制度安排。积极建立全国统一的非政府组织登记管理和执法信息系统，形成高效的快速反应机制，将重要信息和重大事项向社会公示，提高非政府组织运作的透明度，使其处于政府和社会多重监管之下。引导非政府组织规范自身行为，增强社会责任感、社会公益意识和社会公信度，逐步建立自律和诚信的长效机制，加快非政府组织的自治化进程。

---

① 王名、孙伟林：《社会组织管理体制：内在逻辑与发展趋势》，《中国行政管理》，2011年第 7 期。

要设立专门的境外非政府组织的归口监管机构。指导、管理和协调境外非政府组织的在华活动，减少其活动的盲目性，改变多头管理、各自为政的现象。严格规定境外非政府组织登记程序、涉外活动、权利义务等，明确其宗旨、使命和价值，确定其活动的内容领域、地域范围以及约束要求，如简化登记的境外非政府组织只限于从事社会慈善事业和发展活动的组织，不得参与政治活动等。

推行备案登记制，强化过程监管。基于现行双重管理体制的缺陷，中国应积极推行备案登记制的管理模式，既能为境外非政府组织的活动提供便利条件，又能有效避免其危害国家安全和社会稳定。所有来华的境外非政府组织都应到登记管理机关备案，在备案登记方面一律平等，不给予差别待遇。不备案登记的境外非政府组织不能开展任何活动，并予以取缔或禁止。在境外非政府组织初始登记时，便掌握境外非政府组织的数量、规模等基本情况，为日后常规监管打下基础。对于一些规模小、成员较少的非正式结社的境外非政府组织赋予"准社团法人身份"，纳入法律保护范围，并承认其存在的合法性地位和权利，视其以后发展情况再确定是否登记。对于那些专注于扶贫抗灾、医疗教育、环境保护、社会福利等社会公益领域的境外非政府组织先行备案，并简化登记程序，使其顺利获得合法性权利，享受国内民间组织的同等待遇和优惠政策。对于涉及宗教、政治、人权等敏感领域的境外非政府组织应要求备案，设立严格条件限制，并重点防范，有利于管理了解这类组织的基本信息和活动状况，视日后发展情况确定是否登记，甚至直接取缔或禁止活动。

四 整合管理：国内民间组织与境外非政府组织一体化管理探讨

（一）国民化待遇的相关理论与实践

1. 国民待遇原则

国民待遇，又称平等待遇，是指：所在国给予外国人以国内公民享有的同等的民事权利地位。国民待遇原则指在民事权利方面一个国家给予在其境内的外国公民和企业与其国内公民、企业同等待遇，而非政治方面的待遇。国民待遇原则是经过长期历史实践形成的法律规范。法国 1789 年的《人权宣言》针对欧洲的封建统治，以自由、平等原则为指导，并在国内法中把国民待遇原则扩展到外国人在法国民事权利的适用上，实行了无条件国民待遇原则。1826 年《荷兰民法典》第 9 条第 2款，1868 年《葡萄牙民法典》第 36 条，1889 年《西班牙民法典》第27 条，1878 年南美八国的《利马条约》第 1 条，都有类似规定。国民待遇在 1883 年订立的《保护工业产权的巴黎公约》中被列为首要原则。到 20 世纪，国民待遇成为国际公认的准则，《关税与贸易总协定》和世界贸易组织将国民待遇原则作为成员方应遵守的最重要的基本原则。由于国民待遇原则既有利于排除歧视外国的现象，也允许了各国在不歧视外国的基础上保留与别国的不同之处，因而可以较好地处理不歧视外国与照顾国情的关系。换言之，国民待遇原则是一种在尊重各国国情前提下实现非歧视的原则，它为各国在复杂的国际经济关系中和平共处提供了一个基本理念。

2. 非政府组织的国民待遇

非政府组织由于开展活动涉及经济事务，因而在部分国家适用于国民待遇原则。在英国，非政府组织是根据公司法规定进行注册的，因而其本质是类企业。这也是为什么外国非政府组织进入主权国家，会要求国民待遇、要求享有主权国家非政府组织所享有的同等的民事权利地位的原因，比如注册核准的规定、税收的规定、开展活动的范围。

然而不是所有的国家都将非政府组织界定为公司。北欧国家实行的是国民待遇，南欧国家实行的是非国民待遇，严格执行许可制度。法国对外国非政府组织的管理，既无法律法规，也无管理机构，但在法长期活动的外国非政府组织，需要得到政府的同意并注册。德国、瑞士迄今为止，未就管理国外非政府组织制定专门法规，也未设立专门的政府机构对其进行管理。发展中国家多是加以限制，在一些转型国家例如俄罗斯，以及东南亚和一些非洲国家不仅不能享受国民待遇，而且由于政治和对民主的敏感度，境外非政府组织受到比较苛刻的限制。而在美国成立的境外非政府组织数量众多，对外国非政府组织几乎采用国民待遇的管理机制，涉及资金管理部分与国内非政府组织稍有不同，不过，外国民间组织在美国所筹资金可以寄往国外。

（二）国民待遇的条件和机制分析

1. 统一管理的条件

从其他国家对境外非政府组织的管理经验来看，对境外非政府组织采取完全开放态度的国家有美国和英国等，多为本国的民间组织发展程度比较高，国内法律法规制度比较完善，对外国民间组织进入不需要采取特别的监管。如果中国要将境外非政府组织整合入境内民间组织管理，那么就必须解决两大问题：一是制定并完善民间组织管理的立法，将行政管理转为立法管理，二是现有的境外非政府组织全部或者大多数改变存在形式，到注册登记管理机构进行备案、认可或者公益认可。解决了以上两个问题，民间组织规范管理条件具备之后，就可将境外非政府组织整合入境内民间组织统一管理了。

2. 统一管理的机制

境外非政府组织享受国民待遇意味着境外非政府组织和国内民间组织统一管理，也意味着境外非政府组织在更少的限制下大量存在于中国并开展活动。这时制定外国组织进入中国的资金、人员统一管理的机制就非常重要。可以借鉴发达国家的经验。比如英国慈善委员会依据规模采取统一的监管模式，大致分为四个层次：

（1）年收入在 1000 英镑以下的小慈善组织，不予注册登记，没有年度审查或监管，但是在接到公众对组织违法行为的举报时候，仍然有调查了解的权力；

（2）年收入在 1000—1 万英镑的慈善组织，应当注册登记，每年提交年度报告；

（3）年收入在 1 万—1000 万英镑的慈善组织，应当注册登记，每年提交年度报告，包括财务及活动的明细；

（4）年收入在 1000 万英镑以上的慈善组织，不仅应当注册登记，进行详细的年度检查，慈善委员会还可能在平时随时进行了解和访问。可以看出，它们是慈善委员会重点监管的大型的慈善组织。

另外，可以参考美国和越南的经验。美国在登记注册统一管理机制的基础上，根据《外国代理人注册法》对外国非政府组织进入境内做一个补充管理；越南在日常监管、资金管理、人员管理、退出机制、税收优惠等机制统一管理的基础上，根据《外国非政府组织经营法规》对外国非政府组织在境内开展活动制定一个监管的补充法规。

3. 统一管理的模式

英国对慈善组织的监督属于"行政监督模式"。慈善委员会从五个方面进行监督：检查宗旨、目的，即这个组织成立不是为个人谋取私利；管理是否混乱；是否参加政治活动；是否滥用筹集来的款项；是否正确使用政府免税的款项。中国可以在现有监督模式基础上，按照英国的行政监督模式进行完善，并且借鉴美国的社会公开监督模式，采用第三方的评估和监管模式、行业互律模式。

（三）中国放开"国民待遇"时机未到

中国一直对境外非政府组织采取规制特点的管理机制，境外非政府组织并不享有国民待遇。根据中国的立法状况，境外非政府组织绝大多数不享有非政府组织该有的法律地位、优惠福利、扶持政策。

原因在于中国国内社会组织管理的法律制度环境不支持、管理体制机制等条件不成熟。对境外非政府组织的管理更是如此。在中国，工商部门负责营利性企业的登记管理，民政部门负责包括行业协会在内的非营利性社团的登记管理，理论上是一个比较合理的部门分工组合。但现实中，之所以包括"洋协会"、国外协会在华代表机构在内的涉外协会由工商部门登记管理，主要是对于境外非政府组织的法律不完善和滞后。一方面，民政部门应该担负起对涉外社团的管理职责，却苦于没有适用的法律；另一方面，境外非政府组织要进入中国开展活动，选择工商登记至少是有法可依且能保证组织的正常运行。国务院1998年颁布的《社会团体登记管理条例》只适用于中国公民和机构成立的社会团体，不适用于境外人士和机构成立的行业协会。2004年国务院颁布了《基金会管理条例》，在原则上试图将境外在华基金会及其类似组织纳入统一的登记监管的范围，但由于难于操作目前尚未迈出实践的第一步。国务院也在着手对《基金会管理办法》、《社团登记管理条例》以及《民办非企业单位登记管理暂行条例》等法规进行修订，对涉及民间组织的登记和管理将分别纳入这三个条例之中，为规范境外非政府组织的登记管理建章立制，将境外非政府组织的管理纳入业已形成的国内民间组织管理框架。

由于在华外国非政府组织的特殊身份和价值取向，暂时不适合与国内同类组织的登记监管采取一视同仁的"国民待遇"。应当单独出台一个专门针对在华外国非政府组织的专项法规，可采取"暂行条例"等形式。先搭建基本的法律框架和登记监管的原则，将在华的外国非政府组织的登记监管等问题尽快纳入法制化的轨道。经过一段时间的实践，待条件成熟后再通过立法形式逐步对在华外国非政府组织实行统一登记监管。

（四）跨区域、跨行业的管理问题

1. 登记管理一元化

由于在华外国非政府组织数量众多、领域广泛、背景复杂，且渗透到社会经济生活的方方面面，在多年来开展援助和项目的过程中与各级党政机关都形成了一定的联系，按照目前民间组织登记管理机关和业务主管单位双重管理的登记监管体制，不仅难于操作，且无法进行有效监管。对于一些跨区域、跨行业的民间组织，更是难以监管。解决上述问题可以通过拓宽民间组织直接登记范围，对公益慈善、社会福利、社会服务等民间组织采取登记管理和业务主管一体化方式，对一些跨区域、跨行业的民间组织，经过相关部门协商后，采取登记管理和业务主管一体化方式。另外，在各级政府设立专门的监管机构，对不同级别的外国非政府组织实行垂直领导，形成强有力的统一监管体制，切实加强在华外国非政府组织的监督管理工作。

2. 允许设立分支机构

针对地区之间管理分隔明显、国际 NGO 以及国内 NGO 跨地区项目运作十分困难的问题，可以尝试允许非政府组织在别的省份或城市设立分支机构。允许跨地域组建，允许合并组建，允许分拆组建。但是对于募捐活动的开展，民间组织可以接受邮寄方式的捐赠，但不能跨越省份进行集资。民间组织如果需要在别的省份或城市开展活动或设立分支机构，应在别的省份或城市进行备案，其分支机构名称前要冠以母体全称。募捐活动必须在当地开展，向当地监管机构申请，并接受当地的监管。分支机构所有的活动必须在当地监管机构进行年度或者半年度一次的报告。母组织则应当汇总所有的分支机构的活动情况向母组织所在地进行年度报告，并且母组织与分支机构之间公益项目筹集的资金不能随意进行转移。

第六章 合法性管理:中国境外非政府组织准入制度研究①

境外非政府组织的合法性有两个视角:"合理性"和"合法律性"。境外非政府组织为解决中国的社会和经济发展中的一些问题起到了积极、有效的作用,进入中国具有"合理性",然而,这种合理性具有许多不确定性,难以判断和控制其进入中国的合法性。在中国境外非政府组织的法律缺乏和不完善的情况下,大量境外非政府组织因未注册而以"合法律性"不足的方式在中国活动。解决境外非政府组织合法性不足带来的诸多问题,需要建立完善准入制度,通过对准入领域、主体准入、资金准入、人员准入及管理等方面建立法律规制,赋予境外非政府组织法律地位和身份,保证其在华活动符合中国社会和经济发展的"合理性"需要。

境外非政府组织因无法可依或有法难依而不能注册获得法律身份和地位,在中国活动的合法性成为现实问题和理论研究的问题。本章将从"合法律性"和"合理性"两个角度来分析境外非政府组织进入中国的合法性,探讨建立以符合中国社会和经济发展的"合理性"需要为基础的"合法律性"的准入制度。

一 境外非政府组织进入中国的合法性与合法律性分析

境外非政府组织的国际法地位。境外非政府组织作为国际舞台"新"演员,它的法律人格和地位仍不确定。迄今为止,没有一个明确的法律承

---

① 该章内容的主要观点发表在:郑昕、魏红英:《国际非政府组织在中国的合法性与准入制度构建》,《理论与改革》,2014 年第 1 期。

认它在国际法上的地位。当今的国际法，在实践层面，普遍地遵循"威斯特伐利亚"传统，只承认主权国家为完全的国际法主体，并不承认民间的团体。随着世界经济、文化的变化，现代国际法的发展，现在开始有限地承认政府间国际组织和正在争取独立的民族的主体地位，而对非政府组织的主体地位一直没有作任何认可。一般说来，国际法主体资格必须具备三个条件：一是独立参加国际关系；二是能直接承担国际地位上的权利和义务；三是有独立进行国际求偿的能力。当代国际社会里同时具备这三个条件的是国家，在一定范围内和一定条件下还包括国际组织（指政府间国际组织）和正在争取独立的民族自治组织。显然，非政府组织不具备上述条件。

在国际法律层面，非政府组织这个术语相当含糊，没有专门的国际条约对其定义和规范。境内外国非政府组织政府管理缺乏法律依据。

由于没有相应的国际法律对非政府组织进行规范，非政府组织国际法律人格不确定，它不能像政府间国际组织那样拥有各项特权和豁免，不具有法律、资金、财政、安全等各项保障，同时，也容易产生对其代表性、合法性的疑虑；因而，在国内法层面，许多国家依据本国私法，确立非政府组织社团的法律地位，并依据法律法规实现各国对境外非政府组织的管理。

当前境外非政府组织在中国的发展，除了囿于其本身在国际法领域的地位认知问题，很大程度上受限于中国对境外非政府组织管理有关立法的缺失。通过立法允许境外非政府组织在华开展活动并对其实行相应的监管和引导，既是国家的主权行为，也是面临境外非政府组织大量进入中国所必须面对的问题。中国应当及时完成国内相关法规的修订工作，为境外非政府组织在华开展活动提供良好的法律环境。

（一）合法性涵义

合法性最早是一个被广泛使用的政治学概念，通常指作为一个整体的政府被民众所认可的程度。这一概念最早由韦伯提出，认为合法性意味着促使一些人服从某种命令的动机，意味着人们对权威者地位的确认和对其命令的服从；哈贝马斯也认为合法性意味着"某种政治秩序被认可的价值"。随后，合法性概念被引申到社会群体的研究，把承认引申到群体与群体的关系（平行的承认）、当权者与被统治群体的关系（"上"对"下"的承认），这种关系构成了一个共同体内异质文化群体的"承认的政治"，特定的文化或者具有特定文化的群体通过这种过程获得自己的合法性。由此可见，合法性并不仅限于"与法律一致"，合法性来源于权利客体对权力主体的认可及其权力正当性的主观认识。

境外非政府组织在中国的合法性源于其他主体对它的承认，表达承认的主体可以界定为国家与政府部门、其他群体（各种单位或社会团体）、个人。国家、政府部门对境外非政府组织的承认是境外非政府组织进入中国合法开展活动的先决条件，即只有当国家、政府对其进入中国表示认可、赞同、支持时，境外非政府组织才能在中国合法地进行活动。单位和其他社会团体的承认是境外非政府组织在中国寻求合作和获得资源的基础。境外非政府组织在中国的活动往往难以独立完成，需要与中国的其他组织合作开展项目，合作的基础取决于其他社会团体的认同、支持。境外非政府组织的活动需要公众的参与，个人的承认则是与个人的参与联系在一起的。本章所讨论的境外非政府组织的准入制度建立，主要讨论国家、政府作为主体，如何通过有效的承认过程使境外非政府组织合法地进入中国，也会涉及其他团体和个人的认同。

境外非政府组织要获得合法性，需要国家、政府的认可。从法理角度来说，就是要符合法律制度和统治者的指令权力①，从社会角度来说，就是要符合社会规则如社会价值或共同体所沿袭的惯例。可见，境外非政府组织的合法性具有"合法律性"和"合理性"两个层面的特征。"合法律性"，意指境外非政府组织进入中国符合法律、法规的规定，而被国家、政府认可；"合理性"表征境外非政府组织的存在符合中国社会价值准则（如正义、公平、理性、自由）或者公众个人的理想、期待，从而被国家、政府认为是正当、合理的，并予以支持。因此，我们讨论境外非政府组织进入中国的合法性，可以从"合法律性"和"合理性"两个层面进行。

正是由于合法性并不仅限于"与法律一致"，还来源于合理性。正是基于合理性，众多的境外非政府组织虽然不能依法注册获得法人资格和合

---

① ［德］马克斯·韦伯：《经济与社会》，杭聪译，商务印书馆1997年版，第239—241页。

法地位，却能顺利进入中国开展活动。境外非政府组织为公益事业服务、以实现全球社会的共同利益为使命目标的价值理念逐步被中国政府认同。同时，中国经济和社会发展中面临诸多全球共同的问题，而转轨时期的中国政府无力解决这些问题时，寻求境外非政府组织的帮助就成为解决问题的有效途径。基于对境外非政府组织的认同和需求，大量的组织通过与政府合作的方式而成功进入中国。

境外非政府组织进入中国是否合法，有两个判断标准。一是按"合法律性"来判断，判断的标准是法律法规，依法注册就能获得合法的身份和地位，合法性判断的标准明确、具体、规范，具有唯一性；二是按"合理性"来判断，就是按境外非政府组织进入是否符合国家的需求、社会价值准则和公众意志来判断，判断的标准具有多元性、主观性、高度抽象性和变化性，"合理性"的"复杂性"特性使判断标准不能明确，如果仅根据"合理性"而开放境外非政府组织进入，会导致一些问题的出现：境外非政府组织进入中国的合法身份受到质疑，组织应该具有的权力、义务和应该承担的责任不明确；具有"合理性"进入中国的境外非政府组织的活动可能偏离中国政府认可的宗旨，在缺乏法律法规的规范和制约的情况下无法控制；政府的监管职能没有相应的法律法规予以明确赋予，职能的缺位导致出现监管的空白区。由此可见，只有合理性而不具有合法律性的情况下表现出合法性不足，以合理性为基础加快准入制度的建设，使合理性具有合法律性才是合法性的圆满状态。

（二）境外非政府组织进入中国的立法现状

根据传统的合法化理论，境外非政府组织的权力，只要其获得和行使符合法律的规定，便具备了合法性，也就是合法律性。根据中国 1986 年《民法通则》第 50 条的规定，具备法人条件的社会团体依法需要办理法人登记，经核准登记，才能取得法人资格。进入中国的境外非政府组织要以法人资格在中国活动，就需要依据中国的法律获得合法身份。世界绝大多数国家都制定了相关法律，要求境外非政府组织"落地"登记注册使身份合法化，包括美国西欧等民主社会化程度高的国家。目前，中国登记注册管理的政策法规主要涉及以下几个方面：境外非营利性经济团体、境外基金会、外国商会、介绍外国专家来华工作的境外组织以及其他。

1. 境外非营利性经济团体。对于境外在华 NGO 的专项法规中，1980 年颁布的《国务院关于外国企业常驻代表机构的暂行规定》以及 1983 年《国家工商行政管理局关于外国企业常驻代表机构的登记管理办法》、1981 年《外国投资管理委员会关于执行〈国务院关于管理外国企业常驻代表机构的暂行规定〉中若干问题说明的通知》对非营利性涉外经济团体的登记管理有相关规定。按照《国务院关于外国企业常驻代表机构的暂行规定》及其相关解释，与中国国际贸易促进委员会对口的非营利性外国经济团体申请设常驻代表机构，须报外贸部审批。经审批后，向工商行政管理部门申请登记。工商行政管理部门在登记注册后，颁发《外国（地区）企业常驻代表机构登记证》，再通知批准机关、国家外资管委、外交部、公安部、海关总署、财政部、税务总局等。登记机关明确规定其开展的业务须具有非营利性质。登记证有效期一年，期满后须由工商行政管理局年检。在登记方面，有直接以境外非政府组织名称，或者境外非政府组织总部在境外登记注册公司、再以公司名义登记注册公司办事处等两种方式。

2. 境外基金会。2004 年的《基金会管理条例》中规定了涉外基金会的登记管理事宜。《基金会管理条例》明确规定了境外公益基金会的注册与审核机构、审核内容、注册流程等内容，该条例给基金会这类境外非政府组织进入中国提供合法的方式和渠道。然而大量境外非政府组织是以非基金会的形式存在，它们进入中国因不能依法登记取得法人资格，其合法性备受质疑。

3. 外国商会。《外国商会管理暂行规定》只给予外国商会的合法性渠道。国务院 1980 年 10 月 30 日《关于管理外国企业常驻代表机构的暂行规定》，各地工商部门作为外企驻华代表机构进行注册登记。实际上，在已进入境内的境外 NGO 中，商会和基金会只是其中的两种类型，数量比例较小，大量的社会团体、公益组织、中介组织等游离于法律之外。

4. 介绍外国专家来华工作的境外组织。根据《行政许可法》和《国务院对确需保留的行政审批项目设定行政许可的决定》的有关规定，国家外国专家局 2004 年发布了《外国专家来华工作许可办理规定》、《介绍外国文教专家来华工作的境外组织资格认可办理规定》，国家外国专家局办公室、外交部领事司也下发了关于使用和管理《外国专家来华工作许可证》

的通知，通过颁发《国际人才交流服务境外机构资格证书》而给英国海外志愿服务社、美中国际基金会、晨星教育基金会、巴迪基金会等境外培训机构、境外文教专家组织、海外经济交流技术组织一定的活动空间。

凡拟向中国境内派遣文教专家的境外组织，均须获得"介绍外国文教专家来华工作的境外组织资格认可"，并取得《介绍外国文教专家来华工作的境外组织资格认可证书》。申请的境外组织，需具备法人组织、非宗教团体以及具有推荐介绍外国文教专家能力三项条件，然后上报《介绍外国文教专家来华工作的境外组织资格认可申请表》、境外组织所在地有关当局出具的法律证明文件、所在地金融机构出具的资信证明文件、组织情况介绍、组织法人的简历等申请材料。境外组织在中国境内未设有办事机构的，向国家外国专家局提出申请；设有办事机构的向所在地省级外国专家局提出申请。实施机关依据有关规定，对受理的申请材料进行审查，并征求公安、外事等部门意见，在 45 日内做出决定。各省级外国专家局须将认可的境外组织及其全部申请材料报国家外国专家局备案。同时，国家外国专家局、省级外国专家局每年 1 月 1 日至 3 月 31 日对取得介绍外国文教专家来华工作资格的境外组织进行年检。

除此之外，还有一些分散的规定。民政部 2001 年 7 月 30 日发布的《社会团体分支机构、代表机构登记办法》，其中第十八条提到，港澳台地区和外国社会团体在中国境内设立分支机构、代表机构的另行规定。十多年过去了，另行规定至今未出。《公益事业捐赠法》有涉及涉外组织的内容，《外国人出入境管理办法》（《中华人民共和国出境入境管理法》2013 年 7 月 1 日起施行）、《宗教事务条例》、《外国专家管理办法》、《外国人在中国就业管理规定》等等，对外国的资金、人员进入境内做了相关规定，但是最大的特点是解决了境外资金、人员进入境内的合法律性问题，不涉及境外社会组织。

除了上述四类合法方式，还有选择工商登记注册，或像福特基金会采取特殊审批进行挂靠方式。常见的情况是，外国 NGO 进入中国，正常情况下应该到民政部门注册，但目前中国的法规并不完善，注册程序也相对复杂。它们会选择到工商部门注册，然后以"咨询公司"或"研究中心"的面目出现。也有一些国际 NGO 通过外国企业代表处的方式开展活动，但是没有登记注册。由于无法登记，许多外国非政府组织没有合法地位，面临银行账户、税收票据、雇工租房等问题，同时开展的活动处于地下状态，不利于政府部门的监管和保护。

在境外非政府组织的相关法律法规缺乏的情况下，一些致力于在中国长期发展的境外非政府组织，为了获得在中国活动的法人资格，依照《中华人民共和国外资企业法》，以公司的身份到工商行政管理机关进行注册，如国际信用评估与监督协会（ICASA），绿色和平组织和世界自然基金会在北京设立的办公室等，就是在当地工商部门注册登记的。境外非政府组织虽然获得了法人资格，但由于境外非政府组织不是营利性的，其活动目的和运营模式与营利性公司不同，因此，一方面政府职能部门参照对外资企业管理办法难以对其活动进行有效的监管；另一方面，由于组织注册的性质改变，不能享受到国家对非政府组织的优惠政策，如免税政策、向政府购买公益项目等，不利于组织的发展。因此，可以认为，到工商局注册的途径，具有了合法律性，但缺乏合理性。

（三）境外非政府组织进入中国的合理性分析

在合法律性不足的情况下，境外非政府组织仍然大量进入中国并有效地开展活动，它们基于中国社会和经济发展的内在需要和对其价值理念的认同而具有合理性。首先，绝大多数境外非政府组织所追求的公平与正义被国际社会承认为普世性价值，其宗旨与中国现阶段要建立一个公平、正义、和谐的社会目标有共同之处。对其价值理念的认同是境外非政府组织合法进入中国的首要条件；其次，中国在经济和社会快速发展的过程中遇到了全球类似的问题，如环境、教育、卫生、贫困、毒品、自然灾害、公民社会等方面的问题。在政府急需解决而又无力解决的问题上，境外非政府组织以资金、技术、人员、经验等优势提供了有效的帮助，在解决这些问题上发挥了重要的作用，为进入中国的合理性奠定了合法性基础。

如前所述，合理性的判断标准具有多元性、主观性、高度抽象性，"合理性"复杂的特性使境外非政府组织进入中国的合法性判断具有了许多的不确定性和多元性，出现境外非政府组织在中国发展的多种"不合理"情况。

1. 境外非政府组织与国家的目标不一致

境外非政府组织以超越各国国家利益的全球利益作为其终极关怀，如关注全球的环境、人权、社会福利等等，在全世界获得了广泛的号召力。然而，这种全球角度的关注对某些局部利益具有褊狭性。在国家层面上，国家要以国家整体利益为中心，对国内各方利益协调和社会价值进行权威性分配；在不同的发展时期，关注和要重点解决的社会问题不同。境外非政府组织的局部利益目标和中国国家利益目标、阶级利益目标往往会形成冲突，加上它们对国际事务的看法过于理想化而忽视了现实，所提出的建议可能不切合中国的实际，其追求的利益目标可能会因为以偏概全而对特定国家造成顾此失彼的后果。如，片面强调环境保护，可能导致企业的关闭和工人的大量失业；强硬推行民主、人权可能导致社会的不稳定甚至对国家主权构成威胁。

2. 境外非政府组织与国家的利益不一致

境外非政府组织具有自利属性。首先，境外非政府组织要使组织得以延续，可能出于自身生存的需要，为获得所需的捐助而损害公共利益，或者接受本国政府、集团的资助而丧失或减弱其公共利益目标；其次，境外非政府组织与地方政府既是合作伙伴又是竞争关系，可能会在理念、资源、资金、活动领域和范围等方面发生冲突，为自身利益而损害地方政府的利益。因此，境外非政府组织的合法性受到了严峻的考验。

3. 境外非政府组织与国家的组织方式不一致

在现有的行政体制下，中国构建和谐社会采取的是政府主导下的多种救济方式，而有些境外非政府组织不考虑中国国情，采取强硬的做法，如采取与政府对抗、通过限制或超越国家主权等一些极端的做法来达到目的；少数境外非政府组织不与地方政府合作，不注册而擅自开展一些项目；一些境外非政府组织在与国内组织的合作中，要求接受它的附加条件才给予资金支持，使国内组织不得不被动接受境外非政府组织的意志。这些方法将失去政府和部分民众的信任，失去其赖以生存和发展的基础，大大削弱了境外非政府组织的合法性基础。

4. 境外非政府组织的政治目的不符合国家利益

部分境外非政府组织打着全球利益、公益性、公平正义等旗号进入中国，但进入中国的目的并非完全是公益性，而是带有一定的非法政治目的。以非法政治为目的的活动主要有：深入中国边境地区开展社会调查，广泛收集中国政治、经济和社会发展的信息，并以此在国际社会制造舆论，企图影响和改变政府的决策；通过资助某些国内社会组织，相互勾结以期对抗政府，影响社会稳定；受到西方国家的指使，利用人权名义诋毁中国形象，干涉中国内政；利用对中国的文化援助进行文化渗透，传播西方的价值观念，在青年一代中培育亲西方的力量，妄图在中国复制"颜色革命"；对一些民族分裂势力和宗教极端势力进行支持和援助，妄图使它们最终演变为危害国家安全的力量。少数境外非政府组织的这些活动对中国的政治、经济和社会发展产生了较大的负面影响。对国家而言，无论组织进入形式是否合法，任何从事危及国家主权、影响社会稳定活动的组织都是非法的。

由于合理性的判断标准是不确定的，境外非政府组织在依合理性而进入中国后，亦会出现合理性不足，甚至不合理的状况。在缺乏法律法规的规范和制约的情况下，一方面是具有"合理性"的境外非政府组织的活动可能违背原有进入中国的宗旨；另一方面是政府的监管职能没有相应的法律法规予以明确，导致出现监管的空白区，境外非政府组织不合理的活动无法控制。由此可见，只有既具有合法律性又具有合理性的情况下，境外非政府组织进入中国才是合法性的圆满状态。

二　境外非政府组织进入中国的合法性现状

境外非政府组织大量进入中国是发展的需要，它们对中国的社会、经济、文化等的发展起到了积极的推动作用，显然，大部分境外非政府组织在中国的活动具有合理性。然而，除了少量依法注册登记的境外非政府组织外，大量境外非政府组织在中国没有注册，如果仅按合法律性来断定，这些组织的存在是非法的，无疑将否定境外非政府组织在中国的合理性。对于境外非政府组织进入中国的形式，可以从合法律性和合理性两个方面，对其合法性做更准确的判断。

（一）合法又合理

目前适用境外非政府组织进入的法规只有《基金会管理条例》一部，因此，既具有合法律性又具有合理性的进入的境外非政府组织只有基金会。在国家民间组织管理局主办的中国社会组织网中，可以看到，自

2007—2013 年第一批次各年度年检合格的基金会数量，它们依年度年检合格的境外基金会数量分别为：10 个、13 个、15 个、20 个、25 个、17个、5 个（2015 年 8 月 22 日于中国社会组织网查阅的数据）。2016 年 12月 27 日查阅中国社会组织网中涉外社会组织子站中，年检结果公告中，2007—2015 年合格的涉外社会组织数分别是：11 条、14 条、35 条、42条、68 条、66 条、53 条、10 条、9 条。没有 2016 年的数据，可见数据比较滞后。暂时没有看到 2014 年的数据。数据显示，合法合理的境外基金会从 2007 年开始，一直在增加，直至 2011 年后，开始减少。除了境外基金会外，还有少量在云南等省登记的境外非政府组织，它们能依照法律赋予的权利、责任和义务在中国开展活动。显然这样依法进入中国的组织数量太少。

另外，还有根据中国《中华人民共和国中外合作办学条例》、《中华人民共和国中外合作办学条例实施办法》在国内办学的非营利的外国教育机构和港澳台教育机构。由于它们必须与中方设立中外合作办学机构或举办中外合作办学项目，不能独立存于国内，因此，不能认定为境外非政府组织。

（二）合法不合理

一些非基金会类型的境外非政府组织和一些难以找到主管部门的境外基金会，采用变通的方式来获得法人资格和合法地位，但因注册主体的性质改变或不在境内注册，不利于组织发展，也不利于政府监管，大大降低了组织进入的合理性。主要形式有：

1. 以公司、企业的形式注册

根据国务院 1980 年发布的《关于管理外国企业常驻代表机构的暂行规定》的规定，一些境外非政府组织到相关工商管理部门登记，以外国公司的形式注册，借以在中国开展活动，如国际信用评估与监督协会（ICASA）、绿色和平组织和世界自然基金会在北京设立的办公室等，就是在当地工商部门注册登记的，云南、四川的许多境外非政府组织也是按这种方式进入的。[①]

---

① 谢晓庆：《国际非政府组织在华三十年：历史、现状与应对》，《东方法学》，2011 年第 6 期。

2. 在香港、澳门等地建立总部或分部，由此指导在境内的项目运作

如世界宣明会在初始阶段因其无法在中国获得合法身份，从 1982 年进入中国后，将中国办事处设在香港，直到 2004 年才在北京设立办公室。根据中国发展简报 2005 年出版的英文版《200 国际 NGO 在中国》统计，共有 30 多个境外非政府组织在香港、2 个在澳门建立总部或分支机构负责在中国内地开展活动。

（三）合理不合法

有相当数量的境外非政府组织是以项目合作的方式进入中国，根据国家或地方经济社会发展的需要，与政府部门、机构签订项目合作协议，有针对性地帮助各级政府解决一些棘手问题。这些境外非政府组织的进入显然具有合理性；从法律的角度，它们通过行政审批，签署了项目合作协议，具有行政的合法性，但由于不具有法律主体资格，独立活动就显得法律性不足，既不利于自身权利的保护和优惠政策的享有，也不利于法律法规的约束和政府的监管。形式主要有：

1. 与中国政府或其授权的相关机构签订特别协议

境外非政府组织通过与中国社会科学院、国家外国专家局、国家环境保护总局、国家扶贫办公室、国家计划生育委员会、妇联等机构或组织缔结专项工作协议，根据特别协议在中国开展活动，无须注册。如进入中国最早的福特基金会，1987 年与中国社会科学院签订了《中国社会科学院与福特基金会协议备忘录》，在北京设立了中国地区办事处。

2. 境外非政府组织通过注入资金和支持项目的形式来开展活动

它们寻找合适的合作者签署协议，以提供资金的形式通过国内组织开展活动，不注册正式的身份。例如，日本笹川和平财团于 1989 年与中国国际友好联络会共同设立了中日友好交流基金，其宗旨是利用该基金开展中日两国在政治、经济、文化、教育等领域的人员交流，培养两国所需人才。

3. 设立相关的项目办公室

这样的项目办公室本身不具备独立的社团法人资格，具有"一事一设"的性质，与中国政府组织或 NGO 合作办项目，往往在项目实施完成后，办公室即撤销。例如，国际野生生物保护学会（WCS）在青藏高原

和帕米尔高原开展有蹄类保护、在东北地区开展跨国界东北虎保护、在长江中下游地区对扬子鳄和斑鳖进行保护、在华南地区开展减少野生生物消费和贸易以及野生动物保护宣传教育项目，为了方便工作，分别在相应地区的拉萨、珲春、广州设立了三个项目办公室。

（四）不合理不合法

中国社会组织的相关法律法规都有禁止性条款，对组织的违法活动有所规定，《基金会管理条例》规定"基金会必须遵守宪法、法律、法规、规章和国家政策，不得危害国家安全、统一和民族团结，不得违背社会公德。"依据法律，境外非政府组织无论是否注册具有合法身份，凡是进行违法活动的，都不具有合法律性，也不具有合理性。境外非政府组织在华进行非法活动的主要方式有：

1. 境外非政府组织对境内外的"藏独"、"东突"、"台独"等分裂势力和宗教组织给予资金支持。如美国国家民主基金会，主要靠美国国会和国务院等政府机构拨款的所谓"非政府组织"，一直资助达赖集团和各类"藏独"组织，并以类似方式，支持"民运"、"东突"等各种反华势力，目的就是干涉中国内政，搞乱中国，是 2008 年"3·14"拉萨暴力犯罪事件[①]、2014 年香港"占中"事件的幕后黑手之一。

2. 境外非政府组织借活动之机做别有用心的调查，攻击社会主义制度，损害中国国际形象。如大赦国际、人权观察等非政府国际人权组织采用深入调查"寻找真实细节"、对中国人权状况进行批评、抗议，以人权为借口，丑化中国国际形象与声誉，攻击中国社会主义制度。[②]

3. 部分西方国家政府利用境外非政府组织援助身份作掩护，秘密窃取中国各种情报和资料。如借"生态保护考察"、"污染源考察"等名义，秘密窃取中国军事、资源等机密情报，危害中国国家安全。[③]

---

① 《美国国家民主基金会的真面目》，凤凰讯，2008 年 10 月（http：//news. ifeng. com/world/3/200810/1007_ 2592_ 819004. shtml）。

② 罗彩荣：《国际非政府组织对中国家安全的影响及其治理对策》，《湖北警官学院学报》，2011 年第 4 期。

③ 马进：《当前国际非政府组织活动的特点》，《当代世界》，2003 年第 11 期。

三 世界各国对境外非政府组织准入模式的借鉴

世界各国对于非政府组织设立程序的规定有三种模式：许可制、半登记制和放任制。许可制是指国家对非政府组织的设立采取资格准入制度，严格注册审理的程序，明确注册主管机关，细化注册所需资料，明确拒绝注册的情形。政府许可是社会组织合法存在的前提和基础，比如俄罗斯。半登记制指的是基本采取自愿登记的原则，但是特定类型的组织必须进行登记。比如英国规定慈善组织必须登记，美国、加拿大等规定享有税收优惠的组织必须进行登记，德国对公益性组织的认定是必须经过登记的。但登记并不是社团合法性的来源，不登记的社团也有合法的地位和资格，只是不能享受诸如免税的权利，不能从事筹款活动等。放任制指所有的非政府组织均无须登记，其活动与个人活动无异，比如意大利。

一般来说，发达资本主义国家对非政府组织的监管较少，而发展中国家大都经历着从以前限制较多到逐渐放宽管制的转变。对于境外非政府组织的准入，世界各国的做法也不尽相同。其中不乏类似缅甸、文莱等国家因为体制、宗教的因素对境外非政府组织采取重点防范、严格限制的政策。也有诸如菲律宾、南非、巴基斯坦等国家面对国内种族矛盾、贫富分化、艾滋病等社会问题比较突出的情况，对外国非政府组织采取开放宽松的政策，大量接受外国资金扶持的做法。而绝大多数国家则较为谨慎，比如虽然为了达到欧盟制定的民主化改革的标准，土耳其政府近年来较大幅度调整了非政府组织监管制度，但还是执行严格的准入制度。外国非政府组织要在土耳其境内设立分支机构，须向内政部提出书面申请，并提交其章程、创建人名单等有关资料，由内政部与外交部协商同意后报部长理事会（内阁）审批。类似的严控准入的国家还有埃及。

俄罗斯对境外非政府组织的监管也是从严格准入开始的。外国非政府组织在俄罗斯开展活动，必须设立分支机构或者代表机构，而且必须作为一个独立的法人实体向俄罗斯登记机关申请登记，必须有原登记国相关政府部门的担保。登记时应当按规定提供该分支机构相关的一系列文件，而且必须按规定定期向登记机关报送财产数额、预定使用和实际使用情况。对违反俄罗斯法律或者损害俄罗斯国家利益的，俄罗斯政府有权依法取缔或者不予登记；如果发生财产实际使用与宣称的不一致等违法行为，俄罗斯政府有权取缔外国非政府组织分支（代表机构）。俄罗斯政府有权禁止外国非政府组织分支（代表机构）向俄罗斯国内某些组织提供资助。

境外非政府组织大多数来自于西方发达国家，而部分非政府组织在资金来源上过多依赖于政府资助，则无疑会对非政府组织的自主性产生影响。影响其独立性和自主权，甚至丧失了非政府组织的特性。而政治体制、经济发展、文化传统、思维方式的不同，也会导致一些发达国家的非政府组织涉足到发展中国家的民主、人权、民族、宗教等敏感领域，引起各国政府的高度关注，或者引发非政府组织与各国不同价值观的冲突。

大多数发展中国家的经验表明，对境外非政府组织在一国境内开展活动，都应该有"落地"的要求，需要经过审批登记程序，赋予其相应的法律主体身份。但许可不是禁止，也不是排斥，而是将境外非政府组织纳入法律框架之内，赋予其合法的身份开展活动、提供服务，同时也能对其行为进行有效规范和适度监管，保证社会转型的顺利进行。

四　完善境外非政府组织准入制度

准入是国家对境外非政府组织进入程度的一种许可。准入制度是衡量在华开展活动的境外非政府组织主体取得资格、存续资格和丧失资格的法律尺度。[①] 境外非政府组织进入中国首先必须符合中国国民经济与社会发展的需要和政治稳定的需要，在此基础上，将其纳入法律框架之内，赋予其合法的身份，同时对其行为进行有效规范和监管，使境外非政府组织在中国的发展中更有效地发挥作用。从合理性和合法律性角度来建立准入制度的思路：

（一）确定境外非政府组织准入的领域

确定境外非政府组织进入的合理性是设计准入制度的前提和基础。要研究确定国内社会、经济、政治、文化等发展需要解决的问题，排列优先秩序；要分析确定中国的敏感性领域，确定禁止境外非政府组织进入的领

---

① 张玲：《国际非政府组织准入制度研究》，《河北法学》，2011 年第 5 期。

域。中国准入制度的建立应该是利用与防范、鼓励与限制并重，在上述方面的调研和分析的基础上确定鼓励、允许、限制和禁止的准入领域，以此作为准入制度的基础。

中国处于法律法规有待调整和完善、政府职能转轨的过渡期，对境外非政府组织的准入制度的建立需要一个过程。在转轨过渡期可以通过备案制度、资金管理制度、人员登记备案制度、信息公开制度等制度建立，逐步实现法制化。备案制度就是指在中国开展活动的境外非政府组织必须在指定的部门备案，在注册制度的立法缺失的情况下，备案制度能将各类境外非政府组织纳入到政府的管理视域中，是注册制度向法制化过渡的行政规范。资金管理制度的建立就是要将境外非政府组织的资金管理纳入到外汇管理条例中来，逐步实现对境外非政府组织资金来源、使用、流向等管理和控制。建立信息公开制度是实现政府职能转型的客观要求，信息公开制度能形成由社会公众、媒体及其他社团等构成的社会监督体系，有利于实现社会监督、降低政府的监管成本、缓解政府资源不足的问题，提高监管效率。

（二）建立与分类管理相一致的准入标准和审核程序

首先对在中国活动的境外非政府组织进行全面的调查，掌握境外非政府组织的活动领域、地区、方式，以及积极作用和不利影响等。其次，结合准入领域的划分，确定鼓励类、允许类、限制类和禁止类四种组织类型。最后，对鼓励、允许、限制和禁止的不同类型的境外非政府组织给予宽严不同的登记模式。对鼓励的非政府组织可以降低标准、简化审核与登记流程，如由民政部一个部门进行审核、登记注册；对允许和限制的领域，要明确准入标准，加强审核，登记审核机构可以合二为一，也可以采取双重管理，但要明确管理机构；对禁止的领域，要指定专门机构审核，严格加以控制，从而建立合法律性与合理性相一致的分类管理准入制度。

（三）明确政府管理机构和机构职能

从法律健全的国外准入制度看，无一例外地明确规定了组织准入的管理机构，保证依法登记注册具有可实施性。中国要尽快解决主管单位难找的状况，一方面，要在法规中明确审批、登记、监管、处罚等管理职能的相应管理机构，以及机构的责任；另一方面，政府相关部门要明确其管理职能，甚至要成立专门的管理部门或设立专职人员负责境外非政府组织事宜，解决无法可依和有法难依的现状。健全完善处罚机构，将准入与取缔相结合，使境外非政府组织能进能出。目前，境外组织的罚则、处罚权力主要在登记管理机构，对于违反规定的，登记管理机关有权予以警告、罚款、限期停止活动、撤销登记、明令取缔的处罚。《基金会管理条例》法律责任规定，登记管理机关有权取缔违法组织，没收非法财产并向社会公告。事实上，受机关编制限制、管理方式落后等影响，登记管理的罚则权形同虚设。执法实践看，主动执法几乎成为空话，被动执法也形同虚设。

（四）完善境外资金准入制度

由于境外非政府组织大多数来自于西方发达国家，而部分非政府组织的资金来源过多依赖于政府资助，难免会接受政府指导，配合政府战略和政策的执行[1]，丧失自身的独立性和自主权。另外，一些境外非政府组织资金支持各种分裂势力。面对隐藏政治背景和目的的境外非政府组织，建立完善的境外资金准入制度和报告制度，通过对境外非政府组织的资金来源、资金进入的形式、资金的流向和使用等方面进行规范、审查，是对境外非政府组织的活动进行有效控制和监管的方法之一。

---

[1]　虞维华：《非政府组织与政府的关系：资源相互依赖理论的视角》，《公共管理学报》，2005 年第 5 期。

第七章 登记注册管理创新:云南双重备案制度的个案分析①

登记注册管理是境外 NGO 获得合法身份的基础,一直备受社会和理论界关注。地方政府在中央政府明示和默许下寻找出路。其中,云南省双重备案制度的创新具有特色。其形成过程:起源于双方的合作需求和官员的自觉,初建于对行政组织的吸纳,示范于中央政府试点,形成于政策的规范化制度化。体现着云南省政府被中央政府吸纳,又吸纳境外 NGO 的双重"协同与吸纳"过程。但是,该地方创新要上升为国家政策,面临着去单一化、去区域化、去行政化的挑战,需要等待时机,等待重大事件、问题明朗化、重要人物的点化和方案齐备等"三流合一"的政策窗口开启。

为什么云南省在境外在华 NGO 管理方面能够做到更加规范化、制度化?地方政府与境外在华 NGO 的关系如何?哪些因素使云南省能够走在全国境外在华 NGO 管理前列?未来发展趋势如何?在历时态的发展中给我们哪些启示?本章试图根据云南省政府官员和学者公开展示的资料,结合实地调研访谈,分析政府官员的个体和集体行为,从政府与境外在华NGO 的合作协同维度,对云南地方政府创新的做法进行解释和分析。

一 背景:各地方政府管理创新

一直以来,中国政府对境外在华 NGO 采用放任管理和双重登记注册

---

① 该章内容的主要观点发表在:魏红英:《协同与吸纳:云南政府管理境外在华 NGO 的路径》,《中国社会学年会(贵州)会议论文》,2013 年 7 月。

管理两种模式，从而使境外在华 NGO 进入中国的合法性问题备受社会和理论界关注。至今，对于境外在华 NGO 的政府管理，国家层面法律法规不完善，管理手段措施不太规范。管理实际远远落后于现实的需要。管理理想与现实之间的反差让众多相关者疑虑、担忧、彷徨。在省市地方政府层面，在没有登记管理权限前提下，有的积极争取，有的则极力回避；在许多正式场所、文件和公告中，政府或媒体尽量不提及境外在华 NGO，而在一些具体的工作部门，却采取各种形式与境外在华 NGO 合作，出现截然相反的两种做法。这种状况促使地方政府在中央政府明示和默许下寻找出路，出现了北京、上海、深圳、广东、云南等地的探索和创新。

最早针对国内民间组织登记注册难进行创新的是广东省深圳市。深圳市实施分类管理，突破双重体制。它分三个"半步走"：一是 2004 年成立行业协会服务署，统一行使行业协会业务主管单位的职责。二是 2006 年建市民间组织管理局，实行行业协会直接由民政部门登记的管理体制。这是中国最早也最彻底地实现行业协会民间化。三是 2008 年出台了《关于进一步发展和规范我市社会组织的意见》，规定对工商经济类、社会福利类、公益慈善类社会组织实行由民政部门直接登记管理的体制。2012 年 6 月《关于进一步推进社会组织改革发展的意见》，进一步扩大直接登记范围，实行工商经济类、公益慈善类、社会福利类、社会服务类、文娱类、科技类、体育类和生态类等 8 类社会组织由民政部门直接登记，同时，对属于敏感领域的国际及涉外组织，按照双重管理体制需前置审批。

对于境外非政府组织的管理，深圳市进行了尝试和探索。2004 年，针对境外驻深圳的国际性工商经济类社会组织数量不断增加的情形，深圳市推出国际科技商务平台，通过提供办公场所、优惠政策、专业化服务等措施，吸引境外科技商务机构入驻，"截至 2011 年底，平台已经集聚了来自 33 个国家和地区的 46 家境外科技商务机构"①。2009 年后，为了落实深圳市与民政部签订的《推进民政事业综合配套改革合作协议》，深圳市一直希望将前海列入民政部涉外社会组织登记管理制度改革试点地区，但是至今没有得到正式批文。

---

① 龙宁丽：《区域性社会组织的集聚发展——对国际工商经济类社会组织在深圳前海集聚发展机制研究》，《中国社会组织》，2013 年 3 月 15 日。

广东涉外社会组织登记管理改革仍然在酝酿中。2013 年 6 月 25 日，广东省发布《广东省人民政府印发民政部、广东省人民政府共同推进珠江三角洲地区民政事业改革发展工作会议纪要的通知》，其中提到"民政部支持广东省开展涉外社会组织登记管理工作试点，试点方案先报民政部同意"。目前，广东省深圳市涉外社会组织登记管理试点工作仍在探索中。

2015 年 5 月 24 日，北京市服务业扩大开放综合试点总体方案经国务院批复。北京拟在六大重点服务领域率先扩大开放（科学技术、互联网和信息、文化教育、金融、商务和旅游、健康医疗服务）。方案首次明确，三类境外 NGO 可获合法身份。科技、教育、经济三类境外非政府组织在中关村设立代表机构，以及境外科技、经济类"民非"可进行试点登记。明确出现了针对几类境外非政府组织、民办非企业登记，予以"合法身份"的内容，将率先在中关村试点①。

上海市的管理创新在两个方面进行：一是对境内外国商会组织的登记试点。2004 年 3 月，上海日本商工俱乐部正式登记成为"民营非企业组织"，这是上海开展涉外社会组织登记试点工作以来，试点登记的首家经济类涉外民办非企业单位。该组织 1982 年 12 月成立。这在上海的外国商会中，是当时唯一一家政府认可的组织。二是民办非企业单位登记。根据上海社会组织网站，"网上咨询"栏目的答复，可知"除了国际学校试点登记外，我们目前还不受理举办者为境外人士或组织的民办非企业单位"。

上海市 2014 年 4 月 1 日起施行的《上海市社会组织直接登记管理若干规定》第二条规定，直接登记管理的社会组织有全市范围内行业协会商会类、科技类、公益慈善类、城乡社区服务类等社会组织，而政治法律类、宗教类、涉外类等社会组织的登记仍实行双重管理。上海市 2015 年 5 月 1 日起施行《上海市民办非企业单位登记实施办法》中并不涉及境外、国外或国际民办非企业单位。《上海民政局关于印发〈上海市民办非企业单位登记实施意见〉的通知》（沪民社非〔2000〕003

---

① 温蒡：《境外 NGO 管理法北京试行：三类组织可在中关村试点登记》，《新京报》，2015 年 5 月 25 日（http://www.chinadevelopmentbrief.org.cn/news-17545.html）。

号）同时废止。涉外社会组织只在市级进行试点登记；涉外社会组织实行双重管理体制，即在确认业务主管单位后，再向登记管理机关申请登记。

上述地方政府对国内社会组织登记管理进行创新，只有云南省专门针对境外非政府组织出台了中国的地方性文件。2009 年底，为了规范管理境外在华 NGO，云南省出台《云南省规范境外非政府组织活动暂行规定》（以下简称《规定》），初步解决了境外在华 NGO 合法性的问题。该《规定》实行境外非政府组织备案制度，通过"组织身份备案"、"项目合作备案"和业务指导单位具体指导的方式，创新入口管理。

二　源起：云南省情特殊性与境外在华非政府组织需求结合

云南省地处祖国西南边陲，具有特殊性。云南省的特殊性表现在边境区位、民族聚集、动植物资源多样、环境特殊、文化多样、经济不平衡等方面。境外非政府组织的多元存在与云南的民族、文化、地理、生态、物种的多样性特殊性密切相关。云南省有陆地边境线 4061 公里，满足一些国际 NGO 希望以云南为据点，向邻近的东南亚国家进行项目扩张的目的。26 个民族的语言和民俗风情的多样性，为致力文化保护的国际组织提供了广阔的活动空间。丰富的生物多样性，毗邻东南亚的地利之便，使云南成为国际环保类和生态类非政府组织最先入驻的地区。云南省植物多样性、三江并流地区生态功能的重要性，吸引相应组织入驻。云南经济发展不平衡，很多山区扶贫工作艰难为境外慈善公益组织提供了服务场域。毗邻老挝、缅甸、越南三国的特定的地域环境造成云南省毒品和艾滋病等社会问题比较显著。另外，丰富却又脆弱的民族文化以及生态环境的多样性，在发展经济的过程中，保护手段明显滞后，再加上地震、水灾、旱灾、泥石流等自然灾害多发，导致问题具有复杂性，这些因素可以满足境外在华 NGO 的多方面需求。同时，云南省政府的支持也是一个重要因素。故此，云南省成为境外非政府组织选择开展活动的主要省份之一，被称为中国境外社会组织最活跃的地方。

一般认为，20 世纪 40 年代，芬兰"自由外国人五旬节教会"以组织形式进入云南传教，是最早进入云南的境外 NGO。之后，宗教色彩的扶贫救困组织、传教组织来到云南。新中国成立后，它们与其他境外在华 NGO 一样，被驱逐、解散、改造。改革开放后，"云南省与外国社会公益性民间组织合作的第一个阶段从 1986 年至 1992 年，先后与美国'渐进'组织、英国救助儿童会、国际宣明会、乐施会、凯尔国际等 6 个外国和国际民间组织建立了合作项目，受援金额为 282.26 万元人民币"①。福特基金会资助的"妇女生育健康及发展（WRHD）"项目于 1991 年在云南建立项目的尝试，为之后各类 NGO 项目在云南开展建立了良好的基础和运行机制。

20 世纪 90 年代，有两个因素促使境外 NGO 大量进入云南。一是 1995 年北京召开的世界妇女大会，使境外 NGO 得到国人认同。二是 1996 年丽江发生 7.0 级地震，地震波及范围相当大，吸引了一批国际 NGO 进入云南开展援助。云南 NGO 的数量说法不一。根据云南省国际民间组织促进会 2008 年的统计，全省有国际 NGO 218 家，其中已签订谅解备忘录在册的有 21 家②。研究者则认为，截至 2010 年底，有来自 30 多个国家和地区的近四百家境外非政府组织先后在云南省开展活动③。最具权威的是，云南省政府网站民间组织管理一处的最新数据，截至 2014 年 1 月 21 日，在云南省民政部门备案的境外非政府组织在滇代表机构有 44 个，另外 5 家已注销备案。它们是国际艾滋病联盟（英国）昆明办事处、国际人口服务组织（美国）云南办事处、救助儿童会（英国）昆明办事处、美国特灵格研究中心云南代表处、协能机构（美国）云南代表处。2011 年，在云南省外事办备案的境外非政府组织合作项目达 288 项④，截至 2015 年 6 月末，在云南省人民政府外事办备案的与境外非政府组织合作项目有 77 个。境外非政府组织在云南开展项目活动的历史已经超过了三十年的时间。活动范围已经覆盖了全省 16 个州市。可以设想，这些组织

---

① 郭竞鸣：《关于与外国社会公益性民间组织合作的几点见解》，《中国扶贫信息网》，2001 年 10 月 19 日。

② 袁丁：《云南 NGO：一个基于人类学视角的观察》，《中国发展简报 NO.43》，2010 年 1 月 5 日。

③ 张玲等：《社会管理创新下的云南省规制境外非政府组织》，《中国公证》，2012 年第 5 期。

④ 沈玲、何星容、李玉芬：《境外非政府组织在云南的活动现状与对策研究》，《昆明理工大学学报》（社会科学版），2013 年第 6 期。

的真实规模要大得多。综合相关部门和研究者的统计数据，有来自30多个国家和地区的近400家境外非政府组织先后在云南省开展活动。

境外非政府组织一般都是通过中方合作伙伴进行的，其合作方式多样，合作程度不一，从单纯为中方机构的研究、会议和运作项目提供资助，到参与中方机构的一些项目的设计策划并提供资助，再到实施非政府组织自己既定的一些项目。从活动领域来看，云南的境外非政府组织活动范围呈现多样化，长期在扶贫、救灾、基础教育、人畜饮水、生态保护、艾滋病性病防治、禁毒、健康教育、残疾康复、儿童福利、社区发展、艾滋病和贫困致孤儿童及妇女的救助和帮扶等诸多公益领域。

比较有影响的组织活动有：大自然保护协会于1998年进入云南省西北部实施保护项目，采用因地制宜的保护策略，把自然生态保护与经济发展有机结合起来，保护生物及文化多样性，并促进当地的可持续发展。之后在开展林业造林再造林碳汇项目、生物多样性保护利用、珍稀濒危森林植物保护和繁育、国家公园试点建设以及滇金丝猴保护研究等方面开展了一系列工作。2006年无国界卫生组织（英国）在盈江县那邦镇开展了降低危害项目，为边境区的注射吸毒人群、性工作者及流动务工人群提供针具交换、同伴教育、脱毒、同伴小组和创收活动。2010年又在云南边境地区承担流动医疗和健康教育工作，在中缅边境地区跨边境开展疟疾和常见病的诊治。2012年美国国际人口服务组织与省性病艾滋病防治协会合作开展预防传染性疾病的行为改变交流项目。2012年国际小母牛组织与嵩明县畜牧兽医局合作开展山区可持续发展项目。

三　初建：云南政绩需求与境外在华非政府组织"共谋"协同

一直以来，国际NGO对发展中国家有着浓厚兴趣。中国是它们向往的地方。只是不能解释的是，为什么云南省的境外在华NGO数量会大大高于其他省份？除了云南省自然资源、民族文化等客观因素外，在政府主导的社会组织管理政策大体一致的背景下，云南省政府的哪些行为或做法更有吸引力？综合政府官员的讲话、研究者的观察以及其他文献资料，可见，一方面是政府官员主动接触、引荐和推荐的个人行为；另一方面是政府积极探索管理的集体行为。前者大致可以归纳为以下几个方面：

1. 地方政府人员的自觉。20 世纪 80 年代末，面对贫困和疾病问题的重大挑战，处于高额财政赤字下的云南地方政府向国内外 NGO 开放了空间。与此同时，许多国际 NGO 为了获取世界银行和其他一些国际资助方的国际援助资金，积极与云南地方政府部门进行合作。1996 年丽江地震表现明显。在这些政府人员看来，能够获得资金援助，解决本地具体实际困难，比和平演变这些虚幻的问题更具实际意义。如宣明会在云南的早期合作，就源自于丽江下辖的永胜县副县长的主动接触。

2. 政府官员之间的引荐和学习。很长一段时间，因为国际敏感性和政府管理法律法规的缺位，境外在华 NGO 在境内工作的开展比较艰难。有的通过中央部委的"担保""介绍"与云南地方政府部门合作；有的通过项目服务和公益理念的传导，树立正面形象，然后再由这些官员通过私人之间关系推荐引荐，到其他地方做项目，渐渐壮大。政府官员之间的行为，为境外在华 NGO 进入云南提供另外的路径。

3. 地方政府之间的竞争。中国市场经济的建立造就了地方政府的政绩观，也引发地方政府之间的竞争。这种竞争，也成为地方政府引进国际 NGO 的强大动力。这也为境外 NGO 进入云南做了体制上的铺垫。

云南省对境外非政府组织管理的集体行为历经不同过程。在处理这些相对敏感的社会组织和项目活动时，云南省各级政府采取了比较开明和积极的态度，并且一直在尝试通过各种途径实现对境外非政府组织的管理。以管理模式的不同作为划分标准，云南省对境外非政府组织的管理大致可分为四个阶段：

第一阶段（从 1986 年至 1992 年）为"试探性合作阶段"。这个阶段，美国凯尔国际等机构因为灾害救助等项目小心翼翼地进入内地灾区开展捐赠援助活动。云南省首次与境外非政府组织接触，双方的认识了解都比较肤浅，因此并没有建立统一的监管模式，而是配合不同组织的特点，采取不同的合作模式，管理的随意性比较大。

第二阶段（从 1993 年至 1996 年）为"民间管民间阶段"。1992 年，云南省成立了归属商务厅主管的国际民间组织合作促进会，负责处理与境外非政府组织相关的沟通协调事务。双方通过签署合作备忘录的形式，允许境外非政府组织进入云南开展项目活动。云南省国际民间组织合作促进会作为官办非政府组织，主要负责向境外非政府组织提供项目信息，与相关政府部门进行协调等工作。

第三阶段（从 1996 年至 2009 年）为"按外商投资模式管理的阶段"。为了让境外非政府组织具有相对合法的身份，云南省参照对外国企业常驻代表机构的管理办法，由云南省商务厅贸管处负责审核境外非政府组织，对符合条件的发放批准证书。再由省工商局审查其申请办理常驻代表机构登记所提交的证件，符合规定的，准予办理登记。

第四阶段（2009 年至今）为"规范管理尝试阶段"。2007 年，民政部将云南省作为境外非政府组织管理工作的"改革观察点"。为适应社会组织建设的新要求，针对云南境外非政府组织较多的实际，2009 年 12 月 29 日，云南省人民政府办公厅印发了《云南省规范境外非政府组织活动暂行规定的通知》，将境外非政府组织全部纳入政府依法管理的轨道，这是当时国内首个由地方政府发布的规范境外非政府组织活动的公开管理文件。它明确了相关管理部门的职责、规范了备案的程序和备案材料格式及要求等，确认了境外非政府组织在滇开展活动的主体资格，对境外资金的往来提供了方便，对活动开展情况进行了有效监管，受到在滇活动境外非政府组织的积极肯定和好评，对全国加强境外非政府组织登记管理工作起到了示范作用。

四　整合：云南省政府与其他组织的吸纳与被吸纳

一般而言，管理创新来源于两个方面：外界的压力和自身需要。云南省的管理创新也不例外。

1. 中亚"颜色革命"促使云南地方政府被中央政府"吸纳"

21 世纪初发生在中亚国家的一系列以颜色命名的，以和平的、非暴力的方式进行的政治变革即"颜色革命"①，部分地改变了中国 NGO 生存的政治生态，加剧了中国政府对外国 NGO 管理的紧迫性。2007 年 3 月 13 日，时任民政部部长李学举提出涉外 NGO 拟纳入登记管理的设想。

---

① "颜色革命"，又称"色彩革命"，是指 21 世纪初发生在中亚国家的一系列以颜色命名的，以和平的、非暴力的方式进行的政治变革，包括 2003 年发生在格鲁吉亚的"玫瑰革命"、2004 年乌克兰的"橙色革命"和 2005 年吉尔吉斯斯坦的"黄色革命"。

为了加强管理，2007 年，民政部将云南省作为境外非政府组织管理工作的"改革观察点"。探讨如何最大限度地利用和发挥境外非政府组织对云南边疆民族地区的改革与开放，特别是社会管理创新的作用，同时又将其在边疆民族地区的活动可能带来的危害与威胁减少到最低程度等问题。2009 年底，云南省公布了《规范境外非政府组织活动暂行规定》，于 2010 年 1 月 1 日起实施，实行境外非政府组织备案制度。

可以说，正是云南特有的政治经济民族等生态，加上国际政治的影响，使它被民政部"吸纳"为观察点。"被吸纳"是云南区域特色与政治生态结合的必然。

中国威权政治背景下的地方创新驱动模式有两种情况，一是基于本地工作需要和问题的严重程度被迫自我发动，云南省政府管理的碎片化行为还不足以自动；二是高层政府作为试点地或观察点①。（这与美国学者荣迪内利的问题驱动和精英驱动的说法并不矛盾。从公共政策学角度分析，几乎所有政策决定都以问题为导向，然后由精英呼吁或发动）。这一过程实质就是被吸纳的过程。NGO 管理尤其是境外在华 NGO 政府管理，由于问题敏感而特殊，至今还没有发现自创新的案例，都是在上层政府的批准下进行。上级政府的批准与否，则基于一定目的和方向的"战略构想"。这种权威或精英驱动的地方政府创新在很大程度影响后续效果。

2. 发展需求促成地方政府吸纳境外在华 NGO

云南省政府对境外在华 NGO 的吸纳表现在态度开放和组织融合两方面。国际 NGO 在中国具有两面性，在慈善、扶贫、赈灾、环保、卫生、教育、禁毒等诸多公益领域，利大于弊。因此，云南地方政府接触的态度比中央政府更积极开放。这与中央政府早期的"三不原则"，即"不承认、不干预、不取缔"形成对比。更为重要的是，NGO 项目管理中的政府与国际 NGO 之间的人员和机构的融合，构成云南地方政府的创新。尽管境外在华 NGO 与云南省政府的合作方式多样，但是，核心的是政府对 NGO 的组织性吸纳过程。根据韩俊奎博士的研究，在云南的 NGO 项目，

---

① 在陈雪莲、杨雪冬看来，创新发起形式有主动创新、上级选择和学习经验三种。见陈雪莲、杨雪冬：《地方政府创新的驱动模式——地方政府干部视角的考察》，《公共管理学报》，2009 年 7 月 20 日。

实际上都有地方政府的认同、参与和具体实施。更为具体的，则是人员机构的组织吸纳。在大型项目中，成立由双方人员参与的、有正式编制的法人机构。该机构一套人马，两块牌子，一个对政府负责，一个对 NGO 项目负责，共同工作，这既解决了项目执行中政府部门之间的配合问题，又解决了政府对 NGO 的监督管理问题，可谓一箭双雕。

3. 问题导向使云南省政府对管理经验吸纳并制度化

2010 年 1 月 1 日起，云南省在总结实践经验的基础上出台并实施《规范境外非政府组织活动暂行规定》，实行境外非政府组织备案制度。对境外非政府组织实行"组织身份备案"、"项目合作备案"和业务指导单位具体指导相结合。省民政厅是境外非政府组织进入本省的备案机关。省外事办是境外非政府组织与本省有关组织开展合作事项的备案机关。省直有关部门是与其业务范围有联系的境外非政府组织的业务指导单位。这是中国首个颁布实施的境外非政府组织管理服务的地方性规定，探索境外非政府组织管理"双备案"做法。

通过"双备案"和业务指导单位具体指导的方式，采用沟通联动、信息报送，境外非政府组织被全部纳入政府依法管理的轨道。既解决了境外非政府组织在滇开展项目活动的合法化问题，又保护和促进了省内 NGO 与境外非政府组织之间的交流合作。就单项改革内容看，云南省的做法比较成熟。云南省民政厅颁布了《关于对在滇境外非政府组织开展备案事项的公告》（2010 - 03 - 04）、《关于督促在滇境外非政府组织尽快办理备案的通告》（2011 - 02 - 12）等。制度化程度较高，被称为"云南模式"，具有推广性。在 2011 年 10 月云南省"对境外非政府组织活动管理观察点座谈会"上，得到国家 NGO 管理局孙伟林局长的肯定，认为"值得全国借鉴"①。

五　创新：云南省境外非政府组织双备案管理法规解读

（一）双重备案制度的解读

为规范境外在华 NGO 在滇活动，促进云南省有关组织与之友好合

---

① 民管一处：《全省"对境外非政府组织活动管理观察点座谈会"在丽江召开》（http：// yunnan. mca. gov. cn/article/mzyw/201110/20111000188574. shtml）。

作以及保护合作双方的合法权益，2010 年 1 月 1 日起实施《云南省规范境外非政府组织活动暂行规定》。实施双重备案制度，一是民政部门身份备案。境外在华 NGO 首先需要找到云南省直有关部门，使它成为自己的业务指导单位，然后向省民政厅申请身份备案。二是外事部门活动（或项目）备案。若身份备案成功，在滇活动必须和云南省依法设立的公益性事业单位、社会团体、基金会以及民办非企业单位合作，合作协议有效期不超过两年。超过两年应当按照《云南省规范境外非政府组织活动暂行规定》另行备案。该条例第 14 条规定："本省社会团体、基金会、民办非企业单位应当在合作前将拟合作事项报业务主管单位同意后，由业务主管单位报省外事办备案。厅局级的公益性事业单位应当在合作前将拟合作事项报省外事办备案；其他公益性事业单位，应当在合作前将拟合作事项报上一级主管部门同意后，由上一级主管部门报省外事办备案"。这就是所谓的身份备案以及项目备案的双重备案管理制度。

"双重备案"是指，对境外非政府组织意欲进入云南开展项目活动，需要经过审批登记程序，取得相应的法律主体身份和活动许可。根据《行政许可法》的相关规定，对境外非政府组织准入许可属于主体资格的确定，设定该类事项的许可只能由国家通过统一立法进行。目前由于国家层面的立法相对滞后，地方性法规想要在这个问题上有所突破存在法律障碍，因此只能变通处理，将设立许可更名为备案登记。所以，云南省采取了名为"备案"、实为"许可"的准入模式。如果境外非政府组织有进入云南省开展活动的意向，必须首先亲自向云南省民政厅提出备案申请，取得云南省民政厅颁发的《备案通知书》，我们姑且称其为"身份备案"。

之后，境外非政府组织拟在云南开展项目活动，其合作中方"有关组织"应报业务主管单位同意后，转报云南省外事办备案。这个备案，我们称其为"合作项目备案"。境外非政府组织只有在完成组织备案后，方能取得其在云南境内特定的法律身份和地位；若要开展项目，从事相关活动，则取决于其是否进行了项目备案。

可以说，《暂行规定》是在国家层面尚未对境外非政府组织进行相关立法，云南省政府设定准入和相关监管制度的首创。

（二）《暂行规定》的分析

1. 明确了管理的对象

即在境外依法成立并在云南省境内开展活动的协会、学会、商会、联合会、联盟、基金会、研究院（所、中心）等非政府、非营利或慈善公益性组织。

《云南省规范境外非政府组织活动暂行规定》规定，省直有关部门是与其业务范围有联系的境外非政府组织的业务指导单位。目前境外非政府组织的业务管理是分散在外事、扶贫、教育、妇联、卫生、环保等各个部门中，接受对口政府部门的管理。这种归口管理有利于业务指导，但是部门分割的格局使地方政府对境外非政府组织缺乏信息了解和掌控，根本无法进行有效监管，服务更是无从谈起。建议成立专门机构统一行使对境外非政府组织的服务和监管职能。

2. 设置了境外非政府组织活动的界限

境外非政府组织的活动应当遵守中国宪法、法律、法规、规章和国家政策，尊重当地生活习俗和民族习惯，不得危害中国国家安全、统一和民族团结，不得损害中国国家利益和社会公共利益，不得破坏社会公共秩序以及公民、法人或者其他组织的合法权益，不得违背社会道德风尚，不得影响云南社会稳定和边疆发展。上述规定主要是防止境外非政府组织插手政治，干涉中国内政，扰乱地方正常的生活生产秩序。

3. 实施了"集中、合作、负责"三原则

《暂行规定》确立了一套针对境外非政府组织"集中管理、中外合作、三重负责"的准入和监管原则。

"集中管理"是指，境外非政府组织，无论规模、国别、类型、领域均统一由省级备案登记管理部门和省级业务指导单位进行监督管理。省级以下各级政府部门没有任何管理职责和权限，只有向省级政府报告相关活动情况的义务。

"中外合作"是指，境外非政府组织进入云南省开展项目活动，必须与云南省有关组织合作，签署有效期不超过两年的书面合作协议。这里的"有关组织"指依法设立的公益性事业单位、社会团体、基金会和民办非企业单位。除上述四种类型的有关组织外，境外非政府组织不得与政府部门、企业、个人及其他组织机构合作，也不得单独开展项目活动。

"三重负责"是指，省民政厅、省外事办和作为业务指导单位的省直有关部门分工负责，共同实施对境外非政府组织的入口管理。

（三）双重备案制度面临的挑战

1. 业务指导单位的问题

中国对国内非政府组织双重管理模式设计的初衷是为了防止非政府组织发展过滥、总体失控，并规避可能发生的政治风险。这套制度客观上造成了社会组织登记的高门槛，并且在实际管理过程中，政府监管职责划分不清。这套双重管理体制被云南省政府借鉴到对境外非政府组织的管理中。《云南省规范境外非政府组织活动暂行规定》指出，境外非政府组织进行身份备案的先决条件是取得业务指导单位的批准。虽然有的境外非政府组织局限于在某一特定领域开展活动，可以找到业务指导单位，但绝大多数境外非政府组织的活动范围和领域都相当广泛，寻找业务指导单位的道路就会比较艰难。

对于政府机构而言，成为业务指导，除了应该对境外非政府组织的活动进行指导和监督以外，还意味着潜在的责任风险。而且就监管指导本身来看，由于境外非政府组织的活动领域远远超出了某一政府部门的业务职能范畴，业务指导部门也很难开展行之有效的监管和指导。因此，在境外非政府组织身份备案过程中，引入业务指导单位，一方面，抬高了准入门槛，将很多热心扶助地方社会发展但缺乏上层关系、没有太多国际影响的境外非政府组织排除在法律框架之外；另一方面，多重管理中政府职能交叉、权责模糊造成政府重复审查、资源浪费，也容易成为政府部门之间推卸责任的理由。

2. 身份备案的问题

身份备案是政府为了规范境外非政府组织的行为，以建立和维护正常的经济、文化和社会发展秩序，而从法律上对境外非政府组织的资格予以确认的一种法律行为。它类似于工商行政管理机关对市场主体依法进行设立登记的行为。通过身份备案，境外非政府组织取得了政府认可，获得了特定法律身份和法律地位。根据《云南省规范境外非政府组织活动暂行规定》，境外非政府组织应该先进行身份备案，再开展项目备案。但《云南省规范境外非政府组织活动暂行规定》未明确境外非政府组织在多长时间内必须进行项目备案，也未明确身份备案的时效和期限与项目间的关系，所以身份备案和项目备案之间其实是脱节的。

允许境外非政府组织进行身份备案，只是为了方便其项目开展的时候有明确的法律身份和地位，有一定的政府认可。并不完全等同于境内社团和基金会设立登记后取得法人资格，享有民事权利承担民事义务。如果境外非政府组织不开展项目，或项目终止后没有新项目，则其备案的身份也就失去了存在的必要和价值。因此，建议身份备案与项目备案挂钩，有确定的、经过批准的项目，才赋予其法律身份。或者要求其获得法律身份以后限期办理项目备案，以免出现持有非政府组织的身份，享有免税待遇，但迟迟不能开展项目、支持社会发展的情况。这里也需要考虑身份备案和项目备案的先后顺序问题。现实中也存在某些机构或组织只打算从事零星的、没有长远规划的一两次捐助，自身并不参与项目执行，也不打算在云南设立机构招聘人员。《规定》要求这类开展项目活动的机构必须首先进行身份备案，并要有住所、有人员才能实施捐助，其实并不可行。类似机构其实仅仅要求项目备案即可，身份备案并不一定是项目备案的前提条件。

另外，《云南省规范境外非政府组织活动暂行规定》仅明确了境外非政府组织法律身份的取得。但作为一个完整的登记过程，应该涵盖设立登记、变更登记和注销登记三个方面。对于境外非政府组织相关备案事项发生变化的情况，应该要求其限期进行变更登记（比如住所发生变化、项目办事处负责人发生变化等）；注销登记则表明该境外非政府组织的权利能力和行为能力终止。当出现该项目办事处被境外非政府组织撤销、或被政府依法撤销或者责令关闭，或该项目办事处期限届满不再继续开展项目活动，或该境外非政府组织终止业务活动的情况，都应该及时办理注销登记。

3. 项目备案的问题

项目备案就是对境外非政府组织拟开展的项目活动是否符合云南社会经济发展规划，是否符合国家和地方的法律、法规、规章，是否危害国家安全、政治稳定、民族团结进行审查。其实也就是对境外非政府组织准入领域的审查。项目备案是政府对境外非政府组织实施监管的重要手段，但目前的审批流程中有几个值得商榷的地方：

（1）境外非政府组织开展项目的模式选择。根据《云南省规范境外非政府组织活动暂行规定》，作为项目备案和身份备案的必要条件，境外非政府组织在云南省内开展项目，只能通过与云南省依法设立的公益性事业单位、社会团体、基金会和民办非企业单位合作的方式进行。这就在境外非政府组织与地方政府关系之外，增加了它与非政府组织间的关系，设置项目活动的多重门槛。其实，只要政府和境外非政府组织之间建立了充分的合作互信关系，国家拥有完善健全的法律监管体系，无须过多限制其活动。同为社会主义国家的越南就允许外国非政府组织自身或通过其在越南的合作伙伴执行项目。我们在课题调研中接触到的境外非政府组织纷纷谈到，在中国开展项目的最大心得和经验就是，必须与中国各级政府有良好的合作。因为，中国在政府主导模式下发展，政府不仅具有较高的行政权力，而且在协调、统筹、动员等方面都有较多优势。所以，境外非政府组织大多愿意与政府合作，利用政府的资源和权力优势。当然，它们也担忧自身组织的独立性。政府与非政府组织之间的关系既可以是管理者与被管理者之间的关系，也可以是一种更加良性的合作互动关系，即合作、互补和合约关系。

（2）项目备案的核心是对境外非政府组织拟开展的项目是否符合国情、国策进行审查。为了保障项目备案的顺利实施，目前的《云南省规范境外非政府组织活动暂行规定》安排了中方合作伙伴、业务主管单位、上一级主管部门、省外事办等多个环节审查制度。从严审查，可能使行政单位的决策风险减小，但审查的内容越多，范围越广，层级越复杂，投入也就越大，从而大大降低了活动的效率。从态度上来说，从严审查本身体现了限制、抵触和排斥，只要其中某个环节出问题，就会导致无法进行项目备案。

4. 项目对接问题

现在境外非政府组织都是自己通过各种信息渠道找项目，政府被动对其申请的项目进行审查。如果能借鉴越南的做法，每隔几年由各政府职能部门制定颁布与社会经济文化发展规划相一致的"外援规划"，从活动地域和领域两个方面提出迫切需要境外非政府组织援助的项目清单，就可以使境外非政府组织受益于一个清晰明确的法律框架和行动指引。政府对境外非政府组织申请在"外援规划"范围内执行的项目，可简化业务主管部门的审查。从制度的设计和安排中充分体现政府对境外非政府组织活动领域和地域的指导和统筹作用。

由此看出，地方政府对境外在华 NGO 仍然缺乏战略管理思路及系统的具体管理办法。

六　去单一化：云南省政府管理改革的未来走向

《云南省规范境外非政府组织活动暂行规定》建立了全省统一的境外非政府组织备案制度，统一了在滇境外非政府组织身份的确认（含国家民政部登记管理的境外基金会在中国内地设立的代表机构）；统一了合作伙伴身份的确认（党政机关以外的公益性事业单位和社会团体、基金会、民办非企业单位）；统一了身份备案时业务指导单位的确认（省直各有关部门）；统一了合作项目备案时业务主管单位的确认（省直有关部门）。按照相关要求，省民政厅除了承担境外非政府组织备案工作外，还将担任在滇开展与民政领域相关项目活动的境外非政府组织的业务指导单位。全省统一的境外非政府组织备案制度，坚持管理有序、趋利避害的工作方向，既为境外非政府组织正名清源，又促进了国内社会组织的合法对外交往，是"中国社会组织登记管理制度改革创新的一项成功尝试。"[①]

从云南省政府管理国际 NGO 的过程看，正是它的特殊性加上对外界的吸纳和被吸纳，为制度创新提供了空间和可能，成就了地方政府的创新，这是云南创新成功的主要原因。但是，云南创新实践未来走向如何？能否上升为中央顶层设计，还取决于其他因素，其中涉及云南省境外在华 NGO 管理创新的主要内容、提升的时机等因素。

就内容而言，云南创新主要与备案管理相关。其创新解决了 NGO 入口管理的问题，解决了部分 NGO 登记注册难的问题，值得肯定。然而备案制度只是境外非政府组织管理的一部分，具有单一性，对于监督管理、日常管理等与资金管理、信息公开、税收减免等有关的内容涉及较少，缺乏与备案制度并行的其他制度，如专门监管机构、动态的信息沟通渠道、

---

① 《中国社会组织网》（http：//www.chinanpo.gov.cn/1938/45987/nextnewsindex.html）。

境外非政府组织的信息公开制度等的融合。有关外事、主权问题的事项由于其地方性也无法突破。正是由于创新内容的单一性，使其创新不够完备，还由于创新前的中央设计是碎片化的，使地方政府创新难以上升为中央顶层设计。作为一个完整的管理过程，还需要其他环节管理创新的配合，才能真正解决管理问题，因此升格仍然需要等待时机。

我们认为，境外在华 NGO 的政府管理的地方创新升格为中央顶层设计还需要在以下方面达成共识，取得突破。

地方政府创新上升为中央顶层设计，需要具备理念、操作性、外部环境等条件。由于地方政府创新所具有的区域性、特殊性、时段性和领袖魅力等特征，也由于境外在华 NGO 政府管理的敏感特殊，至今所发现的地方政府创新案例几乎都是"被创新"而非自创新。云南亦然。它们与中央顶层设计的全国性、普遍性、持续性有一定差距，因此需要时间消化，需要等待政策窗口的开启，才能升格为顶层设计。

境外在华 NGO 的政府管理是关涉国家主权和政治发展国际化的重大课题。由于境外在华 NGO 具有国际性或境外性，政府对该类组织的管理除考虑对一般非营利性组织行为的规约之外，必须考虑有关国际法精神、考虑其跨国性质、所在国家或地区的态度、国际贸易管制规程等方面的因素，还需要考虑国际影响、国家形象以及同世界人民的友谊等。这些因素是地方政府所不能控制的。作为地方政府管理的新兴领域，有着与其他国家不一样的背景，所以，更需要中央设计与地方创新之间的良性互动。

影响地方政府创新升格为中央顶层设计的原因有很多，如制度、个人因素、外部环境等，各因素之间的关系也很复杂，仅仅分析创新的缘起、内容、制度化、创新的时间节点，远远不够。需要进一步分析验证。

问题的解决方案并不是现成的。中央需要时间消化地方政府创新的效果，等待时间的检验；同时，还需要总结境外在华 NGO 管理的云南创新模式和其他模式的经验，剔除其地方性、地域性、时段性、非规范性等因素，克服地方政府创新可能对中央宏观设计的某些误导。毕竟存在地方政府创新方案与主管部门的意图的不一致。而二者意识形态方面的一致性是成功晋级的前提。事实上，由于各自的角度不同，代表的利益差异，使地方利益与全局利益的差异明显不同。目前，评价地方政府创新标准之一是对相关问题的解决程度。由于各自解决的问题可能风马牛不相及，以地方模式解决全国性问题，存在一定风险。因此，等待重大事件、问题明朗化、重要人物的点化和方案齐备等"三流合一"的政策窗口开启，需要时间和时机。

七　《境外非政府组织管理法(草案二次审议稿)》讨论

2015 年 5 月 5 日，全国人大常委会法工委公布了《境外非政府组织管理法（草案二次审议稿)》（下称草案），表明，中国已经开始为境外非政府组织立法。草案由总则、代表机构、临时活动、行为规范、便利措施、监督管理、特别规定、法律责任和附则共九章组成。草案确立了形成了一个以公安为主，多头管理的体系。对境外非政府组织仍然实行双重管理体制。将登记机关确定为"国务院公安部门及省级人民政府公安机关"、业务主管单位规定为省级以上政府有关部门。拟建立境外非政府组织管理工作协调机制，以及境外非政府组织的信息和统计系统。资金只能通过草案第二十七条规定的代表机构自有账户和临时活动的中国合作方账户两种进行管理。活动管理的备案等。应该说，有一个管理办法总比法律缺失好。只是，该草案仍然有一些值得注意的问题。如，与其他法律规定的衔接、具体落实中的实施条例问题等。这里仅指出部分问题：

(一) 境外非政府组织范围的界定问题
草案界定境外非政府组织指在"境外成立的非营利、非政府的社会组织"。

1. 范围比较宽泛。并没有像有些国家，直接排除政治类、宗教类敏感组织，而是在其中规定，"不得从事或者资助营利性活动、政治活动，不得非法从事宗教活动或者非法资助宗教活动"。

2. 使用"境外成立"一词，是指合法还是非法，是注册还是指没有注册的组织，不够周延。

3. 像香港地区以公司形式注册的非营利组织是否符合界定？如何与目前《基金会管理条例》中关于境外公益基金会的相关管理办法衔接？

(二) 登记机关确定为"国务院公安部门及省级人民政府公安机关"
公安部门长于防范，但未必熟悉境外非政府组织诸多业务，因此监管仍然存在问题。

（三）草案在很大程度上解决了境外非政府组织的合法性问题，但明确规定，境外非政府组织代表机构不具有法人资格

责任追究过于虚化。一旦出现纠纷，就会出现到底适用中国法律、境外在华 NGO 所在国/地区的法律，还是国际法的棘手问题。

（四）草案规定，业务主管单位为国务院有关部门、省级人民政府有关部门、国务院或者省级人民政府授权的组织

国务院有关部门和县级以上地方人民政府有关部门在职责范围内负责境外非政府组织管理工作。这样虽然指定由省级部门以及省级以上人民政府授权作为业务指导单位，这对众多直接在基层提供服务的、小规模国际NGO 来说，无疑门槛太高。

（五）没有解决很多境外在华 NGO 盼望的本地化筹款的问题

除国务院另有规定外，境外非政府组织及其代表机构不得在中国境内进行募捐或者接受中国境内捐赠。

（六）没有解决跨省管理、跨省网络形式的活动的管理问题。草案规定"境外非政府组织只能在中国境内设立一个代表机构"，不得在中国境内设立分支机构

第八章　资金监管:监管涉外民间组织的命脉

资金监管是政府对涉外民间组织监管的核心环节。通过跨境资金流入渠道、组织实施项目数量、类型及构成等情况，从总体上掌握涉外民间组织的资金运作状况，从而采取相应的对策措施，可以防范涉外民间组织的负面影响，实现政府对涉外民间组织的有效监管。

一　政府监管涉外民间组织资金的必要性

（一）资金监管是政府对涉外民间组织监管的核心环节

所有组织开展活动都离不开资金，涉外民间组织也不例外，通过资金运作，实现组织的项目运作和服务目标。资金随着项目走，通过对项目的评估又映射出组织的资金运作情况。从一定意义上，监管了涉外民间组织的资金，也就监管了涉外民间组织的活动。

从监管理论看，政府监管的必要性来源于公共利益。中国社会稳定与和谐是最大的公共利益。随着涉外民间组织的数量规模的剧增，它在社会稳定、经济发展和社会协调的功能和影响也随之增强，政府对其的监管也就显得必要。中民慈善捐助信息中心发布的《美国 NGO 在华慈善活动分析报告》显示，自 1988 年至 2009 年，累计对华捐赠资金超过千万美元的美国在华 NGO 超过 10 家，平均每年注入中国的捐赠数量大约是 2.95 亿美元。投入资金的 82% 流入了高等教育机构、科研机构及政府机构，而流入民间非营利组织的资金只有 17%。中国接收美国 NGO 捐助总额超过 100 万美元的机构超过 95 家。①

① 中民慈善捐助信息中心:《美国 NGO 在华慈善活动分析报告》，2012 年 3 月 30 日（http://www.charity.gov.cn/fsm/sites/ngoreport/index.jsp）。

（二）资金监管可以防范涉外民间组织的负面影响

涉外民间组织活动的目的受制于资金提供者的利益诉求，这容易导致其行为背离"非政治性"的目的和使命。一是某些境外 NGO 利用文化交流、捐资助学、项目培训等手段进行意识形态领域的渗透，搜集中国的政治、经济、科技、军事情报，在国内培养所谓的"持不同政见者"；二是个别具有宗教背景的境外非政府组织以慈善名义在边远、贫困地区及少数民族聚居区进行宗教渗透活动，宣扬宗教极端思想，灌输宗教理论，争夺信教群众；三是少数组织以援助项目、扶持弱势群体为名，抓住工人失业、农民失地、城市拆迁等民众切身利益的社会矛盾，制造舆论，混淆视听，煽动民众同党和政府产生对立情绪，甚至支持参与策划街头政治、民族分裂等活动。这些活动都对中国的国家安全和社会政治稳定产生了一定程度的威胁和危害。

政府对涉外民间组织资金管理具有必要性。资金监管有助于防范境外组织在境内的负面活动。中国政府对外国非政府组织资金运用的管理是非常严格而具体的，在资金数额和资金申报期限方面有明确的硬性规定。但是，外国非政府组织大多数以其他类型组织形态存在，其资金管理并不受非营利组织类型法规限制，而是以营利组织的面目存在并开展活动，这种情况给资金管理带来隐患。尤其是对宗教捐款的失控与失察，不仅容易导致极端思想的泛滥，也可能被一些恐怖或极端组织钻空子，从而导致一些非政府组织与政府的关系紧张，甚至可能出现对抗。

（三）资金运作透明化有助于政府的日常监控

涉外民间组织活动资金使用情况的公开和透明，是涉外民间组织在中国进行活动合法与合理的根本保证。政府将其资金运作纳入监管框架，能够更好地掌控涉外民间组织的活动。只有涉外民间组织在中国的活动资金收支渠道合法有效，才能保证其活动具有合法性；只有其资金使用情况是具体可测的，才能明晰其活动的目的性；只有其资金使用具体透明了，政府才能对其作用进行评价和监督，对潜在的风险进行估测；只有通过对资金链条机制的监督，政府才可以实行对一些敏感话题的监测，明察外部世界对中国重要事件和领域的关注程度。

二　涉外民间组织的资金渠道及其运作方式

由于缺乏统一的统计口径和跟踪数据，很难准确掌握有多少个涉外民间组织在中国开展活动，每年运营多少资金。但是，政府可以通过境外资金流入渠道、组织实施项目运作数量、类型及构成等情况，从总体上掌握涉外民间组织的资金运作状况。

（一）涉外民间组织的项目运作方式

1. 单独操作项目，派专人常驻完成项目

涉外民间组织选择以营利性或非营利性机构在中国工商部门注册登记，这种登记比选择社团组织注册的门槛要低，且操作较为简单。大多注册为咨询公司或外国企业常驻代表机构，冠名为"咨询公司"或"研究中心"。如"绿色和平组织"1997 年在香港设立办事处，是在港合法注册的非政府组织。2003 年以"'绿色和平'咨询有限公司"在工商部门注册登记，设立北京办事处，负责在中国境内的项目活动，现改名为"北京和平天虹环境咨询中心"，重点推动政府对环境保护政策法规的完善，推广"绿色和平"的理念。围绕"推广新能源"，推动国外先进新能源技术和资金进入中国。其资金来源主要依靠"绿色和平"香港办事处的拨款，通过香港汇丰银行的账户转汇。"英国救助儿童会"也是在工商部门注册登记，其性质属非营利性的外国企业常驻代表机构，1999 年设立北京办事处。它们关注的对象为弱势儿童，工作目标是促进儿童在健康、教育和福利等方面的发展，倡导保护儿童的权益，促进儿童权利的实现，以直接干预、培训、调研和倡导宣传等方式帮助处于边缘的儿童和青少年。其资金来源于合作机构、企业和个人的慷慨支持，境外居多。

2. 参与项目运作

涉外民间组织不直接进入中国，而是通过与中国政府或有关部门、事业单位、本土民间组织合作开展长期或短期项目，既提供资金，也提供技术、管理及培训等服务。长期项目大都在当地设立办事处或项目办公室，聘用当地员工；短期项目完成后大都撤走，不设立机构，没有专职人员常驻项目点，但是会经常派人进行指导和监督。如"英国海外志愿服务社

（VSO）"与教育部的教育国际交流协会签订协议，开展志愿教师活动。VSO一直在选派国际志愿者到中国，由初始的从事英语教学工作，扩大到现在的素质教育、艾滋病等疾病防治、国内志愿服务、国际志愿服务与交流等工作领域。其经费主要来源于境外拨款，还有相关合作单位和机构一定的资金支持。

3. 资金援助

涉外民间组织只提供资助，不参与项目实际运作，根据项目执行方提交的项目进展和财务报告对项目进行评估。涉外民间组织寻找本地代理人负责项目的实施和管理，或定期现场查看项目实施效果。如成立于2000年的北京慧灵智障人士社区服务机构的80%以上的捐赠都来自于境外，包括德国、加拿大、意大利、澳大利亚等多个国家的基金会和企业，比如德国米苏尔基金会从2003年开始与北京慧灵合作，每年为其提供60万元的经费，只是对项目提供建议，并不深入项目管理。[①]

（二）涉外民间组织的资金来源

中国明确规定"境外基金会代表机构不得在中国境内募捐、接受捐赠"，限制了涉外民间组织在中国境内募集资金。除了少数大型基金会在中国的分支机构，大部分涉外民间组织都面临筹资的巨大压力。这些组织的资金几乎全都来源于海外。一是国外总部或国际成员组织的直接拨款，如福特基金会、能源基金会；二是由总部在国外为中国项目特别向公众或某些企业筹资，如美国在华NGO第三大资金来源是美国政府资金，美国在华NGO的本国总部资金44%来自基金会、24%来自公众捐款、16%为政府资金；[②] 三是国内机构向国外的公益性基金会筹资，如乐施会；四是国内小范围筹资，比如和跨国公司合作，如世界自然基金会和宜家家居合作。

在西方发达国家，非政府组织最大的资金来源就是政府补贴和拨款。政府补贴，包括直接拨款、合约和补偿等形式。如德国非政府组织收入的

---

① 于娜：《福特基金会悄然脱离NGO?》，《华夏时报》2011年8月5日（http://www.chinatimes.cc/pages/moreInfo1.htm? id = 25268）。

② 《美国NGO在华慈善活动分析报告》，中国公益慈善网，2013年7月29日（http://www.charity.gov.cn/fsm/sites/ngoreport/index.jsp）。

68% 来源于政府。法国则占到 60%，其服务收费的比例分别为 28% 和 34%，民间捐赠的比例分别为 4% 和 7%。[①]

（三）异常跨境资金流入中国的主要途径

由于中国经常项目已经可兑换而资本项目尚未完全开放，资本项下的收支管制对异常境外资金的流入起到了明显的遏制功效，行政性外汇管理监管措施在资本项下的管制效果更为明显，这就加大了境外可疑、异常或非法资金通过经常项目注入的可能性。这些异常跨境资金不能通过金融市场自由进出，但其可以借道贸易、投资等实体经济路径，披上合法的外衣流入中国，主要流入方式有资本账户、地下钱庄、经常账户和现钞携带等。我们不能武断地认为这些异常行为确定就是洗钱行为，或许存在另一种可能的解释：这是一些合法的资金为了规避政府对非法组织（未登记注册即非法）管理的规制策略。

1. 通过经常账户流入

一是虚报进出口价格。通过境内的对外贸易企业高报出口价格的方式多收汇或者是通过低报进口价格的方式少付汇，将利润向境内输送，使境外资金流入国内。

二是假造贸易合同，出口预付款。先炮制出无贸易背景的假合作合同，国外进口公司以"预付货款"的名义将货款提前进入中国企业的账户，到账后企业通过结汇变成人民币存款。企业在出口时更多采用预收货款方式，在进口时更多使用延期付汇方式，以争取享受利率和汇率的双重好处。

三是通过"境内交货、境外收汇"的方式进入。境外采购商向境内供货商购买商品，该商品在境内使用，并由境外采购商向境内供货商支付外币货款。这种交易方式只有资金流，没有对应的海关货物流，只凭贸易合同等无法判定其真实的贸易背景，从而为热钱的流入提供了渠道。

2. 通过资本账户流入

一是通过直接投资（FDI）进入中国。主要是设立外商投资企业，特别是房地产和服务类的外商投资企业，实现资金的快速流入和结汇。该方

---

① 郭国庆：《现代非营利组织研究》，首都师范大学出版社 2001 年版，第 83 页。

式容易产生空壳企业或资本金违规结汇等现象。

二是通过企业间货币互换方式流入境内。境内外两家企业可以通过银行在境外签订货币互换协议，互换双方彼此不进行借贷，而是通过协议将货币卖给对方，并承诺在未来固定日期换回该货币，实现资金的变相流入。

三是通过合格的境外机构投资者（简称 QFII）进入中国。一方面可以通过 QFII 直接进入中国证券市场，另一方面可以直接购买中国公司的资产。

3. 通过个人项目的流入

个人热钱流入途径中最常见的是通过个人贸易项目进行资金转入，此外，还有以佣金、贸易中介、职工报酬、赡养费用的名义流入。相对于企业投资等形式流入的资金，以个人名义流入的资金总额较小。

4. 通过地下钱庄流入

由于中国实行外汇管制，境外资金进入中国需要经过真实性审核或审批，因此，一些国际资金为实现投机套利或者洗钱的目的，通过地下钱庄"潜渡"中国。一些外资银行或内资银行某种程度上也充当了类似于地下钱庄的角色。境外投资者先将一笔外汇存入其外资银行的离岸账户，然后该外资银行在其中国的分行或代理行利用此为抵押，提供相应金额的人民币贷款，资金就此流入。

三 中国对涉外民间组织的资金监管制度

中国属政府主导型社会，政府部门是经济社会组织的主要监管主体。资金监管制度主要有：资金报告制度、审计监管制度、捐赠监管制度、税务监管制度等。

（一）资金报告制度

由于中国涉外民间组织登记注册有一定难度，有些境外非政府组织则通过设立公司的方式进入境内。对于这类公司，中国国家外汇管理局于2013 年 5 月发布《外国投资者境内直接投资外汇管理规定》（简称《规定》）（汇发［2013］21 号）及配套文件，实施对外资的登记、账户及结售汇管理、登记管理和监管。《规定》所称外国投资者境内直接投资中的外国投资者包括境外机构和个人，其直接投资，指通过新设、并购等方式在境内设立外商投资企业或项目（以下简称外商投资企业），并取得所有权、控制权、经营管理权等权益的行为。银行承担境内直接投资所涉主体开立相应账户，并将账户开立与变动、资金收付及结售汇等信息向外汇局报送的义务。

对于境外资金进入境内，广东省广州市作出专门决定，实施资金报告制度。2014 年 6 月 16 日，广州市政府第 14 届 119 次常务会议修订通过于 2015 年 1 月 1 日起施行的《广州市社会组织管理办法》规定，接受境外捐款或资助需报告。社会组织应当建立内部信息披露机制。社会组织接受境外捐款或者资助，应当提前 15 日向登记管理机关和有关主管部门书面报告，并通过市社会组织监管和信息发布平台向社会公布接受捐赠款物的信息，并在年度报告中披露使用捐赠、资助的有关情况。

（二）审计监管制度

审计监管制度包含两个方面：一是会计及审计法律法规。如《中华人民共和国会计法》、《中华人民共和国审计法》、《中华人民共和国公益事业捐赠法》等相关法律法规规章。主要内容包含非营利性的约束、受赠财产支出比例约束和财务公开三个方面。

1. 非营利性的约束。非营利性是民间组织区别于企业等营利性机构的根本特征，是民间组织开展活动的基本原则。《社会团体登记管理条例》中第四条规定："社会团体不得从事营利性经营活动"；《捐赠法》第四条也指出："不得以捐赠为名从事营利活动"。

2. 受赠财产支出比例约束。《捐赠法》第十七条规定："公益性社会团体应当将受赠财产用于资助符合其宗旨的活动和事业。对于接受的救助灾害的捐赠财产，应当及时用于救助活动。基金会每年用于资助公益事业的资金数额，不得低于国家规定的比例"。

3. 财务公开制度。财务公开是指民间组织的财务账目应接受政府相关部门的监管，同时应向捐赠人和社会公众公开，接受社会的监督。

二是金融监管法律法规制度。如《现金管理暂行条例》、《中华人民共和国外资银行管理条例》、《反洗钱法》等法律和制度体系。在资金监管的立法和制度建设方面，中国初步建立起反洗钱法律和制度体系。

如，建立了账户管理制度，开户单位必须依规收支和使用现金，并接受开户银行的监督。国务院银行业监督管理机构及其派出机构负责对外资银行及其活动实施监督管理。

境内机构、境内个人的外汇收支或者外汇经营活动，以及境外机构、境外个人在境内的外汇收支或者外汇经营活动，必须遵守《外汇管理条例》的规定。

在反洗钱方面，中国先后签署并批准了联合国《禁毒公约》、《反腐败公约》等一系列与反洗钱相关的国际公约，在《刑法》中明确规定了独立的"洗钱罪"。颁布了《个人存款账户实名制规定》及《金融机构反洗钱规定》、《人民币大额和可疑支付交易报告管理办法》、《金融机构大额和可疑外汇资金交易报告管理办法》（简称"一规定两办法"）等金融机构反洗钱行政法规规章，建立了存款账户实名制度、交易记录保存制度、可疑交易报告制度等金融运行中反洗钱的主要制度，初步建立起反洗钱法律和制度体系。[①]

（三）捐赠监管制度

《社会团体登记管理条例》第二十九条规定："社会团体接受捐赠、资助，必须符合章程规定的宗旨和业务范围，必须根据与捐赠人、资助人约定的期限、方式和合法用途使用。社会团体应当向业务主管单位报告接受、使用捐赠、资助的有关情况，并应当将有关情况以适当方式向社会公布"。第三十条规定："社会团体必须执行国家规定的财务管理制度，接受财政部门的监督；资产来源属于国家拨款或者社会捐赠、资助的，还应当接受审计机关的监督"。

外汇管理部门通过"捐赠外汇账户收支"进行监督管理。2009 年 12 月 25 日，国家外汇管理局颁布《关于境内机构捐赠外汇管理有关问题的通知》中规定：境内机构应当通过捐赠外汇账户办理捐赠外汇收支；外汇指定银行应当为境内机构开立捐赠外汇账户，并纳入外汇账户管理信息

---

① 《中国金融业反洗钱法治的现状和不足》，中顾法律网，2012 年 4 月 14 日（http：//news. 9ask. cn/gsbg/nkzd/fxqnkzd/201204/1656540. shtml）。

系统进行管理。境外非政府组织境内代表机构捐赠外汇账户收支范围是：境外非政府组织总部拨付的捐赠项目外汇资金及其在境内的合法支出。这一规定使政府可以适时监控涉外民间组织所接受的每一笔海外资金，对于打击涉外民间组织的营利化行为具有重要意义，特别是对于打击洗钱、金融诈骗等活动具有重要作用。

（四）税务监管制度

税务监管主要是指通过税收政策及税收手段的法律化，对非营利组织进行审时度势的调节，根据其活动是否符合法律和政策的要求，进行积极的鼓励、促进或消极的限制、禁止，从而规范非营利组织的活动。[①] 从税法角度对作为税收优惠主体的民间组织进行界定，具体要求：一是不以营利为目的，为社会提供公益或互益性的服务活动；二是必须是履行非营利法人登记手续；三是资金使用必须是与组织的宗旨相一致的用途；四是不得进行利润分配；五是必须保持每年提供一定的服务活动量，并保存完整的财务记录。

但在具体实践中，涉外民间组织很难享受税收优惠政策。因为涉外民间组织真正能够在民政部门登记注册成为非营利法人组织（包括民间非企业组织）是很少的，多数组织是在工商管理部门登记的企业法人，或不登记不注册"游离"于体制外从事各种活动的非法组织。

目前关于 NGO 税务的法规主要包括：《关于事业单位、社会团体、民办非企业单位企业所得税征收管理办法》、《公益事业捐赠法》、《基金会管理条例》、《扶贫、慈善性捐赠物资免征进口税收暂行办法》、《个人所得税法》及其实施条例、《企业所得税暂行条例》及其实施细则等。综合来讲，中国对 NGO 的税收待遇有这样几个方面：

1. 所得税：NGO 的捐赠收入免征所得税，但如有生产经营性收入，则须按照正常税率缴纳所得税；

2. 捐赠人的税收优惠：企业或个人以其财产对公益事业捐赠，捐赠额在一定限度内可用于扣除捐赠人的应纳税所得额；

3. 关税：外国向中国公益事业捐赠的物资，免征进口关税。可以说，

---

① 苏力：《规制与发展——第三部门的法律环境》，浙江人民出版社 1999 年版，第 215 页。

中国关于 NGO 税收管理的框架已经初步形成，但是操作性不强，因为大部分境外在华 NGO，包括公益性组织，未能在民政部门登记，无权享受税收方面的各种优惠，并处于非法状态。

四 国外对非政府组织的资金运作管理

（一）美国对非政府组织的资金运作管理

为了防止欺诈行为，确保免税优惠不会被某些非政府组织钻空子，并监督非政府组织按照其预定宗旨分配和使用善款，美国政府对非政府组织资金进行严格监管。

首先，审查非政府组织的非营利性；由国税局进行严格的资格审查，非政府组织必须满足美国《国内税收条令》501（C）（3）条的规定：必须以非营利为目的。

其次，监督非政府组织的财税活动。税务管理是美国政府对非政府组织资金进行监管的最重要的手段，联邦税法以及美国各州对非政府组织设定了一系列税收优惠的条款，从资金上给予直接或间接的支持。拥有免税资格的非政府组织每年要向美国税务局提交报送 990 表，其内容包括机构理事、成员、收入和支出、项目活动内容、规章制度等。美国税务局还会对非政府组织进行突击检查，如果发现非政府组织存在不符合其宗旨的营利行为或者不合规的财务支出，将取消非政府组织的免税资格。同时规定，任何人都有权查看免税组织的原始申请文件及 990 表。

再次，严控洗钱活动。美国在打击洗钱犯罪的制度建设方面处于世界领先地位。美国是最早对洗钱活动进行法律控制的国家。从 20 世纪 70 年代开始制定反洗钱法律。1970 年，通过著名的《银行保密法》，揭开了反洗钱立法的序幕。1986 年，美国通过《洗钱控制法》，对洗钱的概念、构成要素、行为方式、处罚措施等首次作了全面的规定。"9·11"事件后，专门制定《美国爱国者法案》（《采用适当手段拦截和切断恐怖主义以助美国团结和强大 2001 年法案》的简称），引入全新概念——"初步洗钱牵连"，并对美国所有金融服务企业建立和完善金融机构内部控制制度与程序、专项反洗钱机构、规划、制度与措施等提出要求。目前，美国建立了多家政府机构协同、强制金融机构参与、全面防范和重点打击相结合的反洗钱体系。美国的反洗钱执法机关包括财政部、司法部、税务总署、海关总署、美联储、联邦调查局等政府部门，其中金融犯罪情报中心是负责信息采集和分析工作的主要部门，它专门负责收集反洗钱情报，并负责反洗钱执法各部门的联系和协调工作。①

（二）　英国对非政府组织的资金运作管理

英国 2006 年《慈善法》明确了慈善委员会的法律地位，强化了对慈善机构的政府规制。该法规定，除了豁免的或者其他特定的慈善组织外，任何慈善组织都应进行注册。慈善委员会不会直接干涉慈善组织的内部运作，而是通过政策文件来规范慈善机构的行为。例如，慈善委员会按照《托管人管理法》监督慈善组织是否成立了托管理事会，对慈善组织资金的投资行为以及慈善组织资金账目管理和会计核算制度提出具体的要求和建议。

年度报表制度是监管工作的核心。根据慈善组织的年度收入的不同，将其划分为四个层次，并要求不同层次的慈善组织按其年度收入状况填报不同的年度报表：上一财务年度收入为 1 万英镑以下的（包括 1 万英镑），填报蓝色的《最新年度信息》；收入在 1 万英镑至 25 万英镑之间的（包括 25 万英镑），填报紫色的《年度报表》；收入在 25 万英镑至 100 万英镑之间的（包括 100 万英镑），填报红色的《年度报表》；收入超过 100万英镑的，不仅要填报红色的《年度报表》，还要填报《概要信息报表》。②

慈善委员会为了及时发现和确认那些未能提供的账目和活动信息，推行档案计算机化，重点监管慈善组织是否有违规筹款、挪用基金、内部分歧影响到机构目标的实现、把资金用于政治性活动、逃税漏税等违规行为并进行惩罚，以维护慈善事业的声誉，确保以慈善名义获得的资金款项用于慈善活动。慈善委员会要求所有民间公益组织每年需提交托管人理事会的年度报告和财务管理报告。对于无正当理由而未提供年度报告的违法行

---

① 王洪沙：《美国的反洗钱法律法规》，《公安理论与实践》1998 年第 2 期。

② 徐彤武：《慈善委员会——英国民间公益性事业的总监管》，中国政府法制信息网，2007年 6 月 15 日（http：//www.chinalaw.gov.cn/article/dfxx/zffzyj/200706/20070600057239.shtml）。

为，慈善委员会对责任者提起诉讼，并随时接受任何公民的举报。社会公众有权获得慈善机构的年度账目和财务报告。

五 建立涉外民间组织的资金监管对策

（一）完善境外非政府组织的准入制度

要对境外非政府组织资金监管，首先必须给予它们合法的身份，通过准入机制，将它们纳入政府监管范围。从相关法律政策可以看到，民政部门、工商行政管理部门、国家外国专家局以及其他等部门均负责部分境外在华 NGO 的登记及管理工作。目前，民政部主要负责登记管理的有境外基金会和外国商会。现在在民政部登记的有 19 家境外基金会。只要登记注册取得合法身份，就可以依据《国家外汇管理局关于境外机构境内外汇账户管理有关问题的通知》（汇发［2009］29 号）进行管理。该通知的目的是规范境外机构境内外汇账户的开立、使用等行为，促进贸易投资便利化，防范金融风险。该通知所称境外机构是指在境外（含香港、澳门和台湾地区）合法注册成立的机构。境外非政府组织一旦不能登记，合法的资金监管的法律条文就成为一张白纸，无法实施，有关税收优惠等操作细节也没有实施条件。

事实上，大量境外 NGO 并没有取得合法身份，因此，其资金往来就不受账户管理的限制和约束。法律和实践的错位带来了不少问题。中国准入机制限制过严，造成大量非法性组织存在。已有的一些法律规范为这些在华的外国非政府组织在登记和活动管理方面设置了较高的门槛。在这种情况下，多数在华外国非政府组织没有依法登记，其实也无须登记，或者到工商部门进行变通登记。境外在华 NGO 面对准入机制过严的情况陷入两难，一方面这些组织看好在中国的发展前景、项目资金稳步上升，另一方面又苦于法律的制约不能取得合法身份；一方面能得到很多服务对象的理解认同，另一方面又面临资金、工作人员等不足的窘境。因此，需要完善境外非政府组织准入制度，为资金监管提供条件。

对于境外非政府组织非法资金的监管，国家有《中华人民共和国中国人民银行法》、《中华人民共和国反洗钱法》、《金融机构大额交易和可疑交易报告管理办法》等有关法律、行政法规。其中规定，中国人民银行依法履行"指导和部署金融业反洗钱工作，负责反洗钱资金监测"的法定职责。现有的境外 NGO 资金监管机构和工作机制仍存在一些不足，主要表现在：1. 缺乏明确的管理机构。现有的监管机构比较松散，部门之间缺乏有效的配合机制。金融管理机构虽然承担着资金监管、反洗钱的重要职能，但其地位和职责有限，对非银行金融机构的洗钱之外的工作无法监管。2. 没有建立相应的情报监测分析中心，各信息平台的地位和职责存在不足，且缺少独立的行政执法权力或准司法权力。虽然组织开展了全国范围内的反洗钱工作专项检查以及打击"地下钱庄"和非法买卖外汇交易等活动，成功破获了相关案件，但在监管领域仍存在一些不足，主要表现在：（1）技术手段滞后。（2）对违反规定无处罚或处罚力度不够，不足以引起涉外民间组织各方的高度重视。

政府需要完善资金监管主体之间的协作，与金融管理部门完善境外非政府组织的境外资金管理制度和实施细则，采取境外账户集中控制、资金统一管理、国际结算规范管理等手段，确保境外资金运转的合法、规范和有效。

（二） 强化资金账户管理

建立健全由民政部牵头负责，以中央银行等金融机构为依托、政府相关部门相互配合的涉外民间组织资金监管的工作机制，建立重点项目和大额资金的审核制度。

一是尽快建立涉外民间组织在华活动资金银行监管账户。督促境外非政府组织办理境外资金管理业务及涉及境外资金业务的国家核准、审批或备案手续。严格审查涉外民间组织资金来源、流向和财税活动等情况，并向社会公布审查结果。特别注意涉外民间组织以其他组织形态进行洗钱活动，如，它们以营利组织登记注册并开展活动。

二是要加快规范、统一的境外资金出入信息监测系统的建设。通过各部门的合理分工与配合，堵塞短期境外资金入境的渠道。要针对目前对境外资金缺乏系统统计的薄弱环节，抓紧建立一套规范的统计体系，加强对境外资金出入境规模和去向的跟踪分析。

三是严格执行中国有关境外捐赠的规定，以资金账户管理为抓手，加强境内外"捐赠外汇账户"管理，尤其是对涉外民间组织境内代表机构捐赠外汇账户收支范围的确认。加强涉外民间组织的经常项目外汇账户、资本金账户、资产变现账户、再投资专用账户、外债账户划入的管理。入口的注册和前置审批制度有利于给予相关组织接收境外资源以合法性，并将其纳入管理视野。但在清晰界定合法领域的基础上，可以简化入口程序，而基于资金账户的状态和行为监管应更严格。

四是学习印度，加大对境外资金账户的监督执法。印度外国捐款监管法案规定，已注册的 NGO 每年向印度相关机构汇报资金来源及用途。2014 年，印度要求在印度注册的 NGO 提交 2009 年至 2012 年间的收支状况表，并据此于 2015 年对不回应、或因收支手续不全的近 9000 家 NGO 冻结银行账户，吊销执照。[①]

（三）界定涉外民间组织的资金使用领域

中国要加快修改完善《社会团体登记管理条例》，所有涉外民间组织都必须强制备案，视其组织性质、活动范围、资金量规模、项目时间长短等决定组织是否需要登记注册，以获取合法性地位。进一步明确涉外民间组织在中国设立机构的规范，规定其允许活动范围和不允许活动范围（如涉及国家安全和社会稳定）及相应的处罚措施，并建立重点项目和大额资金的审核制度。要明确涉外民间组织资金使用领域的限制。鼓励和引导涉外组织主要从事扶贫、医疗、环保、教育、文化、慈善等活动，对于真心实意帮助中国现代化建设和改革开放事业的涉外民间组织，要给予其开展活动的便利，保护它们的合法权益；对于危害中国国家安全或者具有潜在威胁的涉外民间组织，要加强监控，必要时予以取缔。

（四）完善涉外民间组织的财务信息披露制度

根据中国《民间非营利组织会计制度》的规定，完善财务信息披露制度。应定期向登记机关、财政及税务部门提交财务报告和年度工作报告，包括会计报表、会计报表附注和财务情况说明书。对境外 NGO 的资金流向和财务状况等实施全过程跟踪和监控。以现金流量监控为重点，加

---

① 余双双：《印度吊销 9000 家 NGO 执照，分析称或是打压反莫迪组织》，《环球时报》2015 年 4 月 30 日（http：//world. huanqiu. com/exclusive/2015—04/6312915. html）。

强对现金流量的控制，实施大额资金的跟踪监控。由政府部门对财务信息进行审核，以各种方式向社会公众公布，尤其是境外 NGO 的资金来源、开支等要公开，便于接受社会监督。同时，要加强财务信息真实性的审核，建立对财务信息真实性审核评估机制，发挥审计部门的审计监督作用，并建立严格的财务信息失真惩罚制度。

（五）扶持国内基金会的成长

为了减少附带西方价值观的境外资金对国内项目的无形影响，也为了解决国外基金会的项目资金逐步从中国撤出、国内社会组织资金不足的普遍问题，在"中国基金会仍处于初级阶段"[1] 的情况下，政府要大力扶持国内基金会的成长。

如何扶持中国基金会的发育和成长，政府可以借鉴国外经验，采取多种手段和方式：

1. 放宽社会组织的生成条件，为基金会发挥作用提供空间。

2. 设立专门配套资金，对符合国家战略发展的基金会给予支持。完善资金支持、税收优惠、社会保障等政策措施，帮助基金会解决发展中遇到的难题。

3. 在推进公共事业时，为基金会预留空间，提供资源和政策优惠。

4. 通过搭建国际交流和公益项目合作，为基金会吸引外资壮大自己提供条件。"鼓励一批优秀的基金会利用官方发展援助资金开展国际交流、人道主义援助和人力资源培训事务，并逐步扩大规模和积累经验，这也是可选途径"[2]。

5. 指导基金会完善自身管理。由于基金会在内部治理、组织建设和公信力建设等方面，还存在着问题和不足，需要政府指导基金会完善内部管理，规范基金会行为，引导其提高自律性、诚信度和公信力。

---

① 刘培峰：《中国基金会仍处于初级阶段，公信力建设等存不足》，《瞭望》新闻周刊 2014 年 7 月 28 日。

② 吕晓莉：《中国非政府组织的国际化路径研究》，《当代世界与社会主义》2012 年第 12 期。

第九章　监督管理:中国境外非政府组织的日常监督研究[①]

涉外民间组织的监管具有特殊性,因此,特别需要强调政府监管的意愿和监管能力。二者涉及的监管主体、监管对象、监管制度及监管手段等要素相互联系相互作用,共同构成监管框架。中国需要在强化监管主体的监管意愿的前提下,依赖完善的法律制度体系和监管体制机制,执行严格的年审公开制度,提升对境外非政府组织的监管水平和效果。

一　境外非政府组织的监管机制模式架构

(一) 境外非政府组织监管具有特殊性

1. 境外性:许多境外民间组织监管具有涉外性质[②]

大多数进入中国的境外民间组织无论是全球性的还是区域性的,其发起、募集和成立均不在中国境内。一般而言,境外民间组织组建的宗旨、构成、方式均与其所在国所在地对民间组织的管理目标和规则相一致。大多数境外民间组织发起、募集、成立集中在西方发达国家,而这些国家由于法制环境的较为完善,对民间组织的管理有独特的见解,政府将自己的意图通过政策制定融入民间组织管理体制之中。因此,我们在对这一部分境外民间组织进行监管的时候,不仅要遵循一般意义上国内民间组织管理的原则,还要考虑对方国家的社会组织管理模式,充分遵守外事工作准

---

① 该章内容的主要观点发表在:何静:《国外非政府组织的管理模式及对中国的启示》,《学术探索》2013 年第 6 期。

② 陈妹娅、刘明宇:《国际非政府组织监管的特殊性研究》,《湖北函授大学》2011 年第 5 期。

则，审慎处理国家主权的深入程度与境外民间组织有效发挥作用之间的关系，达到两者的微妙均衡。

2. 政治性：境外民间组织监管具有政府关联性

由于组建过程中的资源供给和依靠力量的特殊性，部分境外民间组织与所在国政府的关系密切。例如，澳大利亚海外服务局就是一个介于政府与民间组织之间的社会组织，其主要的资金来源于澳大利亚国际发展署，该机构是澳大利亚外交外贸部下设的一个独立机构，其职责是负责澳大利亚政府对外援助计划，这就使得澳大利亚海外服务局在选择援助的国家和项目时加入了政府意愿。此外，美国等国历来重视利用民间组织在他国发挥作用，公开支持从事国际活动的民间组织，提出"变革外交"，实现在全球推行美国式价值观及民主的目的，使得境外民间组织的活动具有极其强烈的国际政治特性。2005 年 5 月 18 日，美国前总统小布什在美国国际共和研究所举办的年度"自由奖"颁奖仪式上举例说，为了在阿富汗和伊拉克推进民主，美国几乎耗费了 3000 亿美元，相反策划乌克兰等国的"颜色革命"，美国仅花费了 46 亿美元。这些资金大多被美国政府投入各类基金会用以支持乌克兰等国的反政府势力实现政权更迭，其中就包括欧亚基金会、福特基金会以及自由论坛等几个较大的境外非政府组织。从这点看来，美国等西方国家利用非政府组织通过提供资金资助、培训目标国人员以及设立该组织分部等手段，在他国推行西方民主、人权等意识形态、搞分化、西化，以最终达到促进母国和地区政治变化的目的，这种手段比赤裸裸的军事打击，方式更为隐蔽、成本更为低廉、效果更为明显、影响更为深远，目标国往往在没有任何防范和察觉的状况之下，近乎等同于"自然"的状态被颠覆。

3. 专业性：政府管理人员需要具备多元化知识

境外民间组织的管理人员除了需要具备一定的国内非营利性组织管理背景之外，还需要具备一定的外事工作知识和经验。中国政府监管部门需要既懂得国内非营利性机构工作规程、又熟悉境外民间组织运行程序的人员，以便更好地与境外民间组织协同工作、开展服务。目前国内的实际情况是，中国公共管理领域的专业研究起步较晚，限制了中国对于公共管理人员专业化培养的进程，使得同时具备这两个条件的专业人员少之又少，特别在地方管理部门中，这类人才更是短缺。因而，对这部分人员的培养成为提高中国境外民间组织工作水平的一个非常重要的因素。在进行境外民间组织监管制度设计的时候，我们要充分考虑相关专业人员的培养。一方面，结合公共管理学科的发展规划，在公共管理学科培养目标体系之中专门设定民间组织管理研究方向，并在国内重点大学中采用订单化的培养模式对学生进行有针对性的培养。另一方面，对民政部门和外事部门相关岗位的工作人员进行岗位培训。重点解决境外民间组织专业管理人员匮乏的困难，相关管理部门的人员配置要优先使用高校培养出来的专业人员。

（二） 境外非政府组织的监管框架

从经济社会学的角度看，监管即监督管理，是指政府行政组织为矫正市场失灵和社会失灵，通过制定相关标准范式规制，对经济社会组织或个体的活动进行的干预和控制。具体体现在监管主体的意愿和能力两个方面。监管水平的提升不仅要有监管意愿，还要有监管能力。

监管意愿是指政府行政组织对监管对象的管理和控制意念的强弱程度，是强化监管还是放任自流，体现出政府主观控制意志力度的大小。在境外非政府组织方面，监管意愿对监管效果的影响起决定性作用。我国政府对境外非政府组织的监管意愿一直不强，即使在清理非法民间组织的非常时期，政府的主观控制力也受制于国际社会舆论和崇洋媚外心理，没有体现出一个大国的治理自信。

监管能力指政府对监管对象的实际活动时空状况的掌控能力，是国家实现控制意志的手段和工具，体现政府监管的规范化、制度化和监管手段的多样化。由于受监管意愿的影响，我国政府对境外非政府组织的监管制度、监管手段相对落后。

由于涉外民间组织的监管具有特殊性，因此，特别需要强调政府监管的意愿和监管能力。二者涉及的监管主体、监管对象、监管制度及监管手段等要素相互联系相互作用，共同构成监管框架或监管机制。（见图 9 - 1①）

---

① 刘鹏：《从分类控制走向嵌入型监管：地方政府社会组织管理政策创新》，《中国人民大学学报》，2011 年第 5 期。

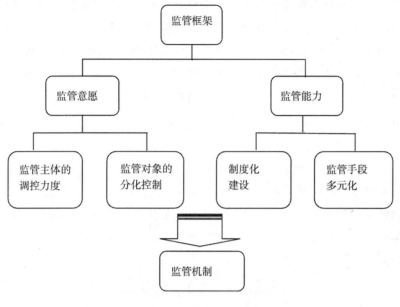

图 9 - 1　监管机制架构

（三）国外对境外非政府组织的监管模式

目前，各国对非政府组织实行追惩制监管和预防制监管两种模式。

1. 追惩制监管模式

这种模式以美国、德国、印度为代表。非政府组织可以自由成立，而无须经过任何强制的登记手续，一旦存在违法犯罪行为，国家将予以追查惩罚，又被称为追惩制或承认制，也有的称为自行设立模式。在这种模式下，各国没有针对境外 NGO 监管的专门法律及政府机构，而是将其纳入与国内 NGO 统一的法律规制和监督管理范围内。它们对待境外 NGO 态度是利用多，防范少。除适度监管外，政府一般不干涉组织具体事务和内部运作，更多是借助于非政府组织的自我管理和社会公众的监督。但对极端反政府、危害国家经济安全的组织采用经济、行政、司法等手段进行监管和惩戒。如，美国的《外国代理人登记法》中关于管理外国非政府组织在美活动的相关规定；德国只有当外国非政府组织的活动危害国家安全、公共秩序或其他重大利益时，才予以管制。近年来，被取缔或禁止的社会组织，主要是极右分子、极端分子和恐怖分子组织。

在自行设立模式下，尽管法人登记并不构成非政府组织获取合法性的前提，但非政府组织若想获取法人资格并对组织行为负有限责任，则必须进行法人登记。透过法人登记，起到了规范组织内部治理和明晰组织法律责任的规制效果。在美国，非政府组织注册受公司法和税法等有关法律的规范，具体方法各州不尽相同。非政府组织可以自由选择是否注册，不注册的不具有法人资格，不能享受免税待遇。注册由州务卿办公室批准，然后由州司法部进行注册登记，颁发法人证书。州务卿办公室对社会组织的章程进行审定。

2. 预防制监管模式

非政府组织必须依法在特定的国家机关进行登记注册才能合法活动，否则将被视为非法组织。因此，法人登记是作为非政府组织获得合法性的前提，又称为登记设立模式或强制注册制。日本、新加坡、泰国等国采取这种模式。

登记设立模式分为两种，一种是单一登记制。非政府组织向登记管理机关申请成立时，仅受形式审查，无须其他相关部门批准，如英国、新加坡。单一登记制下，非政府组织的登记注册与日常监管都主要集中在政府的一个部门，而这一集中管理的部门通常是司法或执法部门或内政部门。财政、税务等部门与非政府组织存在着业务上的管理关系。另一种是双重登记制。社会组织在向登记管理机关申请登记之前，必须取得有关业务部门批准，登记管理机关据其批复作出登记与否的决定，如日本、加拿大、埃及、土耳其等国。这种模式将非政府组织的日常监管分散在登记管理机关和业务对口主管机关之间，而以主管机关的日常监管为主，登记管理机关侧重于形式审查。

3. 免税登记：监管杠杆

除了上述两种监管模式之外，还存在一种监管杠杆，即免税登记，它是比较通用的政府监管非政府组织的重要经济杠杆。

免税资格的申请标准通常比较严格。在英国，以慈善为唯一目的的组织才可以获得慈善委员会的登记并自动取得免税资格；德国法律明确规定只有具有公益目的的社会组织才能获得免税资格。作为一种行政许可性质的行为，免税登记已成为政府利用经济激励对社会组织进行规范管理的最灵敏的杠杆。

免税登记的主体有两类：一类是税务机关。在日本、英国等采取登记设立模式的国家，所有符合税收减免条件的组织，必须向税务机关进行申请并获得免税资格，之后，才能依法享受税收优惠。这种做法的特点是免税登记与法人登记相分离，实际上形成了法人登记与免税登记的纵向登记格局。在采取自由设立模式的美国，所有希望享受税收优惠的社会组织同样也需要向联邦税务局申请免税资格。由于联邦税法规定任何申请免税的实体都必须通过"组织性检验"才能享受免税待遇，而进行法人登记又是通过"组织性检验"的最简便路径，因此，它事实上形成了免税登记以法人登记为前提和要件的登记管理格局。

4. 多元监管格局

无论在哪个国家，即使是在理想状态下，对非政府组织的监管所涉及的往往不止一个部门，通常需要构建一个主体多元的监管体系。从实际情况来看，各国都比较重视通过登记管理、税收、审计、检察、司法等多个部门形成依法监管非政府组织的合力。不同国家由于国情不同，在某方面的做法会各有特色。

美国等国主要依靠税务机关、登记机关、审计机关、司法机关等多个部门进行相应监管。美国以税收管理为重点，税务机关通过财务报告、信息公开、财务抽查等途径，对非政府组织的免税资格进行认定和更新，如果发现被抽查组织存在问题，将依据具体情况采取罚款、取消免税资格等处罚措施对组织存在的问题作出处理。负责法人登记管理的州务卿办公室可以就《美国非营利法人示范法》中规定的事项以行政手段解散法人。州首席检察官通过调查、审计等方式对非政府组织的财产进行监督，就非政府组织的违法问题以国家公诉人的身份提起诉讼等。

英国、日本和新加坡政府十分重视发挥登记管理机关的日常监管权责。英国慈善委员会是直接向议会负责的免税慈善组织的独立监管机构。慈善委员会除了负责慈善组织的登记以外，还通过年度报表制度、审计与独立财务检查制度、公益募捐管理制度、访问制度、质询调查制度等手段，负责对慈善组织的日常监管，并为慈善组织提供信息、咨询等方面的支持性服务。日本的做法是：由业务主管机关负责日常监管。由于奉行业务主管机关和登记管理机关双重登记的做法，分散在政府各个部门中的业务主管机关除了对非政府组织的登记进行审批外，还通过年度报告制度、现场检查制度、行政处罚等进行日常监管。新加坡的做法是：充分发挥社团注册管理机构的监管作用，由社团注册管理机构负责社团的登记和日常管理。为保证社团履行公布信息、提交所得税申报表等责任，社团注册管理机构拥有对社团的检查权、调查权和处罚权。值得注意的是，这些国家都很重视发挥税收、审计、检查、司法等部门的力量，通过多部门合作进行联合监管。

二　中国对境外非政府组织监管的现状与问题

目前，中国有关民间组织的立法已经初步形成了以《宪法》为统领，以两个《登记管理条例》为主，与之相配套的地方性法规、部门规章为辅，一般法与特别法相结合的法律法规体系。对于所涉及的主要法律关系，从其设立、变更、注销到财务、人事、税收管理，在现行立法上都有所规范和调整，基本上已经形成了较为完整的规制体系。但是，真正结合境外非政府组织及其在中国发展情况来制定的法律法规体系尚未建立。

具体来说，主要有四部法律比较具体地规定了对涉外民间组织的管理：《外国商会管理暂行规定》（1989）、《社会团体登记管理条例》（1998）、《民办非企业单位登记管理暂行条例》（1998）、《公益事业捐赠法》（1999）、《基金会管理条例》（2004）。还有少量的法规和规章。但是其中只有《外国商会管理暂行规定》（1989）和《基金会管理条例》（2004）对境外非政府组织的注册管理做出规定。《外国商会管理暂行规定》（1989）对"外国在中国境内的商业机构及人员依照本规定在中国境内成立，不从事任何商业活动的非营利性团体"的登记注册、接受管理等作出了规定。《基金会管理条例》将基金会分为三种，即可以面向公众募捐的公募基金会、不得面向公众募捐的非公募基金会和境外基金会在中国设立的代表机构，并且明确规定了境外公益基金会的登记注册等内容，表明中国进一步向外国非政府组织开放，它们可以独立身份在中国开展活动，但"境外基金会代表机构不得在中国境内组织募捐、接受捐赠"的规定又限定了它在中国境内募集资金活动的开展。

中国尝试着对境外在华 NGO 进行监管，在反恐、邪教入侵以及境外组织资金监管方面做了一些努力，取得一些效果。但是，总体监管效果并不理想。原因在于：

（一）监管理念滞后

监管理念是政府监督管理的深层次的精神动力和支持，是对监管的基本价值的判断，具有支配性和先导性。虽然，中国政府承认非政府组织是与政府、市场并立的社会组织形式，是一个稳定和谐的社会不可或缺的整合机制，但是，在实际运作中，政府对境外非政府组织的管理往往存在矛盾心态：一方面，意识到应当发展民间组织来共同承担对国民的公共服务责任；另一方面，又担心在发展过程中失去对民间组织的控制。正是这种矛盾心态，使得政府对境外非政府组织缺乏足够的信任，在一定程度上只是将境外非政府组织视为政府执行某种决策的工具，只是发挥它们拾遗补阙的作用。

1. 对境外非政府组织的认识不全面

中国政府对于境外非政府组织的性质和作用缺乏科学、全面、清醒的认识。境外非政府组织既不是天使也不是魔鬼，既不能放任不管也不能拒之门外。如果只看到其积极作用而忽视其消极作用，将会带来严重的后果。反之，只看到它的消极一面，则会阻碍其发展，不能充分利用其作用。

虽然部分境外非政府组织并非完全是因为公益性而进入中国，但是，绝大多数组织在公益领域、在促进国内社会组织发展、在承接政府的部分职能等方面确实发挥着积极作用。也有一些境外非政府组织怀揣非法政治目的，表现在：深入中国边境地区开展社会调查，广泛收集中国政治、经济和社会发展的信息，并以此在国际社会制造舆论，企图影响和改变政府的决策；通过资助中国民间组织，与境内的组织和人员相互勾结，以期对抗政府，影响社会稳定；受到西方国家的指使，利用"人权"名义诋毁中国形象，干涉中国内政；利用对中国的文化援助进行文化渗透，传播西方的价值观念；在青年一代中培育亲西方的力量，妄图在中国复制"颜色革命"；对一些民族分裂势力和宗教极端势力进行支持和援助，妄图使它们最终演变为危害国家安全的力量等。少数境外非政府组织的这些活动对中国的政治、经济和社会发展产生了较大的负面影响，同时对绝大多数境外非政府组织在中国的健康发展极为不利。但大部分境外非政府组织还是在各个领域发挥着积极健康的作用。因此，对境外非政府组织的两面性和工具性应该有全面的认识，既要利用其优点为和谐社会建设服务，又要防范其对中国社会主义事业的破坏和渗透；既要为其正当合法的活动创造条件，保护其合法权益，又要对其活动进行必须的监督管理。

2. 监管目标错位

存在着主管单位只注重入口管理、忽视过程管理的倾向。政府将很多精力耗费在如何限制民间组织的成立上，结果是，一方面大量的境外非政府组织被拒之于合法登记的门槛之外，转而向工商企业部门登记或不登记而游离于政府监管之外；另一方面，民间组织一旦获准登记便万事大吉，政府既缺乏必要的政策支持和引导，对其行为的制约和监管也极为有限。

3. 境外非政府组织直接与中国党政机关合作，责任划分不清

境外非政府组织进入中国，很多只愿意和民间组织打交道。但中国民间组织发展水平较低，影响工作的开展和合作的质量，从而使有的境外非政府组织不得不与政府部门合作，把政府推到工作的前沿。目前，在中国的境外非政府组织的合作伙伴多为地方党委和政府部门。它们双方通过签订协议、备忘录等明确各自的责任和义务。境外非政府组织与党政部门合作，也是想利用政府的声誉和威望，借助政府的权威来保障项目的顺利实施。但这种合作的弊端，其一，政府既充当裁判又充当运动员，开展工作没有回旋的余地。一旦合作不成功，项目失败，外方说走就走，而合作方政府部门就会被推到第一线，承担不应该承担的一切责任。其二，党委、政府部门本来就是监督机关，一旦陷于"合作"的具体事项中，就会事务缠身，无精力进行协调和监督。

（二）监管立法不足

1. 立法层次低，体系不健全

首先，中国当前的民间组织立法体系中，尚无对境外非政府组织的定义、合法地位、基本权利和义务、设立和管理、法律责任等做明确统一规定的高级别立法，只有像《基金会管理条例》、《社会团体登记管理条例》、《民办非企业单位登记管理暂行条例》三个条例仅就某种民间组织单独进行规范的立法，这样就很容易出现监管真空。当境外非政府组织的利益受到侵害时，难以运用权威的法律来维护自身的权利。高级别立法的

缺失，使得政府对境外非政府组织的管理造成某种程度上的无法可依，也无法保障境外非政府组织的现实权利和未来利益。根据国家的相关规定，只有经过注册才能以组织的名义到银行开设募捐账户，未经注册的只能以个人名义开设账号，而对于境外非政府组织，中国不允许在境内募集资金。

其次，中国关于民间组织的立法仅有综合性的法律规范，缺乏纲领性的基本法律，造成实际管理中法律援引的困难。同时，由于缺乏专门统一的立法及制定主体，中国有关民间组织的规制体系较为松散，法律法规之间的衔接程度低，使民间组织管理的法律依据不配套，许多具体的管理活动缺少必要的法律依据，难以实施。如对于违法非法民间组织的处罚、涉外活动管理、境外非政府组织管理等，尽管在三个条例中有部分规定，但是，这三个条例与其他法律法规之间缺乏制度关联，登记管理机关、业务主管单位与其他政府职能部门之间的活动无法衔接，导致执法的困难。

2. 法律法规过于原则化，难以具体操作

中国有关民间组织的专门性法律法规，基本都属于程序性登记规定，实体性规定极少。即使是散见于各个具体法律法规中的相关的条款也难以操作，非常虚化，这就对境外非政府组织的监管形成了制度性障碍。尽管中国在《宪法》中规定了公民的结社自由权利，也制定了《外国商会管理暂行规定》（1989）和《基金会管理条例》（2004）等几部专门规范民间组织的法律及行政法规，但覆盖面狭窄。如《基金会管理条例》关于外国非政府组织登记与日常监管方面的规定在实践中就很难操作，因而仍有众多境外非政府组织在所谓的"灰色地带"生存，脱离法律的监管。清华大学公共管理学院王名教授曾说："在中国范围之内开展各种公益或者互益活动的民间组织大概是 300 万家，但是这里边真正按照现行法规登记注册的只有十分之一，90% 的民间组织实际上是在法律框架之外开展活动的。"① 境内社会组织如此，境外社会组织的状况更甚。可见，制定一部专门对民间组织包括境外在华民间组织进行规制的法律具有必要性和迫切性。

民间组织管理的法律体系存在这些问题的一个重要原因就在于政府对

① 俞可平：《中国公民社会：概念、分类与制度环境》，《中国社会科学》2006 年第 1 期。

境外非政府组织的地位和功能认识不到位，还停留在要不要其存在的价值判断层面，而不是在明确其存在意义的基础上确定如何推动其发展的操作层面。

（三）监管权威缺失

1. 日常监管机制不完善

在中国的相关法律中，规定了登记机关对社会团体和民办非企业组织的监管比业务主管部门更为广泛。登记机关的监督职能包括组织的变更审查、日常活动监管、年度审查、组织的违法行为查处、组织的清算等。由于政府对外国非政府组织监管体系没有及时建立起来，多数在华外国非政府组织活动处于无法监管和不规范的状态。海外非政府组织中应该得到中国政府支持鼓励的社会组织往往得不到适当的支持鼓励，应该被限制或者禁止的活动与行为在一些情况下依然进行。

由于政府主管登记机关与业务主管部门的监管职责划分不明确，二者交叉、模糊地带过多。这种貌似开放，却被动消极的做法，一方面未能充分有效地调动外国非政府组织的积极性，使它们发挥有利于中国的积极作用；另一方面也未能理性地、恰当地和有效地去限制或排除对国家有危害的某些行为，在思想意识、社会秩序和依法管理上造成了一定程度的混乱。

2. 相关禁止性规定较少

中国对涉外非政府组织的禁止性规定较少。除了中国宪法第一章第一条里规定"禁止任何组织或者个人破坏社会主义制度"中的"任何组织和个人"包括所有中外组织及个人之外，其他的禁止性规定很少。《基金会管理条例》第四条规定："基金会必须遵守宪法、法律、法规、规章和国家政策，不得危害国家安全、统一和民族团结，不得违背社会公德"。对以外国企业常驻代表机构形式存在的涉外非政府组织的禁止性规定也只有一条。《国务院关于外国企业常驻代表机构的暂行规定》第十三条规定：常驻代表机构不得在中国境内架设电台。对于业务需要的商业性电信线路、通信设备等，应当向当地电信局申请租用。

3. 处罚机制的缺失

在现行立法中，对于违法违规社会组织的处罚方式有两种，一是行政处罚，二是取缔。近年来，社会组织的执法力度不断加强。截至 2014 年底，全国共有社会组织 60.6 万个，全年共查处社会组织违法违规案件 4246 起，其中取缔非法社会组织 46 起，行政处罚 4200 起①。中国对外国非政府组织的违法违规没有具体的处罚办法和处罚权的相关规定。这可能会滋长部分外国非政府组织的违规行为，同时也会损害其他合法登记注册的非政府组织的合法权益。对于那些游走在合法与非法边缘的地下非政府组织，按照中国法律的有关规定，公安机关有权依法对法人组织的公开活动进行管理，对其活动范围、内容、地点进行限制。但这样的规定并没有让边缘组织停止开展活动。很多外国非政府组织（尤其是外国商会）为了避免出现非法事件，它们便选择以外事名义进行活动，其活动由其所属国的领事出面负责。如此一来，公安机关不得不接受这些外国非政府组织的活动要求，而外国非政府组织的活动上升为外事活动，公安机关难以控制其活动范围和活动内容。并且，由于是外事活动，公安机关必须为其提供免费的安保。对于此种活动现象，相关日常监管的规定需要尽早出台予以规范。

（四）日常监管虚化

中国民间组织的传统管理模式是重入口、轻监管，将工作重心放在入口管理，无力无心监管。现有的管理人员仅仅应付社会组织的审核和登记就已经应接不暇，再实施监督和检查更显得力不从心。对非法社会组织的查处工作，多处于不告不理的半放任自流状态。

1. 总量监控失督

中国政府对境外非政府组织有两个说不清，一是国内到底有多少数量的境外非政府组织，不仅中央政府有关部门说不清，地方政府更是一头雾水。二是境外非政府组织的活动、资金、项目等状况说不清。对于有多少组织在活动、有多少资金和项目、受益群众有多少、项目效果如何等诸如此类的问题，没有一个部门能说得清楚。②

---

① 民政部：《2014 年社会服务发展统计公报》，民政部门户网站，2015 年 6 月 10 日（http://www.mca.gov.cn/article/sj/tjgb/201506/201506008324399.shtml）。

② 韩俊魁：《境外 NGO 在中国 15 年的影响利大于弊》，《公益时报》2010 年 10 月 12 日。

2. 过程监管失控

由于缺乏规章制度、缺乏归口管理，许多部门参与了基于各种目的的境外 NGO 落地许可的工作。但是，对于境外 NGO 落地后的日常工作活动和后期管理，在制度、人员方面没有跟上，不能或不愿履行责任，从而出现"李鬼之争"、"爱心妈妈"的坊间议论，以及境外非政府组织通过捐赠途径向中国倾倒、转移医疗垃圾等不良事件。

3. 年检制度虚化

对于已经合法化的境外在华 NGO，则表现为年审程序化虚化。中央和地方政府没有建立统一的相关的信息公开制度，没有官方权威的说明。在国家民间组织管理局主办的中国社会组织网中，只有涉外社会组织年检结果公示，公示的事项有社会组织名称、登记证号、业务主管单位、批次、年检结果的信息，以及涉外民间组织年度工作报告。从已经公布的涉外民间组织年度工作报告可见，报告的内容有七方面：境外基金会基本信息、代表机构基本信息、登记事项变动情况、公益活动情况、财务会计报告、审计报告、其他信息，属于程序化的年审。省一级政府对涉外民间组织的年检几乎没有公开。云南省民政厅管理的"云南民政"网站，公开了"已备案、注销备案境外非政府组织在滇代表机构名单"的信息，却没有公开这些备案的境外非政府组织的年检方面的信息。在北京市民政局、北京市社会团体管理办公室管理的"北京市社会组织公共服务平台"中，也没有看到涉外民间组织年检的信息。广东省在 2012 年 7 月召开的省委十届九次全会提出，在 2015 年前，全面推行在粤的境外非政府组织年检制度。可想而知，其他省份的相应工作的时间可能更迟。

4. 信息披露制度存有漏洞

信息披露制度专指基金会、境外基金会代表机构之类的境外非政府组织的财务会计报告、注册会计师报告、开展募捐、接受捐赠、提供资助等活动以及人员和机构变动情况等信息真实有效地向社会公众披露而建立的制度。在《基金会管理条例》中，信息披露制度是由境外基金会向国务院民政部报送其年度工作报告和在登记管理机构规定的媒体上向社会公众公布年度工作报告两大块内容构成。《条例》规定，境外非政府组织应当在每年 3 月 31 日之前向国务院民政部报送上一年度的工作报告。在两个报送期间，存在一个空白区，政府和民众无法及时获知境外非政府组织的捐赠信息、资金信息、活动信息等。目前我国采用的书面审查制度，因为信息获知有限性造成审查不可靠，加上登记管理机关的失灵等因素，使得境外社会组织的非法行为有机可乘，从而损害境外非政府组织的公信力。

（五）监管手段与方式单一

中国对境外非政府组织的监管方式既没有必要的评估，又没有社会监督机制制约，只有例行公事的"年检"。只要境外非政府组织在"三不政策"默许下开展活动而不违法，政府部门一般不会干涉，也无法干涉。这使得它们在华活动处于无正常监管和不规范的状态，更何况多数境外非政府组织没有依法登记。中国境外非政府组织的政府监管不到位，社会监管不可行。目前中国在对境外非政府组织开展新闻媒介监督、社会力量监督以及第三方监督等方面都十分薄弱，并未形成合理、科学、有效的监管平台与体制。

我国省级以上民政部门普遍未建立境外在华非政府组织的专门管理执法队伍。执法监督尚未引起政府的重视和支持。日常登记管理人员少，经费不足，根本不具备主动执法条件，无力开展主动的执法监管工作。

导致监管缺失（分为政府监管和社会监管两方面）的主要原因，一是政府人员配置不足。受监管人员编制的限制，政府缺乏专业和统一的执法力量。没有人力物力主动执法。二是政府建立的监管规章制度缺位，现行法律法规对于社会组织的信息、财务公开制度等方面尚无明确规定，这都不利于社会监管。三是外部监管力量薄弱，缺乏公开透明的社会监督机制。社会监管缺乏政府引导和监管平台。

三　完善对境外非政府组织的政府监管

对境外非政府组织的监管是一个复杂的系统工程，中国要在强化监管意愿的前提下，完善法律制度体系和监管体制机制，执行严格的年审公开制度，提升对境外非政府组织的监管水平和效果。

（一）建立相关部门的联动监管机制

中国政府如何形成科学、有效的涉外民间组织监管机制，建构新型的社会管理体制，既保护、鼓励和促进涉外民间组织在中国开展正常活动，又能有目的地加以引导、监督和管理，维护国家的主权和政局稳定，这既是一个理论问题，也是一个实践问题。

目前，中国境外非政府组织的监管主体主要是登记管理机关和业务主管单位，监管内容侧重于准入阶段的主体合法性审查而非准入后的运作活动，其他监管主体监管准入后的运作活动。然而，实际监管却出现多头管理、监管主体多元化带来的监管真空。因此，要厘清政府职责，规范监管主体行为。

首先，应理顺监管体制。设立专门的境外非政府组织管理机构，集登记管理、日常管理、信息反馈、问责等权限于一身，统一负责境外非政府组织的监管工作，负责与境外非政府组织的项目活动关联的政府职能部门对其运作情况监管的协调工作。明确境外非政府组织在华活动必须进行相关备案登记，必须遵守中国法律法规，并对故意违法行为作出明确的惩罚规定。登记管理机关要简化境外非政府组织的备案程序，严格登记注册。

其次，建立多机构合作的联动监管机制。除了登记机关、业务主管单位在登记和年度资格审查时对境外非政府组织进行监督管理之外，中国应明确厘清其他相关机构对境外非政府组织活动的监督职权，进一步梳理并明晰登记、税务、财政、司法、海关、质检等管理机关的监管职责，形成多机构立体的联动监管机制。如：(1)检察机关对境外非政府组织遵守法律的情况实施监督。(2)财政、税务、海关等机关对境外非政府组织收入的来源、所获得的资金的数额以及税收缴纳的情况实施监督。(3)环境、消防、卫生防疫机关及其他的国家检察机关可以对境外非政府组织履行各种现行规范和标准的情况实施监督。(4)国家外汇管理机关、海关、银行、安全部门等全力履行打击非法资金合法化（洗钱）和资助恐怖主义等行为。通过这些机构的监管确保境外非政府组织使用资金和其他财产符合组织创办文件所规定的目的，以及确保外国非营利性组织分支（代表）机构使用资金和其他财产符合其目的和任务，并将结果报告给决定相关非政府组织注册和将外国非营利性非政府组织分支（代表）机构列入法人登记簿的登记机关。

再次，应规范管理机关的监管行为。从重视"登记管理"逐步转向重视"活动过程"的监管。要制定具体可操作性的法律法规，明确备案登记、职能范围、职责划分、处罚力度等各个方面的规定，防止管理机关的自由裁量权的膨胀。同时，各级政府应加强综合性管理机构和专业化监管队伍的建设，负责本辖区内的境外非政府组织的登记管理、备案、年检，并逐级上报，形成强有力的统一监管体制，使境外非政府组织的整个工作活动和组织运作绩效法制化、透明化、程序化。

（二）　实行严格的年检公开制度

实行严格的年检制度。境外非政府组织要定期向登记机关、税务机关、社会公众等机构提交年度主要活动情况及财务税收状况的报告，明确载明组织的法律执行情况、机构和人员情况、工作开展情况。由审计部门或委托相关会计师事务所定期审核境外非政府组织的资金来源、费用管理情况。

境外非政府组织必须履行其登记义务，按规定定期向登记机关和业务主管单位报送年度报告。要求：（1）每年向登记机关报告该组织活动开展情况，并指出常设组织领导机关的现驻地、常设组织的名称及法人登记时的组织领导人的具体资料；（2）根据登记机关的要求，提交已经向税务机关呈报了的有关自己活动的年度总结报告和季度总结报告；（3）按规定的形式和期限向监督管理机构通报境外非政府组织从国际组织和外国组织、外国公民以及无国籍人士那里收到的资金和其他财产数额、实际消费和使用情况等。境外非政府组织分支机构每年必须在规定的时间，按规定的形式和期限，向登记机关通报有关该分支机构收到的资金和其他财产的数额，及其下一年度预定的分配和使用目的，以及本年度的实际使用情况，通报下一年度预计开展活动的计划，以及组织对上述资金和其他财产的具体使用情况。年审后，登记机关应明确公示年审结果。对于违反国家法律或者损害国家利益的，政府部门有权依法取缔或者不予登记；如果发生财产实际使用与其登记目的不一致等违法行为，政府有权取缔境外非政府组织分支（代表）机构。

建议将民间组织年检制度改为年度报告公示制度，任何社会组织和个人均可查询，加强境外非政府组织的监管。要在日常工作中及时发现在华活动频繁、资助数额大或渗透意图明显的境外非政府组织、项目管理人员的情况。

一是建立完善境外非政府组织信用信息公示制度。将境外非政府组织的登记备案、监管、年度报告、资质资格等信息通过信用信息系统予以公示。在进行境外民间组织监管制度设计的时候，要充分考虑政治防范的目的，对境外民间组织进入中国之初的准入领域、活动范围等方面进行总体规划，使我们在全面了解境外民间组织在华活动情况的基础上，既体现了服务的指导性和预见性，也防止了西方国家利用隐蔽性的经济、文化渗透推行其价值观，破坏中国社会政治的稳定。在登记、年度报告、评估等环节重点把关，对其资金流向、人员构成、活动情况等数据归类分析，把握其活动的总体情况，审视其活动是否符合中国法律法规的相关规定，不允许它利用慈善、扶贫等手段以实现政治目的的情况。我们在设计境外民间组织监管制度的时候，要重点考虑建立官方评价服务系统，由官方发布权威的年度统计数据，对境外民间组织年度的活动状况进行全面的总结和评价，并以此作为审核其在华活动资质的依据。需要注意的是，评价体系的设计要科学、精确，既要考虑硬性指标，也要考虑软性指标。

二是大力推进境外非政府组织的诚信制度建设。完善信用约束机制，将有违规行为的境外非政府组织向社会公布，使其"一处违法、处处受限"。要明确境外非政府组织在中国开展活动必须与中方法人签订协议并向管理部门备案。设立机构必须在登记管理机关依法注册，申明在华活动领域、范围和资金来源，依法接受有关部门监管、明确对违反规定的处罚措施。根据境外非政府组织的活动状况，在充分考量同国家政策指向、民生问题、社区关系、与群众关系的基础上，给予不信任、一般不太信任、信任、十分信任四个信任度评级。对于评价为不信任的境外民间组织采取劝说离境的方式，取消其在华活动资格；对于评价级别为一般的民间组织采取照会制度，由联络官约谈相关负责人，并对一些问题进行沟通、协调；对于评价级别为信任的境外民间组织，给予办理继续在华活动的准许登记；对于评价级别为十分信任的境外民间组织给予官方表扬，双方可以签订免检备忘录。对于违反有关法规和政策规定的境外非政府组织，情节严重的，应当依法给予行政处罚。

（三）建立健全境外非政府组织信息库

为了减少监管成本，提升监管效率，政府需要增加计算机网络、通信信息、取证办案等技术装备投入，建立境外非政府组织数据库，实现境外非政府组织数据信息化管理，方便数据的更新、维护和使用，推进境外非政府组织监督管理的信息化建设。建议由民政部门牵头建立全国性的境外非政府组织信息库、建立信息公开和监测模式等。相关部门组成的联席会议一并参与信息库建设和信息的维护和使用。健全监控网络和预警体系。信息库利用覆盖全国的内网构架平台，统计各省市所辖的境外非政府组织，包括已经登记、试点登记的和尚未登记的组织基本信息、活动信息等，做到网络互通，数据共享，信息联网。

在建设数据库时要注意以下几点：一是数据库录入目标要明确。是将组织自身的基本情况，还是其动态的活动情况，或是两者都录入数据库，在建立前应当确定。二是数据库的名称要统一，是建境外非政府组织数据库还是建境外社会组织数据库要确定（两者所指对象有一定差异）。三是要进一步明确各单位职责，落实经费，选择开发单位，制定数据库使用规定等。四是数据库定位和功能要统筹考虑，是建设单库还是共享库，数据库需要新增哪些功能，数据如何更新、跟踪等，各单位有待进一步统一认识。

境外非政府组织信息库的使用除了需要保密的之外，要尽量公开，以方便社会获取并监督。

（四）建立境外非政府组织的分类监督制度

登记管理机关要切实履行监督管理职责，根据分类管理原则，加强境外非政府组织的日常监督、年度检查和评估工作。

根据境外非政府组织的类型和活动特征，要划分出鼓励、允许、限制和禁止的领域，并明确公示告知境外非政府组织。对于准入领域拟定明确的境外非政府组织的类型，如公益慈善类、妇女儿童权益保护类、工商经济类、劳工维权类、政策研究机构类等。[①] 要对境外非政府组织的构成及其活动领域进行甄别归类，包括境外非政府组织的内部构成、资源背景、规模力量、活动领域等，并进行相应的潜在风险总体分析评价，实行分类管理，重点领域实行重点管理。登记管理机关要严格按照准入领域和风险

---

① 王亦君：《中国社会组织管理制度迎破冰期》，《中国青年报》2012 年 2 月 9 日。

评价结论，先行简化备案程序，给予境外非政府组织准法人资格，然后视其活动判断是否给予其登记注册。对于社会公益领域规模大、影响大和意义重大的少数境外非政府组织，可以实行公益认证制度。经过公益认证的组织从政策上可以享有相应的优惠待遇，在组织运作管理上要接受政府更加严格的统一监管。

政府对非政府组织的日常过程监督管理，要执行不同类别的制度，如信息公开制度、报告制度、评估制度以及税收财务制度，保证境外非政府组织的项目运作、资金使用等方面符合法律法规的要求，防止境外非政府组织对国家安全、民族团结以及社会和谐稳定可能造成的负面影响。境外非政府组织的活动信息应该定期向社会公开并及时进行全面更新，并定期向主管机关提交上一年度的工作报告和财务情况报告。当主管机关有充分理由怀疑境外非政府组织违反了法律、法规或章程的，可对其业务活动状况、财产状况或者账簿和文件资料进行检查。同时，建立切实可行的组织评估制度，作为今后境外非政府组织开展项目的参考依据。在税收、财务等配套制度方面，进行减免税登记，对从境外接受的资金进行规范管理，并定期进行审计。

（五）建立健全常态的境外非政府组织的现代监管体系

境外 NGO 的自律、政府管理与社会监督共同构筑了现代监管体制。

境外非政府组织自律是政府管理的基础。备案登记注册时，境外非政府组织应要提交组织章程，包括组织的性质和活动方向、组织的宗旨、使命和价值、组织活动的内容领域和地域范围等内容，方便境外非政府组织自觉遵循，也便于政府和社会据此监督。

境外非政府组织要健全社会组织内部治理结构，保障治理机构相互制衡，完善民主管理、诚信执业、信息公开、奖励惩戒等机制，提高社会组织自律能力。

社会监督是保障境外非政府组织健康发展的有效手段。要建立第三方评估社会组织等级制度。规范第三方评估机构的设立条件及资格认定，建立科学合理的评估指标体系及公平、公正、公开的评估程序；要完善舆论监督社会组织机制，规范媒体监督和公民监督的权限、程序及责任；要构建社会组织利益相关者监督制度，明确捐赠人和受益人的监督权、行使程序及救济机制。

要建立公益举报制度，建立完善的涉外组织退出机制，加强境外非政府组织的社会监管。

要健全境外非政府组织的信息公开制度。实行社会组织披露为主、政府披露及第三方披露为辅的模式，明确信息披露的内容、方式及责任。强化社会监督，发挥行业协会、专业服务机构、信用评价机构等社会组织的监督作用。完善社会舆论、民众对非政府组织的监督，形成政府的监督、独立的第三方评估、同行的互律、媒体与民众的监督的多元外部监督网络。通过信息公开，特别是财务、活动内容的信息公开，便于社会、公众对非政府组织的监督，从而实现非政府组织参与社会活动的公开化、透明化。

要加强专业执法队伍建设，充实对境外非政府组织执法监察力量。不断加强执法人员尤其是基层执法人员培训，着力提高他们的法律素养和专业技能知识，提升执法监察的绩效。

第十章 境内涉外社会组织的政府管理研究[①]

在中国境内社会组织国际化的历时态演进中，中国政府对之形成了应景式管理模式。这一模式的初级性决定了管理方式的落后、管理力度的孱弱、管理制度的缺失。它越来越不适应国内企业走出去、中国崛起和软实力发展对社会组织国际化的要求。需要向制度化管理模式转化，正确定位政府职能。政府提供完备法律框架、整体规划、提供公共产品或服务、财政支持、明晰政社关系等。当中国和平崛起受到外界质疑时，政府通过政策引导、制度规范、资源整合、扶持合作等，推动中国民间组织国际化的合法化、有效性的提升。

一 问题的由来

政府管理涉外民间组织的对象既包括在华境外 NGO，也包括境内涉外民间组织。为了推进中国民间组织国际化，也为了讨论作为整体的涉外民间组织的政府管理问题，本研究专设一章，以期抛砖引玉。由于外国商会实质上按照国内社会组织管理，因此，这里忽略。

民间组织国际化已是中国软实力发展与经济全球化的大势所趋。它既是国家外交的补充，也是企业走出去战略的需要，更是中国在大力培育、扶持鼓励民间组织发展的重要组成部分。但是，民间组织能不能走出去，以及如何走出去，除了民间组织自身努力外，还需要政府的支持鼓励和保障，需要政府的管理和服务。而中国政府有意识地将民间组织国际化纳入

---

① 境内涉外社会组织与境外在华非政府组织共同构成本书的研究对象，由于各种原因，单设一章。

管理与服务范畴的时间并不太长。从民政部发布的统计报告看，最早将"涉外民间组织"作为专门的一类组织进行统计，是 2007 年的全国民政事业发展统计报告和社会服务发展统计报告。在未来"一带一路"政策执行以及国际民间外交的背景中，中国政府在推动中国民间组织扮演什么角色？起到哪些作用？如何推动中国民间组织国际化的合法化、有效性的提升，这成为当前和未来中国面临的亟待处理的重大问题。

　　该问题的现实紧迫性还来源于国内外的三个"质疑"，这些质疑将问题推向前沿。一是国际社会对中国和平崛起的质疑。该质疑产生的原因有许多，其中之一就是中国民间组织在国际舞台集体缺席或失声，其作用和功能缺失。要打开世界质疑者的心结，回应"军事威胁论"、"经济威胁论"、"资源能源威胁论"、"生态环境威胁论"等不实话语，中国政府在自身行动的同时，需要发挥民间组织的作用，履行民间组织国际化的资源整合者职责。二是国内舆论对于中国民间组织对外援助的质疑。在中国自身面临的社会问题没有有效解决的同时，民间组织的对外援助受到国人质疑。政府如何构建适宜的外部环境，在回应国民质疑中扮演舆论引导者角色？三是公众和社会组织对中国民间组织自身走出去能力的质疑。政府在民间组织能力提升中如何履行能力促进者职能？

　　目前，关于政府对国际民间组织管理的研究，在国际政治领域有两个重要理论：一是约瑟夫·奈与罗伯特·基欧汉提出的国家间"相互依赖"的世界政治范式，亦即世界政治的双边互动不仅是国家间互动，还包括跨国关系；二是玛格丽特·凯克（Margaret E. Keck）与凯瑟琳·辛金克（Kathryn Sikkink）的跨国倡议网络的"回飞镖"模式理论，从国际关系理论的角度，将民间对外援助作为跨国关系的重要一环，研究民间组织从事对外援助这种跨国关系（transnational relation）。

　　另外，美国哈佛大学教授江忆恩（Alastir Iain Johnston）[1] 介绍了美国学者关于中国与国际组织关系研究，指出美国学者的 10 个研究结论，其中有：中国越来越成为国际组织的积极参与者；中国参与率的增加，很大程度上取决于国内合法性问题；中国参与国际组织的方式相对被动等。

---

　　[1]　江忆恩、肖欢容：《美国学者关于中国与国际组织关系研究概述》，《世界经济与政治》2001 年 8 月。

中国涉外民间组织政府管理的研究是近 5 年的事情，大多集中于"前研究"，即关于是否需要走出去、民间组织国际化的必要性等论证，而对政府如何管理的研究相对较少。主要研究内容有：

一是论证中国民间组织走出国门的必要性。从开发和利用国际慈善资源、提升国家地位和形象、学习国际慈善经验、回馈国际援助等方面证明走出国门的必要性（刘世英 2011；李安山 2008；董菁、王振耀 2012；魏博 2013）①。

二是研究中国民间组织走出去的个案②，如中国扶贫基金会援助非洲案例（赖钰麟 2013；灵子 2010），中国国际民间组织合作促进会的国际化平台的做法（马广志 2013）。

三是更深层次的研究，有民间组织国际化的路径探讨（黄浩明等 2014；吕晓莉 2012；毕维尹 2014）③ 等。

这些分析从民间组织国际化现象出发，寻找问题，并尝试找到解决问题的答案，为我们的研究提供了许多事实性素材。由于民间组织国际化被看作是企业走出去战略的伴生物，且中国民间组织迅猛发展时间并不太长。因此，从政府管理视域的学理性的研究并不多见。这些研究还处于政策议程设置的民众呼吁阶段，没有系统回答以下问题：面对中国民间组织走出国门这一必然趋势，中国政府在其中应该扮演什么角色？起到哪些作用？更没有政府管理境内涉外民间组织的负面清单。

这里的几个概念的边界需要说明。涉外民间组织、民间组织外交与民间组织国际化是具有交集的不同概念，分别指代名称、活动、动作过程。

----

① 《刘世英的 BLOG》，（http：//blog. sina. com. cn/liushiying 2011 – 08 – 29）；李安山：《为中国正名：中国的非洲战略与国家形象》，《世界经济与政治》2008 年第 4 期；董菁、王振耀：《中国民间组织走出国门合乎世界潮流》，2012 年 5 月 21 日，人民网；魏博：《中国从受援国变为援助国亟须转变对外交往模式》，2013 年 12 月 18 日，中国网/中国发展门户网。

② 赖钰麟：《民间组织从事对外援助：以中国扶贫基金会援助非洲为例》，《国际论坛》2013 年第 1 期。马广志：《民间组织的国际化路径，专访中国国际民间组织合作促进会副理事长兼秘书长黄浩明》，《华夏时报》2013 年 2 月 21 日第 019 版。灵子：《一个官办基金会的转身》，《南风窗》2010 年第 23 期。

③ 黄浩明、石忠、张曼莉、杨洪萍：《中国社会组织国际化战略与路径研究》，《中国农业大学学报》（社会科学版）2014 年 4 月。吕晓莉：《中国非政府组织的国际化路径研究》，《当代世界与社会主义》2012 年第 6 期。毕维尹：《中国公益组织"走出去"有多难？》，2014 年 3 月 28 日，慈传媒：《中国慈善家》。

民间组织外交可以在中国境内，也可以在境外。只有参与境外尤其是国外活动的民间组织，才具有国际性，具备非政府组织的国际性特征。当然更高层次的国际化不仅仅指人员、资金、活动的国际化，还要包括民间组织的国际战略和国际影响力。

二　境内涉外民间组织的政府应景　管理模式确立的四个阶段

新中国成立后，中国政府着手推动民间组织对外友好交往。通过建立友好协会、人民团体等组织，设置管理机构、给予资金优惠等提供人财物的方式，以及在外交领域、经济贸易方面赋予民间组织相应职责，建立起了适应当时情况、符合特定政治社会需要的应景式的、个案型、随机化的管理模式。该模式的发展经历了四个过程，即组织建设阶段、国际活动支持阶段、搭建全国性交流平台阶段、初级战略管理阶段。

（一）组建官办人民团体并赋予职责的阶段

新中国成立时，为了推动国际民间交流与交往，政府在清理旧社会民间帮会的同时，建立全国性的官办友好协会、人民团体，承接部分涉外民间交流交往事务。只是，民间组织的参与由政府主导，国际事务的绝对主体仍然是政府。

中华人民共和国成立的第五天，1949 年 10 月 5 日，最早的全国性群众组织——中苏友好协会总会在北京成立。之后，举办各种形式的展览会，派出代表团赴苏考察学习，与在华苏联专家接触和沟通。

20 世纪 50 年代，周恩来总理提出，中国的外交是官方、半官方和民间的三者结合，要求推动中国民间外交。政府鼓励支持官办人民团体、社会组织的建立和发展。新中国成立前后建立并被政府赋予民间外交的职责的组织有：工会、青联、妇联、中国人民保卫世界和平委员会、红十字会、体育总会、中苏友好协会、中国人民外交学会、中国国际贸易促进委员会、中国人民对外文化交流协会等。如 1954 年 5 月 3 日成立中国人民对外文化协会（1966 年改称中国人民对外文化友好协会，1969 年起用中国人民对外友好协会名称）。1957 年将 1949 年成立的中华全国民主妇女联合会改名为"中华人民共和国妇女联合会"。1960 年成立中国非洲人民友好协会。1953 年 3 月，中国盲人福利会在北京成立。1955 年 7 月，中国聋人福利会以筹委会身份加入世界聋人联合会，并在第二届世界聋人代表大会上当选为世界聋人联合会第二届执行局委员。1956 年 2 月，中国聋哑人福利会正式成立。1960 年，经国务院批准，中国盲人福利会、中国聋哑人福利会合并为中国盲人聋哑人协会。

由于新中国成立初期与中国建交国家数量少，中国国内管理体制集权化以及两大阵营对立，中国与外界的民间交流活动相对较少，主要集中在人民团体互访、参加国际会议、辅之以政府主导的国际救灾和对外援助。

这些民间组织对外开展交流活动，如 1953 年中国红十字会与日本红十字会等中日民间团体帮助 3 万多在华日侨归国，拓展与西欧和亚非国家的民间贸易往来，增加了与世界各国人民之间的相互理解和友谊，促成了中美、中日等关系正常化，在配合中国总体外交战略中发挥了基础性作用（参见六集电视纪录片《新中国民间外交实录》）。

（二）建立协调机构并鼓励参加国际组织的阶段

1971 年中国恢复在联合国的席位，这既为中国外交打开了空间，也为民间组织的国际化提供了平台。自此至 20 世纪 80 年代末期，是中国参与相应国际组织的起步期。

1. 继续建立有官办背景的专门性民间组织，参与联合国及其下属机构活动

如果说，新中国成立初人民团体的建立是为了民主政治的发展，那么，20 世纪 70 年代后全国性社会组织的建立则是为了民生事业的发展。

一部分残疾人组织成立并参加国际残疾人组织的活动。1984 年 3 月 15 日，中国残疾人福利基金会在北京成立。1987 年，经国务院批准，在中国盲人聋哑人协会基础上组建中国残联及其地方组织。他们参加国际残疾人竞技大会、第 17 届日本全日残疾人体育活动，访问日本盲人联合会和全日聋人联盟等 14 个单位，并与世界盲人福利会、国际盲人联合会和瑞典残疾人国际援助机构友好来往。1984 年，国务院批复同意民政部、外交部《关于参加世界盲人联盟的请示》，中国盲人聋哑人协会成为"世界盲人联盟"组织的成员。

体育性组织参加国际性运动会。1986 年，经民政部、国家体委批准，中国聋人体育协会在北京成立。成立后，加入了国际聋人体育联合会（CISS）。中国残联参加 1985 年哥伦比亚第二届残疾人职业能力世界锦标赛，1986 年赴印尼参加第四届远东及南太平洋地区伤残人运动会。

加入国际同类组织是中国民间组织走出去的主要路径。中国参与国际组织的历程"开始于中国在联合国的合法席位恢复之时"①。后来更多的组织加入国际同类组织。如中国科协系统的 131 个国家一级的协会和学会代表中国加入到 261 个科技类国际组织之中。1979 年到 1989 年政治风波前，由于经济现代化的推动，中国参与国际经济组织（如世界银行和国际货币基金组织）增多。参与国际经济组织对中国获得发展援助、技术和经济专门知识很重要。

2. 建立相应的专门协调机构，克服国际民间组织之间交流的障碍

为了对等地进行交流合作，体现间接性和民间性，中国政府专门成立国际民间组织合作的协调机构——中国国际经济技术交流中心。1986 年，外经贸部、外交部、财政部、国家宗教局、国家海关总署五家单位联合向国务院递交《关于开展国际民间组织合作事宜的请示》。1987 年获批后，在中国国际经济技术交流中心成立国际民间组织联络处，具体负责与国际民间组织合作的协调工作。后来改为国际民间组织合作促进会，1993 年正式在民政部注册登记。之前，一直为官方背景，主要接受国外的援助和资金项目。业务范围包括：参与国际多双边机构和国外民间组织的交流；通过交流活动，寻求合作，筹措资金；执行国际多双边机构和国外民间组织在中国的援助项目等。

3. 出台资金管理制度，开始实行小范围税收优惠政策

1984 年中国残疾人福利基金会成立后，为了接受国外捐赠，作为特例，中央领导批示同意，准予免税捐赠进口。同年 10 月，财政部发出《关于社会福利生产单位征免税问题的通知》。1984 年联合国国际康复会组织接纳中国残疾人福利基金会为正式会员国（中国台北康复医学会作为准会员，仍留在该组织）。1987 年国务院同意组建中国残疾人联合会（简称残联），中国残联享受局级待遇，由民政部代管，在国家计划中单

---

① 徐莹：《中国参与能源国际组织的现状及前景》，《现代国际关系》2010 年第 12 期。

列户头，与国务院各部门和各省、自治区、直辖市建立业务联系。为了更好地运作资金，中国人口福利基金会经中国人民银行批准于 1987 年成立，它是民政部注册的全国公募非营利公益组织。这样，初步建立了中国境内基金会涉外活动和涉外资金管理体制。

（三）搭建全国性交流平台的阶段

在王振耀看来，从 20 世纪 90 年代开始，境内社会组织国际化大体归纳为四个阶段。一是以世界妇女大会为代表，介绍中国民间组织；二是以曹德旺先生的福耀玻璃到外面去打官司为一个标志，走到国际社会；三是以世界环保大会为标志，民间自己出钱，到国际舞台发声；四是企业家基金会具有主体意识，到国际上不仅是发声，而是要建设国际大家庭[①]。可见，政府围绕经济建设的中心工作，开始有意识地主动与社会组织合作。1996 年，联合国理事会关于非政府组织咨商地位的决议，肯定了非政府组织参与联合国会议权利，促进了非政府组织的国际化发展。

1. 积极主动向国际社会展示中国民间组织，提供境内涉外民间组织交流平台

1995 年，政府出面组织联合国第四次世界妇女大会，为民间组织对外交流搭建平台。联合国第四次世界妇女大会在北京国际会议中心举办，确实是中国民间社会走向国际的一个标志性事件，尤其是会议期间举办的非政府组织妇女 95 论坛，作为世界妇女大会的辅助性会议，吸引了来自世界各地非政府组织的三万多人参加，其中境外与会者 26549 人，中国与会者 5000 人。达到了让世界了解我们、了解中国社会组织的目的。

在政府推动下，"在 20 世纪 60 年代，中国实质上尚未有意识地参与政府间国际组织，但到 90 年代，中国已经成为大部分政府间国际组织的成员。事实上，中国参与的政府间国际组织的绝对数目是美国参与数的 80%"[②]。

2. 制定了境内涉外民间组织管理法规制度

1980 年 10 月 30 日，国务院颁布实施《关于管理外国企业常驻代表

---

① 董菁：《王振耀：中国民间组织走出国门合乎世界潮流》，人民网 2012 年 5 月 21 日。

② 江忆恩、肖欢容：《美国学者关于中国与国际组织关系研究概述》，《世界经济与政治》2001 年 8 月。

机构的暂行规定》，港澳台和外国非营利性经济贸易组织驻华代表机构经商务部（原外经贸部）审批，可在各地工商部门作为外企驻华代表机构进行注册登记。为了发挥民间组织在经济领域民间贸易的作用，拓展民间贸易，1989 年 4 月发布 7 月 1 日实施《外国商会管理暂行规定》，这可以说是对境内社会组织国际化进行规范管理的开始。明确规定外国商会的设立、注册、注销等，规范了境内部分涉外民间组织人员的管理。同年 10 月国务院发布了《社会团体登记管理条例》，要求国内外 NGO 组织登记注册，促进经济领域涉外 NGO 的管理走向规范化。

（四）初步确立民间组织国际化战略的阶段

民间组织国际化战略可以从两方面说明：一是民间组织确立走出去的组织战略，从自发国际化走向自觉国际化。二是政府有意识推动社会组织走出国门。

1. 从民间组织的视角看，21 世纪后，涉外民间组织数量和活动方式增加。民间组织与发达国家合作举办国际学术会议，提供人员培训。2000 年中非合作论坛北京峰会后，中国民间组织推动中非农业技术和管理经验的合作大大增加。有些组织发掘本领域资源，在非洲开展慈善、医疗、环保、教育、农业开发等援助和合作项目。如中国光彩事业促进会与民间商会合作，一些大学与中国教育国际交流协会合作。2007 年中华慈善总会承办境内民间捐款，交付印尼海啸灾民使用。中华全国妇女联合会向非洲妇女机构提供小额贷款，派遣刺绣、编织等技术培训小组等。这些表明"中国公益组织已经涉及国际人道主义援助事务，标志着中国公益组织的发展已经步入国际轨道"。①

中国民间组织真正将国际化作为战略并予以实施的时间，可以追溯到中国扶贫基金会 2004 年提出的"向国际化发展"的战略。此后，基金会曾先后参与印尼海啸救灾、美国卡特琳娜飓风、巴基斯坦地震、海地地震等灾害的救济工作，以及 2010 年在苏丹的人道主义援助。中国扶贫基金会的"对外援助工作深具特色，从紧急救援行动，到本土项目国际化，

---

① 马广志：《民间组织的国际化路径，专访中国国际民间组织合作促进会副理事长兼秘书长黄浩明》，《华夏时报》2013 年 2 月 21 日第 019 版。

再到机构组织调整，最后是国外实地执行项目"①，走出了国际化的特色。

成立于 2005 年 10 月的中国民间组织国际交流促进会，组织的定位就是专门从事国际交流与合作的联合体。

在国外设立国际机构，则是 2013 年 2 月 20 日的事，中国儿童少年基金会在英国设立一个海外联络部，设有一个分支机构。

2. 从政府的视角看，民间组织国际化渐渐进入政府管理视野。从经济领域被动推动，到文化领域的主动布局。

1995 年，联合国第四次世界妇女大会在北京的召开使政府认识了民间组织国际化的力量和影响，也是政府推动境内社会组织国际化的前奏。

早期政府赋予涉外民间组织经济职能——明确授权和委托行业协会反倾销职能。从某种意义上说，企业走出国门为民间组织走出国门提出了要求，也是社会组织国际化的基础和前提。但是，中国政府在背后的推动作用并不明显。随着对外贸易的快速发展和市场开放的持续推进，中国进入了贸易摩擦的多发期，仅在 1995 年到 2009 年，"世界共有 27 个国家和地区对中国出口产品共发起了多达 746 起的反倾销立案调查②"。为了保护企业利益，发挥行业协会协助或贯彻执行政府意图、营造良好的外部竞争环境的作用，中国民间组织的国际化开始进入政府的视线。2001 年，国家经贸委国经贸产业 144 号文件正式明确授权和委托 131 个行业协会在反倾销、反补贴、保障措施工作中的有关职能。除中国石油和化工协会外，其他被授权的行业协会有中国商业联合会、中国物流与采购联合会、中国煤炭工业协会、中国机械工业协会、中国钢铁工业协会、中国轻工行业协会联合会、中国纺织工业协会、中国建筑材料工业协会、中国有色金属工业协会等。行业协会被推到国际经济的舞台，被当作国家经贸委反倾销、反补贴、实施保障措施工作体系的一个重要组成部分，发挥了重要作用。如 2002 年，温州烟具协会应对欧盟打火机反倾销诉讼事件。

2003 年 3 月 20 日，由业务主管单位和登记管理机关联合公开颁布的

----

① 赖钰麟：《民间组织从事对外援助：以中国扶贫基金会援助非洲为例》，《国际论坛》2013 年 1 月 10 日。

② 刘爱东、梁洁：《1995 年—2009 年国外对华反倾销案件统计分析》，《中南大学学报》（社会科学版）2010 年第 8 期。

第一个部门规章《台湾同胞投资企业协会管理暂行办法》由国务院台办和民政部联合颁布。它是专门针对 1990 年境内有关部门批准成立的台资企业协会（以下简称台企协）的管理办法。

2004 年也是重要转折年。中国"威胁论"的民意基础受到国家领导人关心，国家有意识地、主动推进软实力文化建设。中国推广汉语和传播中国文化与国学的教育和文化交流机构——孔子学院（Confucius Institute）在国外发展。自全球首家孔子学院 2004 年 6 月 15 日在乌兹别克斯坦塔什干成立，11 月孔子学院在韩国成立以来，到 2014 年 9 月，中国已在全球 123 国合作开办了 465 所孔子学院和 713 个孔子课堂，成为汉语教学推广与中国文化传播的全球品牌和平台。孔子学院发展中国与世界各国的友好关系，增进了世界各国人民对中国语言文化的理解。

2006 年《中国对非洲政策文件》提到，在减灾、救灾和人道主义援助方面，鼓励民间组织与非洲相关团体开展交流与合作。

2007 年《关于中央企业履行社会责任的指导意见》明确要求央企从事社会公益事业，推动企业借助基金会去履行社会责任。

2011 年后，政府有意识地服务于境内涉外社会组织。2011 年 8 月，上海市试行开展为全市社会组织涉外活动提供服务。服务内容包括：相关政策咨询和解读；为社会组织涉外活动中涉及的境外组织、人士、资金等提供相关协查；为社会组织涉外活动中遇到的问题协助其与政府相关部门进行沟通协调等服务[①]。之前，主要是监管和统计、年检等日常工作。民政部公告第 333 号"国际性社会团体 2013 年年度检查结果公告"所称的国际性社会团体年检合格 28 个。

2012 年 11 月在北京举行的第五届世界环保（经济与环境）大会，作为十八大之后的第一个国际环保盛会，全国人大财政经济委员会、全国政协人口环境资源委员会、国家环境保护部、国家发展与改革委员会等政府相关部门或所属单位给予国际性会议大力支持。

2012 年，作为首个中国民间组织走出国门实施的公益项目，苏中阿布欧舍友谊医院不仅是中国扶贫基金会第一次跨出国门的国际化实验，也

---

① 王正玲：《上海市试行开展社会组织涉外服务工作》，《中国社会报》2011 年 8 月 18 日第 001 版。

开创了中石油海外慈善的崭新模式①。

2013 年 10 月召开的周边外交工作座谈会，是中国首次就周边外交工作的专门会议，习近平总书记提出，要打造一支活跃在周边的民间外交队伍。

可见，政府在政策、法规、资金、人员、环境方面给予民间组织国际化支持和鼓励。

三 境内涉外民间组织的政府应景式管理模式的问题分析

（一）政府的个案化管理

中国民间组织走出去，有的源于政府的指导，有的源于社会基层自发行为。这些活动既取决于政府需要，也取决于偶然的国内外事件。由于管理经验的缺乏，中国政府采取个性化的管理方式。对于涉外民间组织的建立以及活动采取特事特批的做法，建立工具意义的应景管理机构。在各种涉外民间组织的建立、人员的事业单位管理、资金管理的特事特办、相应活动批示审查等表现非常明显。比较有说服力的案例就是中国民促会（前身是 1985 年中国国际经济技术交流中心成立的民间处）的发展，以及中国残疾人福利基金会作为特殊情况，准予免税捐赠进口等事项。

（二）政府管理的手段直接单一

1. 政府主导的行政化痕迹明显。"中国早期很多具有官方背景的非政府组织是在国际社会的提议下建立的，而中国政府之所以接受对方的建议，其主要目的是为了更方便地获得境外资源，该过程体现出来的'诱导性'特征相当明显"。② 除了早期与国际社会建立联系的社会组织的建立得到政府"诱导"之外，还有一些社会组织的国际活动本身就是在政府指导下完成，或得到政府授意。后期有跨国企业的推动，但是政府的主

---

① 侯力新：《中国扶贫基金会赴苏丹医疗志愿者出征仪式举行》，凤凰网公益，2012 年 6 月 29 日（http://gongyi.ifeng.com/news/detail_2012_06/29/15661841_0.shtml）。

② 崔开云：《国际制度环境下中国政府与非政府组织关系研究》，南京师范大学出版社 2011 年版，第 149 页。

导仍然存在。尽管 2002 年 8 月一批草根环保民间组织参加约翰内斯堡地球环境峰会（WSSD），逐渐成为参与国际事务的不可忽视的新兴力量，但整体而言，中国草根组织的国际化进程相对落后，行政化色彩比较明显。

2. 以国家级协会商会为依托的直接管理。20 世纪 70 年代以来，有官方背景的人民团体日益广泛地参与国际事务，它们在联合国体系内外的作用和影响不断增大，在各个领域里也得到了不同程度的承认。

3. 建立了社会组织涉外活动报告制度。根据国务院《社会团体登记管理条例》、《民办非企业单位登记管理暂行条例》、《广东省行业协会条例》的有关规定和有关外事要求，要求在涉外活动中履行事先报告的职责。但是现实中，仍有不少民间组织不履行事先报告的职责。为此，广东省、安徽省等民政部门出台文件，落实报告制度。广东省 2007 年出台文件《关于实行民间组织涉外活动报告制度的通知》（粤民〔2007〕40号），决定实行民间组织涉外活动报告制度。2009 年安徽省民政厅印发了《社会组织涉外活动报告制度》（民管字〔2009〕174 号），来规范社会组织涉外活动行为，但仍存在报告不及时、不经常、不具体等问题。为进一步加强社会组织涉外活动管理，2014 年再次作出"关于进一步落实社会组织涉外活动报告制度的通知"。

报告制度规定了：社会组织涉外活动是指社会组织与境外（含港澳台地区）组织个人的交往和合作等有关事项、活动。报告事项涉及：在境外培训、访问、交流、参会、展览展销等活动；以及聘请境外人士担任社会组织名誉性职务，或社会组织或社会组织成员应邀加入境外非政府组织或担任境外非政府组织有关职务；与境外组织的合作项目；接受境外组织的捐赠、资助等。

坚持一事一报制度。广东省规定，各社会组织办理年检时，应将该年度的涉外活动情况，在年检报告书的有关表格上如实填写。凡在年度检查时发现未如实填写涉外活动情况的，一律确定为该年度年检不合格。目的是维护政治稳定和社会稳定的大局，切实加强对民间组织涉外活动的监管，及时掌握民间组织涉外活动情况，严肃民间组织涉外活动纪律，规范民间组织涉外活动行为，促进民间组织对外合作交流健康、稳步发展。

（三） 政府主导国际化处于初级阶段[1]

1. 社会组织国际化行为不均衡。中国非政府组织对外交往能力参差不齐，存在区域差距、组织差异和活动范围的差异。非洲地区是中国社会组织活动的主要地区，发达国家主要成为社会组织学习、考察、培训的主要区域。国内经济比较发达、国际化程度较高的城市社会组织对外交往活动层次高。有一定政府资源背景的社会组织是对外交往中的主力军。一些民间社会组织的对外交往还取决于组织核心人物的精英因素以及组织的工作取向。

社会组织国际化参与度不足。参与国际事务的主体大多是人民团体、国家级的协会、学会、基金会和促进会。民间 NGO 只有少量的参与。这与中国社会组织中缺乏综合素质较高的人才有关。

2. 社会组织国际化活动的浅表层次。许多民间组织的国际事务局限于参加培训、会议、活动。与境外组织、人士开展国际合作项目，加入境外非政府组织相对较少。中促会联合体、妇联等与外国对应组织合作，或资助，或办会，或互派交流等，影响有限。"还没有真正形成实体类的民间组织在海外设立的办事处和工作执行机构。这点落后中国台湾地区的'慈济'20年。而近邻日本国内从事国际合作的民间组织就达到了354家"[2]。即使是与非洲各国的交往，其主要方式也只有"高层交往、物资技术援助、人员培训等"[3]。

3. 实质性有影响的活动还需要提升。国际活动的方式主要有几个方面：邀请境外组织、人士参加在境内或在境内共同举办的培训、会议、活动；参加境外非政府组织在境内（外）组织的培训、会议、活动；与境外组织、人士开展国际合作项目；加入境外非政府组织；申请及接受境外组织、人士的捐赠、资助；聘请外籍员工、志愿者等涉外（含港澳台地区）活动。除了中国民促会等平台组织外，一般社会组织以项目合作的方式参与国际事务比较少。在外国设立办事处、项目合作、结合对象国需求参与抢险救灾等重大事件、实施当地人需要的具有影响力的扶贫济困项

---

[1] 马广志：《民间组织的国际化路径，专访中国国际民间组织合作促进会副理事长兼秘书长黄浩明》，《华夏时报》2013年2月21日第019版。

[2] 同上。

[3] 刘鸿武、沈蓓莉：《非洲非政府组织与中非关系》，世界知识出版社2009年版，第10页。

目和资助工作、直接与政府一道参与国际扶贫或救援、搭建交流平台等实质性影响广的以项目合作的方式参与国际事务的组织更少。

4. 尽管起步晚，但是中国民间组织对外交往意识提高，活动增多。无论是自上而下成立的有政府背景的社会组织，还是草根民间社会组织，都有着不同程度的对外交流意识。有的社会组织已经把走向国际化作为组织发展的目标之一。在一些社会组织的组织构架中，可以看到专门负责对外交流的相关部门。以北京市为例，根据 2009 年开展的调查统计显示，北京市非政府组织中有经常性国际交往的占 25%，每年一至五次的占 45%，偶尔开展的占 12%，基本没有的占 18%。① 这一结果虽然不能代表全国的普遍水平，但这些数字本身印证了非政府组织在国际交流领域中参与度不断加深。

总的说来，虽然中国社会组织开始走出国门，在政治、外交、经济、文化领域发挥了一定作用。但是，与中国经济社会发展需求还存在差距，处于发展的初级阶段。一是社会组织在拓展国际交流合作中的角色与中国的负责任的大国实际国际地位还不匹配。二是中国社会组织国际影响力与发达国家相比还有不小的差距。三是中国社会组织在中国经济社会建设中的作用能力与社会现实需求之间还有较大的差距。社会组织国际化的速度和能力与企业、国家、大众的需求还有一定的距离。

（四）政府管理服务不足

形成上述问题的原因是多方面的。从政府层面来看：

1. 对社会组织走出国门的认识不够全面。虽然中央对社会组织的发展管理已经有了明确的指导思想，但是，管理部门对于社会组织国际化的作用和功能仍然存在认识偏差，固守部门化的认识。不能站在宏观视角，从国家安全的理念加以认识，缺乏国际化的视域。

2. 法律体系不健全。目前社会组织管理三个行政法规和若干部门规章，几乎没有关于境内涉外社会组织走出国门的管理的内容。有些对境内涉外民间组织的管理只是基于国内的管理，没有推动国际化的表述。对外援助的规定仍然沿用 20 世纪 90 年代的做法，其中根本没有社会组织的位

---

① 胡东、房波、马中璞：《支持北京市民间组织主动参与国际活动——促进首都社会建设的政策思考》（http://www.bjqx.org.cn/qxweb/n42885c613.aspx）。

置。这一状况在 2014 年底实施的中国商务部发布《对外援助管理办法（试行）》才有所改善。其中第二十五条规定商务部依法对援外项目中方实施主体资格进行管理，没有排除社会组织参与对外援助的可能。

3. 政府扶持不到位。尽管这些年从中央到地方陆续出台了对社会组织的一些相关扶持政策，但在税收优惠、财政资助、人事管理、社会保险、承接政府转移职能以及参与提供公共服务等方面，还没有专门针对涉外社会组织的服务政策，只有上海市出台的浅层次的咨询服务项目政策。

4. 管理体制不完善。目前中国社会组织实施双重管理体制，但是，对于社会组织的涉外事务的管理却没有明确规定。中央顶层设计的缺失导致地方管理的不适应，全面有效地对境内涉外社会组织的管理服务等职责不清晰。导致地方政府的管理要么缩手缩脚，要么在政策边缘游走。有的省份采取外事部门合作方式进行管理。

四 境内涉外民间组织的应景式管理的改进与建议

相关法律法规的欠缺、公众意识、资金、人才等一直制约着民间组织国际化发展。中国政府应当在民间组织的国际化中有所作为，从战略、思想、行动、措施等方面进行统筹安排和构建。

（一）政府要充分认识民间组织国际化的必要性

政府需要在战略上确定民间组织的国际化的政策导向。但是，由于政策制定者对于民间组织走出国门存在认知差异和观念落差，作为大国的中国，战略考虑远远不到位。需要政府从国家大局以及国家安全的宏观视角充分认识社会组织国际化的必要性重要性，使中国非政府组织在国际舞台上承担更多的国家和社会发展的责任，解决政策导向的混沌。

1. 民间组织国际化已成为提升国家综合国力软实力的重要组成部分。现代国际政治，不仅国家行为体在起作用，非国家行为体——社会组织的影响也非常巨大。民间组织参与国际活动，是当代国际政治发展的趋势。在一定程度上，它发挥着国家利益的积极维护者的作用。民间组织在国际各种场所和纷繁复杂的社会事务、公共事务方面，有着便利可及性。西方国家利用国际 NGO，广泛参与和影响国际活动，有的在外围制造舆论，争取母国利益，这种做法值得中国学习。

2. 民间外交是国家外交的必要补充，能够增进国际友好，推动国际社会和平与发展。民间外交具有灵活性、广泛性、稳定性和多样性等特征，是国际交往与国家总体外交不可或缺的组成部分，是政府间外交的有益补充者、国家形象的多元塑造者。在有些场合，民间外交比政府外交更有说服力、更富有实效，有利于树立积极、正面的国家形象，帮助实现政府外交目标和国家整体利益。中国外交实践应该注意话语主导权作用，运用民间组织发出自己的声音。

民间组织的慈善活动往往比政府援助更能渗透到受援国，更容易受到当地人民的信任，也更容易促成深层次的了解与合作。中国从受援国变为援助国亟须转变对外交往模式，需要凝聚民间智慧，拓展公共外交，推动出资平台向参与式资助发展，形成与政府对外交往的合力。

3. 民间组织国际化是企业走出去战略的需要。从 2004 年中国政府提出企业走出去战略以来，中国企业从个别抢滩，到成建制地闯荡海外市场，再到国家层面"一带一路"战略导引下的产能与资本的有序布局，一路走来，取得了一定成绩，但同时也伴随着质疑之声。中国企业如何获得其他国家的信任，其中民间组织的功能不可或缺。商业世界越来越离不开慈善世界，许多商业活动需要境内民间组织的配合协作，需要民间组织对中国走出去政策的宣传、解释和说明，需要民间组织的协调沟通。

4. 推进民间组织国际化有利于民间组织的发展。中国民间组织国际化，可以学习"全球慈善"的理念，可以开发和利用国际慈善资源，壮大中国慈善事业实力；可以学习国际组织的资金监管机制和运作方法，提升慈善专业化的程度，促进民间组织自身的发展。

（二）营造境内民间组织走出国门的良好环境

政府需要营造中国民间组织走出国门的舆论环境和法治环境，解决公众质疑和参与意识滞后的生态环境。

1. 完善相关的法律法规，加强对境内涉外社会组织的法制化管理

合法化来源于两个方面：合乎法律规定和民众认同。就前者看，境内非政府组织涉外活动还不能做到有法可依，需要完善法规、政策和管理制度。到目前为止，中国相关法律制度还不完善。2014 年 12 月 22 日境外

非政府组织管理法草案提请全国人大常委会审议，现在仍在征求意见中。在现有非政府组织的管理条例中尚未明确提出民间组织在世界各国设立分支机构和代表办事处的内容。这些都亟须改变。需要出台专门针对民间组织走出去的规章制度，对走出去的方式、途径，管理体制、资金运作、人员管理作出明确规定。

2. 中国政府的官方发展援助体系要考虑社会组织的参与

1950 年，中国向朝鲜和越南提供物资援助，拉开中国对外援助的序幕。1964 年，周恩来访问非洲十国期间，宣布了以平等互利、不附带条件为核心的对外经济技术援助八项原则，确立了中国开展对外援助的基本方针。1983 年，中国提出同非洲国家进行经济技术合作应遵循"平等互利、讲求实效、形式多样、共同发展"四项原则，进一步发展了"平等互利原则"。2011 年，国务院新闻办公室发布《中国的对外援助白皮书》，其中"对外援助政策"一节详细阐述了中国对外援助政策的基本内容。中国对非援助的基本政策已经从援助、捐助转向了互惠互利的经济合作，非政府组织参与的"以解决社会问题为导向的援助思路区别于传统的政府援建项目"。

对外援助的国际法律规范是国家和国际组织从事对外援助的国际法依据，主要包括适用于对外援助领域的国际法基本原则、规范对外援助行为的国际条约以及指导对外援助实践的国际组织和国际会议决议三类，这三类法律文件构成了对外援助的国际法律框架。目前规范中国对外援助工作的法律文件主要是部门规章和规范性文件。2014 年 12 月 15 日，中国商务部发布《对外援助管理办法（试行）》开始实施，这是中国在对外援助管理方面颁布的第一个综合性的部门规章。2011 年前的许多规定[1]，援助主体都是政府，没有对社会组织援助的表述。如：2008 年的《对外援助成套项目管理办法（试行）》、2011 年的《对外援助物资项目管理办法》、《对外援助物资项目实施企业资格管理办法》等。即使 2014 年底的《对外援助管理办法（试行）》也是一样，没有提到社会组织的参与。建议在商务部关于援助主体的补充性文件中，明确给予社会组织的参与资格。

3. 加大民间组织走出去战略的正面宣传，给予民间组织国际化舆论支持

在国内还有很多孩子无学可上，许多社会问题需要中国慈善的时候，

---

[1] 国务院新闻办公室：《中国的对外援助白皮书》，人民出版社 2011 年版。

中国民间组织的对外援助和慈善容易引发国人质疑。2011 年中国青少年发展基金会的中非希望工程项目所引发的讨论就是一例。中国政府的主导型舆论可以发挥作用，支持民间组织走出去，提升民众对民间组织国际化的认同感。

（三）建立民间组织国际化的管理体制机制

中国政府应该建立民间组织国际化管理体制机制，包括国际联系机制、国际会议机制、区域网络机制以及政策的宣导机制、资源的诱导机制、示范劝导机制等。这种机制发挥提供交流平台、通报信息、协调议事、统筹工作、整合资源等有效管理作用。

建立类似于像美国国际发展署之类的部门，将国内民间组织国际化纳为政府工作议程。

实现归口管理服务。归口可以采取两个举措：要么归口到民政部门，要么归口到外事部门。归口部门要做到对走出去的民间组织底数清、管得住、服务好。可根据需要在全球设区域办公室，用于安全、汇率、税务登记等的协调与安全工作，以及信息服务工作，帮助本土组织走出去之后顺利落地生根。驻外使馆对民间组织提供必要协助，给予民间组织国际联系、国际会议、区域网络的法定地位。

（四）培育鼓励国际化民间组织发展壮大

民间组织走出国门需要自主、自治、自律。自主要求民间组织具有合法身份和健全的治理结构，自治需要民间组织具有能力、影响力，自律要求民间组织行为规范、具有公信力。从形式上看，好像都是民间组织自身的事情，但是，对于中国政府主导的民间组织发展道路以及发达国家社会组织发展经验看，政府的责任不可或缺。"自 2005 年起，扶贫基金会就已经开展了一些海外公益项目。然而，资金、公众意识及相关法律法规的欠缺，一直制约着机构的国际化发展进程"。[1]要求政府制定一系列政策正确培育鼓励国际化民间组织发展壮大。这些政策包括：

---

① 毕维尹：《中国公益组织"走出去"有多难?》，新华网来源：慈传媒《中国慈善家》（http：//news. xinhuanet. com/gongyi/2014—03/28/c_ 126327338. htm）。

1. 进一步开放准入政策，为民间组织获取合法身份提供便利

社会组织的国际合法性首先来源于国内身份的合法性。母国身份的合法性是民间组织国际化的前提和基础。中国有些民间组织尤其是草根组织因为双重管理体制没有注册登记或备案而处于非法状态。尽管近年来，许多省级政府管理部门创新登记注册管理，采用备案制，但是，未注册登记或备案的民间组织仍然占有很大比例。国家可以在地方政府创新的基础上，将慈善、扶贫、文化等多类非敏感的民间组织的登记注册放开，以利于境内社会组织取得合法身份。

2. 引导民间组织完善内部治理，鼓励国际化民间组织发展

一些社会组织缺乏以章程为核心的法人治理结构和治理机制，存在组织机构不健全、内部制度不完善等问题，需要健全完善。政府应该强制要求民间组织完善社会组织内部治理体系，包含组织的内部治理结构和组织的基本制度措施两大核心模块。

要求制定组织章程，完善法人治理体制。组织章程是一个社会组织的"小宪法"，是社会组织的行为准则和行动指南，社会组织要制定自己的组织章程。要建立现代社会组织体制，在法律的框架下，建立健全以章程为核心的法人治理结构。与公司法人类似，社会组织的法人治理结构一般由三会三权的法人治理结构构成，即会员大会（或会员代表大会）、理事会（常务理事会）、监事会，他们分别行使决策权、执行权、监督权。内部治理结构主要指社会组织内部权力制衡结构及其运行机制，它是社会组织的根本性制度安排，对组织的其他制度建设和健康运行具有重大影响。

建立完善的社会组织的治理结构。社会组织的治理内容包括社会组织的法人责任、社会组织的理事会的责任和义务，理事成员的基本责任和回避制度、理事文化与组织文化的融合、理事参与组织管理的界限和范围。治理结构的改变和创新，尤其是理事的推荐制度与责任之间的关联问题，包括与政府组织的协调问题。

3. 规范中国民间组织国际化行为

为了避免民间组织的不当行为，需要制定相应的制度。包括内部基本制度和行为规范。管理制度是社会组织内部治理的核心内容。内部管理制度主要指会员大会（会员代表大会）、理事会（常务理事会）会议制度、

议事规则，社会组织人力资源管理、员工薪酬、激励约束、财务资产管理制度等。要建立透明、开放和问责的运作机制。社会组织的未来发展必须走出一条专业化服务的机制，那就是组织运作的透明、财务管理的规范，接受政府、捐赠人和受益人的问责，向公众和社会开放。

4. 制定资助或财政税收优惠政策

中国政府要部分地充当社会组织资源资金供给者角色。在北美和欧洲，有相当一部分的政府援助资金是通过民间组织走向世界的。采用政府与本国从事国际事务的民间组织的合作模式，将资金转入本国民间组织并纳入国家财政预算，再由本国民间组织与发展中国家的民间组织开展合作，这种合作模式有利于促进社会组织的发展壮大。而目前中国政府官方发展援助资金运作主要通过政府机构负责实施，并没有通过民间组织实施官方发展援助项目。这需要改进，将部分外援经费交由民间组织执行。中国民间组织和企业走出去的税收优惠、汇率方面的困扰并未解决。实际操作中，需要提前一年向国务院扶贫办申请到国外开展项目，这对于海外发挥影响构成制约。另外，还需要制定人才鼓励政策，鼓励国际化人才和高层次人才流向民间组织；鼓励驻外企业（特别是央企）借助民间组织履行社会责任。

（五）搭建非政府组织国际交流的平台

1. 加强与跨国非政府组织的战略合作

国际组织不仅是中国实现、维护国家利益的重要途径，而且是中国承担国际责任的重要平台。着眼于长远发展，中国与国际组织的关系亟须从国家战略高度加以全面谋划，重点推进与"一带一路"地区性国际组织合作发展。推动民间组织积极参与国际合作，合作方式"以对话开启项目，用项目推进对话"[1]。

2. 拓展参与国际事务的渠道

其主要活动方式包括：作为国家代表团成员出席国际会议，为政府代表进言；自身参与国际会议，进行谈判；参加半官方的国际会议；非政府

---

[1] 徐莹：《中国参与能源国际组织的现状及前景》，《现代国际关系》2010年第12期，第49页。

组织的专家以个人名义参加国际组织建立的顾问团；参与国际组织政策制定；帮助执行国际组织的方案；出席国际组织官方会议、起草条约；国际组织邀请非政府组织参与国际会议的筹备委员会；在国际组织举办的专题会议上，非政府组织做主题发言；国际组织将非政府组织列入会员名单。通过它们的国际参与活动，防止"回飞镖"（Boomerang）模式中外部国际组织对母国施加压力，更好地宣扬本国的价值观，抢占国际道德与舆论的制高点，以使中国在应对这些"反中国政府"的国际非政府组织时能处于更为有利的道义地位。

3. 鼓励非政府组织与国际组织的合作

国际组织和中国人民团体合作密切。亚洲开发银行、联合国粮食与农业组织、联合国开发计划署等国际组织都特别重视与中国社会组织的关系，并合作执行项目。政府要鼓励民间组织借助人民团体、群众团体等组织，与国际组织合作，鼓励民间组织通过得到联合国经社理事会内的谘商地位，积极参与联合国及国际事务。

4. 搭建国际交流平台

中联部、外交部、商务部等部门都搭建了一些国际交流平台，但是，仍然不够，还需要搭建更多更有实质合作的非政府组织国际交流的平台，包括国家性或区域性的社会组织或机构、会议、活动等，鼓励其与国际组织的合作。要进一步鼓励具有较好资质和能力的中国非政府组织加入更多的国际和区域民间组织联盟，或参与国际机构民间组织委员会（或工作小组）的事务，以获得更多参与国际事务的机会，向世界发出中国的声音。

（六）建立境内涉外民间组织"硅谷"，推进评估监控引导的社会化管理

社会组织发展与经济发展具有一定的相似性，因此，为了发挥境内涉外民间组织规模效应，有必要建立中国涉外民间组织"硅谷"。利用网络化信息化技术，实施社会化管理。对涉外民间组织的社会化管理是政府管理发展的未来趋势，有待进一步研究。

第十一章 域外经验:他国管理境外
非政府组织的主要做法

非政府组织（NGO）已成为当今国际事务中不可忽视的重要伙伴。各国因为社会政治生态的差异而采取不同的管理方式。本章分析了四个国家具有代表性的模式:即美国的差别化管理、英国的一体化管理、俄罗斯严加防控式管理,以及越南的优待便利式管理。四国管理模式基于东道国自身的需要,不拘一格,即使在一国不同时期,也会因为国内外环境的变化而不断改变。

一 差别化管理:美国对境外非政府
组织监管的外国代理人制度

美国"公民社会"比较发达,民主和法制健全,非政府组织发展较为成熟,对于一般非政府组织,没有专门监管的法律及政府机构,而是将其纳入国内非政府组织统一的法律规制和监督管理范围内。但是,对极端反政府、危害国家经济安全的组织,制定《外国代理人登记法》,实施"差别化管理",运用经济、行政、司法等手段进行监管和惩戒,实施政治性外国 NGO 的司法管理。

(一)"外国代理人":美国院外活动的手段之一
在美国,"外国代理人"是一项诱人的职业。由于美国是当今世界最具影响力的国家,一些国家为了维护本国政府或公司的利益,抢占美国市场,纷纷雇请美国公民充当代理人,运用各种手段去影响美国国会的立法,以便作出有利于它们的决策。于是"外国代理人"便成为一些国家在美国从事院外活动的重要手段。根据美国的《外国代理人登记法》，美国公民（在行政、立法、司法部门任现职者以及卸任不满一年者除外）或民间团体受雇于外国人，并按照外国主人的委托，在美国从事法律许可的各种活动者，履行登记后即可合法地成为"外国代理人"。如韩国大宇集团聘请了美国前国务卿黑格和前白宫办公厅副主任迪弗，现代集团聘请了美国前助理国务卿霍尔布鲁克和艾伦公司总经理艾伦。[①] 他们有的就政治问题和经济问题对企业发表咨询性谈话，有的为客户在美国开展业务活动提供参考意见。

（二）《外国代理人登记法》：专门防范外部势力渗透的法律

《外国代理人登记法》制定于 1938 年，最初的目的是防止外部"纳粹势力"渗入而制定和颁布的"院外"制度。二战结束后，美苏两大阵营在经济、政治、意识形态等领域进入半个多世纪的全面对抗的"冷战"时期。虽然两大阵营分歧和冲突严重，但双方都尽力避免导致世界范围的大规模战争爆发。美国担心苏联在全世界推行社会主义，其对抗通常通过局部"代理人"、科技和军备竞赛、外交竞争等冷方式进行。

根据《外国代理人登记法》的最初规定，"外国势力"并不限于受到外国委托的个人或组织，但也并没有规定明确范围。直到 1966 年该法案做了修改，才明确"外国势力"是指受到外国直接或者间接委托在美国从事活动的个人或组织。该法案主要内容有：一是立法目的。对外国利益集团及其代理人院外活动管理的重点不再是"监视纳粹德国和苏联等国的颠覆活动"，而是"辨明在美国寻求特殊影响的活动来自国外何方"，防止它们干扰国会的正常立法；二是登记备案。任何代表外国政府或"外国委托人"在美进行院外活动的个人或公司、团体等民间机构，即"外国代理人"，必须向美国司法部登记备案，以后每隔半年须向司法部报告履行合同所赚取的费用和活动的详细情况；三是主动公开身份。外国代理人在与政府机构、官员和国会议员打交道时，必须声明自己的身份，所代表的外国委托人，并不得代表外国雇主资助美国竞选活动；四是报告制度。司法部每年向国会提交一份根据该法登记的外国委托人情况的详细

---

① 谷维：《漫话美国的"外国代理人"》，《国际展望》，1986 年 12 月。

报告。① 由此可见，《外国代理人登记法》的调整范围是"外国势力"在美国的"具有政治影响能力或准政治影响能力"的活动。② 对于那些使用"国外资金"从事政治活动的社会组织要进行专门的登记以加强对其监督和管理。

"外国势力"尽管可以在美国进行合法活动，可以进行政治和文化宣传，但是要做到向美国司法当局详细汇报，还要在公开活动时主动表明自己的"外国代理人"的身份，即其活动受到了严格的限制。《外国代理人登记法》要求，所有"在外国控制下"的个人或组织，哪怕只是受到"间接控制"，都必须在美国司法部进行登记，并定期披露所有的在美活动和财务状况。这些不仅包括直接受外国雇用或按外国要求进行活动的个人和组织，还包括"间接"为外国服务的公共关系顾问、信息服务业顾问等。"外国代理人"每两个月都必须填写严格的财务报表，内容包括从外国获得的资金及高价物品的数量、用途。此外还要就任何与"政治活动"有关的行动做详细报告。对于任何由"外国代理人"制作或资助的宣传品，含研究报告甚至广告等，都必须明确标注"受到外国资助"。

2001 年，"9·11"恐怖袭击让整个美国为之战栗，也促使美国立法反恐，《爱国者法案》应运而生，该法案被称为使用适当之手段来阻止或避免恐怖主义以团结并强化美国的法律。该法案出台后，《外国代理人登记法》被以更加广泛的方式利用。根据《爱国者法案》授予美国政府的主动审查权力，美国政府对于所有的外国非商业机构进行了比照《外国代理人登记法》要求的审查，以排查"恐怖分子嫌疑人"。

二 一体化管理：英国对内外非政府组织的行政监督模式

英国对非政府组织的监督属于"行政监督模式"。1601 年，世界上第一个规范民间公益性事业的法律《1601 年慈善用途法》在英格兰诞生。1853 年英国议会通过法案，设立国家管理民间公益性组织的机构——慈善委员会。当时，由于成立新慈善组织的申请陡增，各级法院受理的相关

① 吕其昌：《美国院外活动的几个问题》，《现代国际关系》，1997 年第 7 期。
② 伊强：《美国"外国代理人"管理及对中国的启示》，《学理论》，2014 年第 7 期。

诉讼案和上诉案大幅度上升，在这种背景下，出现了对以后产生广泛而深远影响的"帕姆萨尔裁决"。①

为了适应新形势，克服帕姆萨尔裁决②的缺陷，在 1860 年，英国政府就专门成立了"慈善委员会"以监督、管理和规范非政府组织的行为。为了确保非政府组织的非营利性，2006 年 11 月，英国议会在经历两年半的审议后通过了《2006 年慈善法》。这部新法最显著的特点之一就是实现了历史性的突破，第一次以成文法律条文的形式为民间公益性事业下了完整的定义。《2006 年慈善法》第一章规定：任何民间组织，如果要成为慈善组织，必须达到两个标准。首先是事业标准，其次是公益性标准，两个标准缺一不可。关于事业标准，《2006 年慈善法》第一章第 2 条的第 2 款详细列举了 13 类慈善事业。关于公益性标准，《2006 年慈善法》在第一章第 4 条中授权慈善委员会制定关于公益性标准的指南，并据此判断民间组织是否具备为公众利益服务的慈善属性。经过近一年之久的酝酿、起草、公众咨询和反复修改，《慈善组织公益性指南》在 2008 年 1 月正式发布实施。

英国慈善委员会对非政府组织内部的治理结构、投资行为、财务管理和审计制度等提出了许多具体的要求和标准。英国政府为了确保慈善组织遵守这些规则，制定了一系列的监督和评估制度：

1. 通过法律形式保证这些规则的执行。例如，1992 年英国颁布了新的慈善法，慈善法规定慈善机构的董事会有责任和义务向慈善委员会提交年度报告，其格式按统一的标准执行。无正当理由而未提交年度报告属非法行为，责任者将被起诉。

2. 增加慈善组织的透明度。例如，在英国，任何人只要交付一定的合理费用，就有权获得慈善组织的年度账目和财务报告。

---

① 徐彤武：《英国法律中"公益性事业"的定义与实践标准》，中国政府法制信息网，2007 年 6 月 20 日。

② 帕姆萨尔裁决：由于当时英国法律中没有对慈善事业的明确定义，法官要判定一个组织是否属于慈善组织，只能根据法律的精神、当时社会的普遍认识和过去的经验来进行。1891 年英国上议院麦克纳坦爵士在为著名的"帕姆萨尔上诉案"所做的判决中做了长篇发言，提出了慈善事业的四大目的：扶贫济困、推动教育进步、促进宗教发展和任何惠及社区的其他目的。这一叙述成为定义慈善组织除 1601 年慈善法序言外，英格兰和威尔士法官的另一依据。

3. 加强慈善委员会的稽查权利。例如，1992 年的新慈善法规定，慈善委员会有权命令慈善组织在调查期间终止特定的活动。此外，如果慈善委员会认为某慈善组织的资产处于危险中，或者存在滥用资金和诈骗的可能，可以采取行动，即使一时难以掌握充分的证据。

在英国，由慈善委员会监管的各种慈善组织超过 19 万个，共有约 90 万名负责管理财产和慈善事业的理事会成员。《慈善组织公益性指南》为它们提供了非常明确的法律准绳。慈善委员会强调：要确保无论什么样的组织，如果它们还想保持慈善机构的性质，就必须证明自己所从事的事业仍然具备法律所承认的公益性。

三 严防式管理：俄罗斯对外国非政府组织的管理规制

2003 年冬至 2005 年春，格鲁吉亚、乌克兰、吉尔吉斯斯坦三国连续爆发"颜色革命"，在整个过程中，西方国家非政府组织起到了"急先锋"的作用。这引起了俄联邦政府的警惕，推动了俄罗斯对外国非政府组织的防范，并通过修改《非营利组织法》、《政党法》，制定《不受欢迎组织法》，限制和防范外国非政府组织的影响。

（一） 俄罗斯联邦的非政府组织立法

俄罗斯针对外国非政府组织在俄开展活动进行管理的法律主要有三部，分别是《俄罗斯非营利组织法》、《俄罗斯社会联合组织法》和《俄罗斯慈善法》。这三部法律的立法目的和调整范围有所不同，共同构成了俄罗斯公民结社和非营利组织管理的法律体系，对外国非政府组织在俄罗斯开展活动有了较为全面的规定，为俄罗斯公民社会的建设创建了较为完善的法律平台。

《俄罗斯非营利组织法》主要是明确非政府组织的法律地位，是规范非政府组织创设和活动的基本法；《俄罗斯社会联合组织法》主要调整公民实现结社权产生的社会关系，规范的是从公民个体角度发起成立的社会联合组织，对外国非政府组织人员在俄罗斯境内开展活动也有规范性的条款；《俄罗斯慈善法》则主要从规范慈善活动的角度出发，对基金会、社会联合组织等非政府组织开展慈善捐助活动作出了相应规定，对外国非政府组织的资金以慈善捐助形式进入俄罗斯进行了规范。

2006 年 1 月 17 日，俄罗斯颁布了《非政府组织法》，加强对非政府组织尤其是在俄领土上活动的境外非政府组织的限制，包括进一步完善非政府组织的登记程序、确认其资金来源与用途报告制度、对其活动与财务的随时审查制度、严格取缔程序以及强化非政府组织的责任等内容。

2012 年 7 月 21 日，俄总统普京签署《非政府组织法》修正案。该法规定，接受国外资助并从事政治活动的俄罗斯非政府组织，将被认定为"外国代理人"。被认定为"外国代理人"的非政府组织必须提交特殊报告并接受特别检查，否则可依据情节严重程度给予罚款 300000 卢布（根据当时汇率，约合 10000 美元）、480 小时社区劳动或两年监禁的处罚。宗教组织、国家集团与国有企业及其创立的非政府组织不受新版《非政府组织法》的约束。

2013 年 6 月，俄司法部获得自主决定将非政府组织列入"外国代理人"名单的权力。2015 年 1 月 1 日生效的俄罗斯政党法修正案，禁止政党与"外国代理人"非政府组织签订合同，禁止政党接受外国代理人非政府组织的捐赠。

2014 年 11 月，由俄国家杜马"公正俄罗斯党"议员团议员亚历山大·塔尔纳夫斯基和"自由民主党"议员团议员安东·伊先科共同提出《不受欢迎组织法》提案。2015 年 1 月，俄国家杜马一读通过，2015 年 1 月 19 日，俄国家杜马最终三读通过，20 日俄联邦委员会批准后提交俄总统普京，1 月 23 日由普京签署并正式生效。[①]

（二）俄罗斯严格监管境外非政府组织的主要措施

1. 身份追溯与注册落地

外国非政府组织在俄罗斯开展活动，首先必须获得俄罗斯政府合法性的确认。在《俄罗斯非营利组织法》中，获得合法性资格有一套严格的规定。主要有以下重要原则：[②]（1）外国非政府组织在俄罗斯开展活动，必须设立分支机构或者代表机构，而且必须作为一个独立的法人

---

① 张春友：《俄出台〈不受欢迎组织法〉防"颜色革命"》，《法制日报》，2015 年 5 月 26 日第 011 版。

② 李伟：《俄罗斯结社法分析》（http：//chinasocialpolicy.org/article - view.asp？id = 130）。

实体向俄罗斯登记机关申请登记，必须有原登记国相关政府部门的担保。（2）登记时应当按规定提供该分支机构相关的一系列重要文件，而且必须按规定定期向登记机关报送财产数额、预定使用目的和实际使用情况。（3）对违反俄罗斯法律或者损害俄罗斯国家利益的，俄罗斯政府有权依法取缔或者不予登记；如果发生财产实际使用与宣称目的不一致等违法行为，俄罗斯政府有权取缔外国非政府组织分支（代表）机构。（4）俄罗斯政府有权禁止外国非政府组织分支（代表）机构向俄罗斯国内某些组织提供资助。

上述原则将外国非政府组织在俄境内开展活动的组织形式、活动宗旨、登记许可程序、活动特别是资助行为置于俄罗斯政府全程监督之下。同时外国非政府组织的合法性问题可以被有效地进行国外追溯，避免了外国非政府组织成立之初"身份"合法性的疑虑。而且要求外国非政府组织注册成为"纯粹"的俄罗斯非政府组织，有效地防止外国非政府组织开展活动的随意性和游动性。

2. 司法登记监管

根据《俄罗斯社会联合组织法》规定，社会联合组织的登记机关是俄联邦司法部及其地方机关，分别登记国际性、全俄性社会联合组织和跨地区性、地区性以及地方性社会联合组织。社会联合组织修改章程、改组、解散也由登记机关负责。这一规定同样适用于外国非政府组织的登记。外国非政府组织在俄罗斯的分支机构自进入俄罗斯境内3个月内必须到登记机关通报登记。

《社会联合组织法》第29条规定了外国非政府组织作为社会联合组织的一般形式所必须履行的登记义务。包括：（1）每年向登记机关报告该组织活动开展情况，并指出常设领导机关的现驻地、常设领导机关的名称以及被列入统一的国家法人登记簿中的社会联合组织每个领导人的具体资料；（2）根据登记机关的要求，提交社会联合组织领导机关和公职人员的决议，以及提交已经向税务机关呈报了的有关自己活动的本年度总结报告和季度总结报告；（3）按俄联邦政府规定的形式和期限向登记机关通报社会联合组织从国际组织和外国组织、外国公民以及无国籍人士那里收到的资金和其他财产数额、它们的消费或使用目的及实际消费和使用情况；（4）允许登记机关的代表参加社会联合组织举行的各项活动；（5）向登记机关提供帮助，以便其了解社会联合组织为实现自己的章程规定的宗旨和遵守俄罗斯联邦立法情况下开展的活动。

违反上述登记义务以及出现下列情况的，登记机关可以拒绝外国非政府组织分支（代表）机构在俄罗斯获得登记地位：（1）登记所规定的情况和文件提交得不完整，或这些文件没有按规定的办法办理；在提交的外国非政府组织创办人证件中存在不可靠的信息。（2）如果外国非政府组织分支（代表）机构成立的目的和任务对俄联邦主权、政治独立性、领土不可侵犯性、民族统一和特性、文化遗产和国家利益构成威胁，与俄联邦宪法和法律相抵触。（3）如果原先登记在法人登记簿上的外国非政府组织分支（代表）机构曾因严重违反俄联邦宪法和俄联邦法律被从法人登记簿中除名过；外国非政府组织在母国的组织被取缔的。

3. 严格的资金监管

外国非政府组织分支机构每年必须在规定的时间，按俄联邦政府规定的形式和限制，向登记机关通报有关该分支机构收到的资金和其他财产的数额，及其下一年度预定的分配、花费和使用目的，以及本年度的实际花费或使用情况，通报下一年度预计在俄联邦境内开展活动的计划，以及该组织对上述资金的花费和其他财产的具体使用情况。俄罗斯本土的非政府组织也必须向登记机关公布其接受国际组织和外国非政府组织、外国公民以及无国籍人士资助数额、目的和实际使用情况。而根据《俄罗斯非营利组织法》的规定，俄罗斯国家安全机关有权要求外国非政府组织分支（代表）机构禁止把资金和其他财产提供给其他机构和个人。通过对资金使用进程的监督，俄罗斯政府可以有效掌控外国非政府组织在俄罗斯活动的资金流向，并对相关资助活动的领域提高警惕，从而可以有效切断俄罗斯国内外一些动机不良的非政府组织赖以发展的物质基础，有效稳定俄罗斯的社会秩序。

4. 多机构立体监管

除了登记机关的监督之外，在《社会联合组织法》第38条还规定了其他机构对社会联合组织活动的监督职权：（1）俄罗斯联邦检察机关对社会联合组织遵守法律的情况实施监督。（2）通过决议允许对社会联合组织进行国家登记的机关，对社会联合组织的活动是否符合其章程规定的宗旨实施监督。（3）财政机关对社会联合组织收入的来源、所获得的资金的数额以及依照俄罗斯联邦税收立法缴纳税收的情况实施监督。（4）生态、消防、卫生防疫机关及其他的国家检察机关可以对社会联合组织履行各种现行规范和标准的情况实施监督。（5）除了登记机关在登记和年度资格审查时对非政府组织进行监督管理之外，俄罗斯国家金融检验联邦机关、全权负责检查和监督税收的联邦执行权力机关、全权履行打击使非法资金合法化（洗钱）和资助恐怖主义职能的联邦执行权力机关有权确定非政府组织使用资金和其他财产是否符合其创办文件所规定目的，以及确定外国非政府组织分支（代表）机构使用资金和其他财产是否符合所宣称的目的和任务，并将结果报告给决定相关非政府组织注册机关和将外国非政府组织分支（代表）机构列入法人登记簿的登记机关。

5. 禁止"不受欢迎的组织"在俄活动

根据《不受欢迎组织法》，威胁俄宪法制度基本原则、国防能力或国家安全的外国或国际非政府组织，可以被认定为"不受欢迎的组织"。《不受欢迎组织法》授权俄罗斯总检察长或副总检察长在与外交部协商后确定"不受欢迎的组织"名单，而去除"不受欢迎的组织"名单，也需要通过类似的程序。不受欢迎的组织将由俄司法部公布。

《不受欢迎组织法》法案禁止"不受欢迎的组织"在俄境内建立分支机构、开展项目及传播信息材料。要求俄金融机构拒绝与列入"不受欢迎组织"名单的组织开展金融业务，银行一旦发现必须通知俄金融监管机构，而金融监管机构要上报总检察院及司法部。

俄司法机构可对参与"不受欢迎的组织"的人员处以不同程度的罚款，情节严重及屡犯者还将被追究刑事责任。对首次参与的公民罚款5000—15000卢布（约合100—300美元）；对公职人员罚款20000—50000卢布（约合400—1000美元）；对法人罚款50000—100000卢布（约合1000—2000美元）。如果违法行为具有系统性，也就是说一年之内有两次或两次以上违规，违法者将被追究刑事责任。根据情节轻重可处以罚款300000—500000卢布（约合6000—10000美元）、从事社区劳动360个小时、2—5年劳动改造或2—6年监禁。但对自愿停止参加"不受欢迎组织"的人将免除刑事责任。①

（三）"颜色革命"后外国非政府组织应对独联体监管

"颜色革命"后，西方国家对中亚的政策进行了调整，即与独联体国家关系，由打压转向拉拢，由策划"颜色革命"到支持渐进变革。外国非政府组织在应对独联体国家的手段也相应发生变化。目前外国非政府组织在独联体地区主要有以下八种存在形式：（1）宗教机构；（2）人道主义救援和发展机构；（3）私人基金会；（4）专家型非营利的咨询和项目执行机构；（5）宣传机构；（6）政策研究思想库；（7）专业协会；（8）互助、自助组织。这些组织在组织建设、人员配置和资本筹集等方面离不开西方政府和独联体国家内部反对势力的支持，其发展手段也呈现实用和多变的趋势。②

1. 增加经济援助，争取长远目标

"颜色革命"后，西方国家均不同程度增加对独联体特别是中亚国家的经济发展援助，以实现其长远目标，即抢占战略资源并敦促中亚各国按照美国模式改造国家和社会，以图彻底将中亚纳入自己的势力范围。与政府有千丝万缕联系的外国非政府组织成为落实政府上述战略的先锋。如美国欧亚基金会专设的中亚项目（EFCA），通过技术援助和赠款，在中亚地区投入4000多万美元以支持地方社区发展、民营企业、教育和公共管理。一些大型的非政府组织（如英国的志愿者服务组织VSO等）开始在经济、交通、能源、环境、人道主义援助及教育等领域进行广泛的合作。欧盟救助行动均由欧洲共同体人道援助局（ECHO）负责实施，ECHO的年度预算已超过50亿欧元，近年来欧盟援助资金的约2/3都提供给了非政府组织。为中亚国家经济转轨、社会管理等提供人员培训和制度建设支持。

2. 寻找盲点，开拓新的市场和焦点国家

加强与当地政府的合作逐渐成为外国非政府组织笼络本土组织和施加

---

① 张春友：《俄出台〈不受欢迎组织法〉防"颜色革命"》，《法制日报》，2015年5月26日第011版。

② 李立凡：《"颜色革命"后西方非政府组织在独联体国家的发展演变》，《国际问题研究》，2011年第4期。

影响的主要方式。大多数外国非政府组织认为，在一些领域内采取积极的方式来使当地政府欢迎非政府组织的参与是更好的方法。独联体地区的"颜色革命"后，外国非政府组织已经成功地加入一些敏感项目中，如反对毒品、防治艾滋病和帮助难民。如土库曼斯坦的很多非政府组织成员都非常年轻，他们首要关心的是找到一种生存和就业的方式。外国非政府组织也希望通过不断加大对土库曼斯坦非政府组织的资助，将这个能源富国拉入西方的怀抱，使之成为对抗俄罗斯的影响力的重要屏障。

3. 利用网络媒体等现代传播手段整合资源

"颜色革命"后，外国非政府组织利用博客在网络传播各类思想及对中亚地区的评论，在著名的欧亚博客网上开发了分博客群，重点对独联体各国的经济改革、环境保护、社会发展、国际关系、军事等进行综合报道，鼓励并吸引了大量的苏联地区的国家干部、媒体从业人员和普通市民参与讨论。截至 2007 年 8 月 8 日，已有 3009 个博客群建立。博客群里，最著名的是阿兰·科多娃（Alan Cordova）的"中亚民主计划"（The Central Asia Democracy Project）。该项目成立于 2007 年底，为美国在中亚推广美式民主及民主价值观提供理论依据。

四　便利式管理：越南对外国非政府组织的"双许可"制度

越南与中国有着相似的政治制度和治理模式。但是，却采取了与中国不一样的管理模式。

（一）越南"双许可"外国非政府组织

按照越南法律，外国非政府组织是指总部建立在越南以外国家的非政府组织，主要包括各种基金会、研究院、大学、学习中心、信托基金以及友谊协会等。在越南的外国非政府组织必须是非政治性、非宗教性、非营利性组织，而且它们在其原驻国或总部所在国家必须具有法人资格。

1996 年 5 月 24 日，基于对外国非政府组织积极作用的认同，越南对入境帮助本国经济社会发展，并从事相应的人道主义援助的外国非政府组织实施《越南外国非政府组织经营法规》。许多外国非政府组织因此获得了在越南建立代表处或项目办公室的许可、运营许可。1996 年，外国非政府组织承诺的全部资助金额大约是 1.5 亿美元，2005 年，外国非政府组织在越南共支出 17.5 亿美元①，2013 年，外国非政府组织向越南提供 2.5 亿美元的援助，主要集中于经济社会、医疗、解决社会问题、教育培训、自然资源与环境等领域。外国非政府组织的资金投入量不断增加。最近 20 年来，外国非政府组织为越南所提供的援助总值达 30 亿美元。

目前越南与世界各国 900 个非政府组织建立关系②，分布在越南所有的省份，活动范围覆盖了越南全国 63 个省市，主要开展包括农业、儿童支持、社区发展、储蓄和信贷、教育、健康、环境、创收、信息、研究、农业开发和饮用水卫生等领域的工作。

（二）越南政府对外国非政府组织的管理

越南对外国非政府组织的管理主要依据两部法规：一是根据 1996 年 5 月 24 日越南总理签署的第 340/TTg 号决定所实施的《越南外国非政府组织经营法规》；二是根据 1996 年 5 月 24 日越南总理签署的第 339/TTg 号决定所实施的《关于建立非政府组织事务委员会的决定》。按照这两项法规，越南政府对外国非政府组织的管理主要包括以下三个方面的内容：

1. 双许可登记管理

在越南，非政府组织事务委员会是负责发放、延期、补充以及撤销许可证的主管当局。越南友好组织联盟是该委员会下负责外国非政府组织事务的常设机构。该联盟的人民援助统筹委员会在越南友好组织联盟的领导下负责所有与越南境内外国非政府组织活动相关的议题。越南对外国非政府组织的登记管理包括许可证的发放、许可证的延期、修正、增补以及撤销流程等内容。

（1）许可证的发放

在越南活动的外国非政府组织必须获得运营许可证、项目办公室许可证或代表处许可证。

运营许可证是准许外国非政府组织自身或者通过它们在越南的合作伙

---

① 崔晶：《越南对外国非政府组织的管理模式及对中国的启示》，《经济社会体制比较》，2010 年第 6 期。

② 《外国非政府组织对越南发展事业做出积极贡献》，越南人民日报网 2012 年 12 月 17 日，（http://cn.nhandan.org.vn/mobile/newest/item/384601.html）。

伴，在越南境内从事合法的评估、筹集资金、执行发展计划以及人道主义项目的证件。外国非政府组织必须具备以下条件，才有资格拥有运营许可证：①在自己的国家或在建立总部办公室的国家拥有法人地位；②有一个清晰界定的章程、指导原则和目标；③已经完成或至少构想出一个依据越南国家政策，在越南境内从事社会经济发展和人道主义援助的项目计划；④承诺严格遵守越南法律和传统习俗。对进入越南从事调查项目的非政府组织发放运营许可证应不超过六个月的时间。

项目办公室是非政府组织或者在边远地区从事项目的代表处的技术性常规工作站，负有管理一个或几个地区具体项目的责任。设立项目办公室的地点应当在项目区域（省或地区首府）范围之内，并且该地点便于越南政府的监管。外国非政府组织在申请项目办公室许可证时，除了具备申请运营许可证的前两项条件外，还须具备以下两个条件：一是外国非政府组织的项目或规划已经被越南主管当局批准；二是这一项目或规划的规模和特征要具有永久性并且该项目要具备现场指导与监督的条件。外国非政府组织申请建立项目办公室的材料，除了申请运营许可证所需提交的材料之外，还必须包含以下材料：建立项目办公室的原因、项目办公室的地点、维持该办公室运转所需的外籍和越南籍职员的数量、已被越南相关主管当局批准的项目或规划的文件、项目办公室主任的简历。发放建立项目办公室的许可证应不超过两年的时间。

代表处许可证是对外国非政府组织在越南所有活动计划的官方认可。非政府组织的代表处应当设立在越南首都河内。一个外国非政府组织申请设立代表处许可证时，同样必须拥有法人地位和清晰的章程。此外，该非政府组织在越南境内至少已经进行了两年的援助项目，并且这一项目或规划已经被越南主管当局批准。它们在越南境内进行运作流程时，也必须尊重越南的法律和风俗习惯。发放建立代表处许可证应不超过三年的时间。

（2）许可证的延期、修正、增补以及撤销流程

如果许可证需要延期，外国非政府组织至少要在许可证过期前三十日给非政府组织事务委员会递交一份申请信。每一个延期的期限不应超过第一次发放许可证的期限。在发放延期许可证后三十日内，非政府组织的项目办公室、代表处必须完成在相关省和直辖市人民委员会的注册流程。在完成运营注册程序之后，相关的非政府组织应当给委员会发送一份运营注

册表。

如果需要修正或增补已经发放许可证的内容，比如重新命名、项目办公室或代表处的搬迁、项目办公室或代表处主任的更换、或者办公室增加职员或调整运营的规模和内容，非政府组织必须呈交委员会和项目办公室或代表处所在地各省市委员会一份书面计划书。在收到计划书三十日内，委员会应书面回复相关非政府组织。

2. 财税管理

为了鼓励外国非政府组织在越南开展项目，越南政府在税收上给予了它们很多优惠政策。根据越南法律，在越南运营的外国非政府组织在海关税收中可以享有以下物品的免税待遇：所有与项目相关的商品、设备、原材料、交通工具、代表及其他国外职员的家庭日常设备和私人物品。外国非政府组织的外籍代表和职员可以依据越南海关办公室的规定转口上述的免税商品和设备。另外，非政府组织的外籍官员和职员的薪水如果都来自于外国，也可以享有收入免税政策。

外国非政府组织在项目完成或财政年度完成之时，必须汇报它们账户的结余并向越南非政府组织事务委员会和项目所有机构提交财务报告。在完成一个项目之时或在每个财政年度末，非政府组织应当将它们的结算报告呈交到非政府组织事务委员会。如有必要，委员会将对办公室的常规财政活动和项目的财务交易作出审计要求。越南法律还规定外国非政府组织不得在越南境内参与营利性活动。所有获得的利益都应当被用作其组织章程所规定的活动，不应在成员之中进行分配。

3. 日常监管

（1）行政监管

越南人民援助统筹委员会是外国非政府组织的行政监管机构。按照法律规定，拥有项目办事处和代表处的外国非政府组织需要每季度或每半年通过人民援助统筹委员会向越南非政府组织事务委员会提交工作报告。人民援助统筹委员会对外国非政府组织的活动一直保持全面而更新的数据。

所有越南境内外国非政府组织的活动必须遵循其许可证中规定的内容和活动范围，非政府组织的职员包括外国雇员也应当遵循越南的法规。代表处、项目办公室主任或被授权为非政府组织代表的个人应当确保其非政府组织中的任何职员都不能从事营利性，或其他与申请信中所列活动不相关的活动。同时，他们也应当确保其组织职员的亲属和子女不能在委员会批准该组织的运营许可之前从事相关科技和职业性的活动。

（2）信息公布

在越南境内从事活动的外国非政府组织有向越南政府和社会发布信息的义务。非政府组织的代表人和项目办公室主任应当每隔三个月，以书面形式向越南非政府组织事务委员会报告它们在越南的运营情况，包括：项目进展、活动、预算以及开支，并且应当在委员会要求时，向委员会提交文件以及澄清所有与它们组织活动有关的事务；每隔六个月，代表处的首席代表应当用书面形式向委员会报告在越南的运营情况，并应向委员会提供所有与非政府组织运营有关的材料或解释。如果外国非政府组织不能按时按规定提供它们的运营信息，越南非政府组织事务委员会可以拒绝外国非政府组织许可证的延期申请。外国非政府组织还有向越南公众公开信息的义务。越南公众有权接触到在越南境内运营的外国非政府组织的信息和来自于国外非政府组织的资助细节。

（3）奖励和处罚

政府各部、中央机构、人民组织以及各省和直辖市的人民委员会应当对外国非政府组织是否遵循法律给予指导、协助以及监管。无论何时一旦发现外国非政府组织违反越南法规，它们就必须及时按照它们的权限来处理并报告给越南非政府组织事务委员会。

外国非政府组织从事的活动与已经发放的许可证不符或违背了越南法规的条款，由发证当局视它们违背的程度不同，将它们的运营许可证部分吊销或撤销。任何非政府组织及其成员违背越南法律的行为都应当依据越南法律来处理。如果外国非政府组织违反了法律或未能获得许可证的注册，主管机构可以部分或完全终止外国非政府组织的活动。

（4）制度便利

越南政府给外国非政府组织的职员提供进出越南签证的便利。非政府组织代表处、项目办公室的代表和全职人员及其亲属是外籍人员的，依据越南当前的规定被给予入境签证的便利；基于项目的需要，特定项目的顾问会考虑给予入境签证的便利。在接到建立项目办公室或代表处的许可证之后，非政府组织可以根据越南法律条款租用办公室和民用住宅，雇用越南籍人员来办公室工作。外国非政府组织中的外国代表和职员可以根据越南法律在银行开设并运转开支账户（用外币或越南盾）。

五　国外监管外国非政府组织的经验及启示

中国已进入人均 GDP1000—3000 美元的"发展黄金期"与"矛盾凸显期"，同时也是境外非政府组织在中国活动的活跃期。伴随跨国公司进入中国境内的同时，大量境外非政府组织也纷纷登陆中国，参与到中国社会生活各个层面。中国不仅面临外国 NGO 的治理难题，也面临如何使内 NGO 发展、走出国门以服务国家战略、塑造大国形象、承担大国责任的挑战。因此，有必要学习借鉴外国 NGO 的管理经验，结合中国 NGO 的实际发展情况，加强对外国非政府组织的管理，趋利避害，对全面建设小康社会、有效舒缓社会矛盾与保持社会稳定、构建和谐社会有着重要意义。

（一）　制定统一的涉外民间组织管理法律

从他国的经验看，在法治社会，基于各国国情的差异，东道国政府对于外国 NGO 的管理模式各异。一般根据自己的政治经济需要，采用松紧不一的管理模式。既有英国国民待遇的一体化管理，也有美国一般监管与特别监管结合模式；既有俄罗斯严控防范的模式，也有越南优待便利的管理模式。一般而言，法制比较健全、经济社会发展成熟的国家，倾向于对没有危害或威胁的外国 NGO 给予国民待遇；而经济社会发展处于较低阶段的国家，为了利用国际非政府组织的资源、技术和服务，往往采取比较优待的政策，放松管理。

法律政策和管理模式并不是一成不变的，一般会随着国际政治经济形势的变化，根据国家需要修改法律，可以调整境外 NGO 的管理模式。即使在一国的不同时期，管理模式也会根据时势调整修改，使境外 NGO 的政府管理服务于本国的政治经济需要。美国"9.11"事件后《爱国者法案》、俄罗斯"颜色革命"后对《非政府组织法》的修正、出台《不受欢迎组织法》都是为了国家利益所做的应对。中国应该学习这种实用治理手段，不要在境外非政府组织管理法的完备上纠结，影响法律的及时出台和管理时效。

目前，对于非政府组织的管理，中国已初步形成了以法规、政策、规章和地方配套法规组成的政策法规体系。从立法角度，中国主要有 5 个行政法规，即《事业单位登记管理条例》（1998）、《外国商会管理暂行规定》（1989）、《民办非企业单位登记管理暂行条例》、《社会团体登记管理条例》（1998）和《基金会管理条例》（2004），详细规定了非政府组织的登记、监督管理及奖励惩罚，对国内外非政府组织起双重规范作用。《外国商会管理暂行规定》（1989）是单立的规范境外非政府组织的法规，此外《关于鼓励台湾同胞和香港澳门同胞投资的规定》和《中华人民共和国中外合作办学条例实施办法》（2004）中也涉及到了对境外非政府组织的登记注册。除了涉外基金会及外国商会在中国的活动有明文的国内法规规范外，其他境外非政府组织在华活动尚无明确的法律法规。现有的法规也限于国务院颁布的行政法规，其立法层次不高，没有上升到法律的高度，内容侧重于登记程序，相应领域的立法工作也滞后于非政府组织的发展。由于这些法规部分内容已过于陈旧，条款过于抽象，缺少可操作性。因此，应借鉴国外的做法，结合中国的具体国情，加快制定统一的非政府组织法，合并完善民法、刑法和行政法等部门法有关非政府组织的规定，将境外非政府组织纳入政府统一的监管法律规制体系，规范和监督境外非政府组织在华活动。

（二）设立专门的境外非政府组织监管机构

中国对境外非政府组织的管理持比较谨慎态度，在实践中对在华境外非政府组织推行"不承认、不取缔、不干预"的三不政策。在这种谨慎而又"默许"的态度下，中国对国内外非政府组织实行"归口登记、分级管理、双重负责"的管理模式，即必须通过一个行业主管部门的审批，先取得"行政合法性"后才能获得"法律合法性"，这样使得许多非政府组织包括外国非政府组织不愿注册登记而游离于法律和主管部门的监管之外。对非政府组织的业务管理分散在外事、扶贫、教育、妇联、卫生、环保等各个部门中，接受对口政府部门的管理，这种分割的格局使地方政府对境外非政府组织缺乏信息了解和掌控，根本无法进行有效监管。

因此，要推进非政府组织管理体制改革，改革双重管理模式，建立单一登记管理体制，取消业务主管单位，简化登记注册程序，形成宽进严出的过程监管的制度安排，积极建立全国统一的非政府组织登记管理和执法信息系统，形成高效的快速反应机制，将重要信息和重大事项向社会公示，提高非政府组织运作的透明度，使其处于政府和社会多重监管之下，引导非政府组织规范自身行为，增强社会责任感、社会公益意识和社会公信度，逐步建立自律和诚信的长效机制，加快非政府组织的自治化进程。要设立专门的境外非政府组织的归口监管机构，指导、管理和协调境外非政府组织的在华活动，减少其活动的盲目性，改变多头管理，各自为政的现象。严格规定境外非政府组织登记程序、涉外活动、权利义务等，明确其宗旨、使命和价值，确定其活动的内容领域、地域范围以及约束要求，如只限于从事社会事业和发展活动，不得参与政治宗教活动等。

（三）建立非政府组织的备案和审查制度

为配套非政府组织管理体制改革创新，中国应改变过去对非政府组织"重登记、轻监管"做法，建立非政府组织的备案和审查制度。要通过每年的非政府组织年检工作，围绕社会关注的热点、难点问题，及时深入调查指导，掌握、发现和处理非政府组织业务和财务活动中存在的问题，对非政府组织进行评估、划分等级，尽快建立非政府组织设立、活动的备案制度，根据非政府组织立法，明确社会团体、基金会、公益慈善团体、民办非企业单位等非政府组织的性质和法律地位，进行区分登记和备案，对符合条件的非政府组织进行登记，对不符合条件、但政治上没有问题的非政府组织进行备案，赋予其进行社会活动的合法身份。要建立对非政府组织的审查制度，认真落实非政府组织的重大事项报告制度，审查其资金来源、财务活动等情况，并向社会公布审查结果，对那些不接受监管、内部管理混乱、不按章程及无办公场所、无专职人员、无活动经费的非政府组织予以注销取缔。

（四）增强政府与非政府组织之间的互动

从国内外非政府组织发展经验和特点来看，非政府组织数量与经济社会发展以及政府管理水平呈现出一定正相关性。非政府组织以公益和非营利性为组织使命，与政府组织具有天然的共同性，是承接政府职能转移的最佳伙伴。在当今社会政治运作的现实中，政府仍然是资源分配的权威核心和公共权力的行使者，非政府组织则是社会的基本组织，可以向社会成员提供所需要的公共物品和公共服务，与政府的功能形成互补。[①] 因此，非政府组织的发展除了良好的宏观经济环境和法律制度的支撑外，还离不开与政府的密切合作与相互配合。大力培育和支持非政府组织的发展，可以真正实现"强政府、大社会"的双赢格局。一些政府部门并没有充分认识到非政府组织尤其是境外非政府组织在经济社会发展中的地位和作用，不注重培育政府部门与非政府组织在公共物品与公共服务的良好的合作关系，不愿将一些职能转交由它们来执行。

　　因此，政府部门要树立尊重公众意志、重视公共权力的观念，在平等的基础上建立政府权力部门与非政府组织的沟通、理解、协商、合作的关系，理顺与非政府组织经常性对话的渠道。在决策过程中听取其意见，有意识地引导非政府组织参与社会公益事业、公共事务管理，获取政府项目资金支持。非政府组织在接受政府部门扶持与发展的同时更要注重自身独立性和自治性，强化组织的能力建立，提高社会服务水平，增强社会公信度。应加强组织自律和同业约束，提高诚信水平和运作透明度，获得政府部门和社会公众的信任，在发展方向、技术、人员、信息等方面得到更广泛的支持，向社会提供有效服务。

---

① Henry Hansmann, "Economic Theories of Nonprofit Organization". Walter W. Powell eds. , *The Nonprofit Sector*：*A Research Handbook*，New Haven and London：Yale University Press, 1987.

第十二章　中国特色的境外在华非政府组织管理战略研究

中国政府对涉外民间组织的战略管理，应建立在对境外在华 NGO 的基本判断、基本理念和基本认识的理念基础上。通过构建可控和谐的二者关系、多元监管平台和归口管理体制，构建具有中国特色的涉外民间组织管理格局。通过吸引国际组织总部落户中国，建立中国涉外民间组织"硅谷"，推进以评估、监控、引导为主要内容的社会化管理。

一　辩证判断涉外民间组织的作用和影响

客观辩证地分析涉外民间组织的积极作用和消极影响，是政府管理的前提。这种判断既要基于国内一时一事的考虑，更要放眼国际视野和未来发展。

（一）境外非政府组织在华活动的积极作用

各种调研显示，境外 NGO 在中国的作用，总的来说是积极的。这些组织越来越频繁地出现在中国民众的视野。如：在汶川地震灾害救助中的台湾慈济会、"没有买卖，就没有杀害"推动拒吃鱼翅等活动背后的野生救援协会、用"熄灯一小时"等城市行为艺术秀闻名的世界自然基金会，推动中国教育的李嘉诚基金会，号召抵制"玉林狗肉节"和活取熊胆等活动的香港亚洲动物基金等。境外在华 NGO 在中国公共治理和民间外交的作用越来越显现。

它们对中国民间 NGO 的成长作出了极大的贡献。境外 NGO 在中国的活动，对当地 NGO 起到了某种保护伞作用，有助于它们的合法化。在过去的二十几年以来，公民社会（包括境外 NGO）在中国的政治空间已经扩展，而这在一定程度上也是中外社会活动者不断努力推进的结果。来自公民社会的推动，逐渐推动着政治上的容忍界限。即使出现了少量的打压个案，似乎也没有逆转这一总的多元化趋势。

1. 跨国合作有助于中国的自下而上的 NGO 发展成为机制化的可以扩大公民社会空间的平台。这是因为境外 NGO 激发了中国 NGO 活动家的灵感，培养了它们的能力，加强了它们的团结，并且协助中国 NGO 和联合国以及国际媒体接轨。境外非政府组织信息收集许多是为了给各国提供信息服务。但另一部分，信息收集活动可以监督各国履行国际条约义务的情形。博纳尔德·米歇尔将这类衡量各国履约情况的信息称为履约导向的信息。它促进国家的"社会化"。"国际组织使国家社会化，去接受新的政治目标和新的价值，这些目标和价值对战争的方式、国际政治的运行及国家本身的结构有着持久的影响"。①

2. 境外 NGO 通过自己的参与式扶贫和环保项目，向中国伙伴传播了赋权于受益者的理念。境外 NGO 强调利益受直接影响的民众平等参与项目的决策，重视他们的能力和见解。这样，这些项目不仅带来了具体的物质好处，而更重要的是，通过参与项目，受益人群的权利感和组织能力增强了，维权的意识也随之增强。

3. 境外 NGO 帮助中国 NGO 进入政府的政策制定过程。境外 NGO 参与了中国某些政策和立法的制定，加深了政府对公民社会组织的潜力和价值的认知，使得官员们更容易在政策制定的机制里接纳 NGO 的参与。

在一个更广泛的意义上，中国政府对国内 NGO 的包容，其催化剂乃是公民社会参与政府间国际组织（特别是联合国体系）的国际趋势所产生的影响或压力。这种全球范围的参与文化，以及为此而建立的各种咨询机制，主要起因于境外 NGO 所代表的跨国社会运动本身对参与式多边主义和包容性治理的追求。境外 NGO 对国际组织事务的积极介入，也使得它们能够向中国的社会活动者传播有关问题领域的全球化概念和标准。

---

① ［美］玛莎·费尼莫尔：《国际社会中的国家利益》，袁正清译，浙江人民出版社2001年版，第4页。

4. 公民社会层面的国际团结，培育了以全球问题和共同事业为导向的多元的社会和政治认同，有助于减少中国的仇外的民族主义情绪，而这种情绪是政治民主化的潜在障碍。

（二）境外非政府组织在华活动的消极影响

政治安全是国家安全的核心内容。坚持国家安全观，必须以政治安全为根本。[①] 目前国内几种具有代表性的观点对于政治安全的内涵界定各有侧重，但总的说来都包含了国家主权、政治制度及意识形态等内容。境外非政府组织的消极影响主要体现在政治安全上。

1. 对国家主权安全的消极影响

国家主权指的是一个国家独立自主处理自己内外事务，管理自己国家的最高权力。主权是国家区别于其他社会集团的特殊属性，是国家的固有权利。然而近些年来，部分在华境外非政府组织假借在国内开展活动之名，实则是干预和插手中国内政事务，利用舆论、煽动民情，挑拨政府与民众间的关系，甚至公然分裂国家主权，严重危害了国家安全与政治稳定。冷战结束后，中国成为西方发达国家和平演变的重点，它们分化中国、削弱中国的亡我之心不死。涉外民间组织成为西方国家政治经济目的的马前卒，成为某些国家经常用到的一种手段。打着"公益""慈善"等旗号，从事渗透破坏活动，危害中国国家安全。有的环保组织资助某发展中国家对中国近海进行所谓污染源勘察，后来证实该次勘察结果正是西方某国海军需要的情报。境外 NGO 有的以人权、民主、自由等名义，危害中国意识形态安全；有的窃取政治、经济、军事情报，危害中国安全；也有的在边境地区恐怖事件、宗教渗透背后起推波助澜[②]和负面作用。香港"占中"背后的境外 NGO（美国民主基金会）的身影则向国人展示了其另外一面。

2014 年 9 月，香港爆发的"占中"运动是香港回归 17 年来发生的最重大政治性事件。部分在华境外非政府组织成了"占中"的幕后推手。

---

① 陈晓春、颜屹仡:《国家安全视角下在华境外非政府组织管理研究》，《公共管理研究》，2015 年 2 月。

② 刘小燕、王洁:《NGO：颜色革命的急先锋和马前卒》，乌有之乡，2014 年 6 月 25 日（http://www.wyzxwk.com/Article/guofang/2014/06/322302.html）。

据英国广播公司 2014 年 10 月 22 日报道，国际人权组织在两年前已对"占中"进行支持，其目标是以非暴力行动对抗当局，通过开设小型课堂传授示威中的行为规范，务求令该运动达到最大效果。此外，受美国政府资助的"国家民主基金会"（NED）自 1995 年起就开始资助香港的反对派组织，多年来资助逾 395 万美元（逾 3000 万港元）。NED 旗下的"美国国际民主研究院"（NDI）早在 2006 年已在港为推动"占中"做准备，并于 2007 年启动青年公共参与计划。2012 年 NED 投放 46 万美元（逾 350 万港元）给 NDI，推动香港学生参与街头政治。香港中文大学的"香港美国中心"，垄断了香港八所大学的通识教材，并于 2014 年 3 月份举行了两天一夜的"工作坊"，名正言顺地培训大学生作为"占中"骨干①。虽然"占中"运动最后以失败而告终，但这场发生在香港的"颜色革命"已对国家安全造成了极坏的影响。部分在华境外非政府组织俨然成为了这场"占中"运动的发动者、组织者和支持者，严重危害了中国香港地区的政治稳定和国家安全。

2. 对基层政权安全的消极影响

基层群众自治制度是中国的基本政治制度。维护基层政权安全是保障中国政治制度安全的基础与前提。然而部分在华境外非政府组织除了开展扶贫、教育、环保等活动外，还不断介入中国的基层选举和地方自治能力建设活动。美国"国际共和研究所"是第一家介入中国村民选举的境外非政府组织，其宗旨是在全世界推进民主理念与民主制度，向有关国家提供如公民责任培训、立法过程、政党组织与竞选机制等项目。② 美国非政府组织"卡特中心"从 1996 年开始参与中国的农村基层选举，并在 1997 年与民政部合作启动"中国村民选举项目"。部分在华境外非政府组织在参与中国的政治改革活动的同时，不断宣扬其西方式的民主价值观，利用项目合作与交流，借机搜集中国的政治情报，侵蚀中国的基层自治制度，对中国的基层政权安全造成了严重威胁。特别是近几年来，在国内发生的诸多群体性事件的背后往往可以见到境外非政府组织的身影，给中国的国

---

① 宋鲁郑：《香港"占中"是失败的颜色革命》（http：//www. guancha. cn/SongLuZheng/2014_ 12_ 11_ 303029. shtml）。

② 金彪：《国际非政府组织在华活动的主要问题》，《学会》，2008 年第 11 期。

家安全和政治稳定带来了一定的消极影响。

3. 对意识形态安全的消极影响

意识形态是国家统治阶级政权合法性的理论来源。由于中西方意识形态的分歧和政治制度的差异性，近年来西方国家经常利用其先进的传播手段向中国输入其价值观念和意识形态，企图推行西方民主政治制度，对中国的民族精神进行瓦解和分裂。[①] 而非政府组织往往就成为了西方国家推行其西式民主和价值观的工具，充当西方国家对目标国实行和平演变的"先锋"。目前，许多在华境外非政府组织多以"民主"、"人权"为自己的宗旨，并宣扬西方民主模式的普适性。一些在华境外非政府组织还利用学术交流、"传教士"般的推广对西方民主的信仰等手段对中国进行意识形态领域的渗透。究其实质，是在推行意识形态的霸权主义。中纪委驻中国社会科学院纪检组组长、院党组成员张英伟在社科院近代史所作报告时指出，社科院内的意识形态存在"四大问题"，其中就包括"接受境外势力点对点的渗透"[②]。

二 充分认识政府对境外 NGO 管理的必要性

（一）放松管理还是加强管理：真伪命题的辩解

境内政府对境外 NGO 的管理因为关涉政府与自治社会的关系而产生真伪命题的争论。真伪命题的辩解，是政府管理的前提和许多问题的症结所在。

在公民社会论者看来，"政府对 NGO 的管理（包括在华境外 NGO 的管理）"是一个伪命题。其理由如下：一是"三部门"说。以企业为代表的私有部门即第一部门，以及公共部门即第二部门存在"失灵"，不能或不愿提供满足社会发展的需求，而非政府组织可以弥补前两个部门的功能，成为社会的第三个部门。NGO 与政府、企业是分离对立的，NGO 的合法性来自于对政府和企业社会功能的批判。只要 NGO 依照国家相关登

---

① 姜川：《论中国所面临的非传统安全威胁及主要应对方略》，《贵州师范大学学报》，2008 年第 6 期。

② 张然：《社科院被指意识形态四大问题》，《京华时报》，2014 年 6 月 15 日。

记制度、税法、信息公开等法律制度行事，政府不应也不必管理和干预NGO 组织和活动。二是服务说。政府合法性来源于政府对 NGO 提供服务而非管理。在放松管制的公共管理改革背景和服务性政府构建背景下，政府管理被等同于政府管制。三是无政府治理的全球公民社会①说。全球公民社会由超国家社会运动、非政府组织和市民组成，它们与其他主体一起构成世界政治的行为体②。在基恩看来，全球公民社会获得了与国家和国际体系权力相对立的属性，它旨在绕过国家权力实现自主的治理。国际非政府组织的发展是全球公民社会发展的主要表现形式和核心内容。以全球公民社会为核心的非国家行为体对国家主权的挑战等等，实质是"无政府的治理"。

"三部门说"不是政府放弃对 NGO 的管理的理由，恰恰相反，正是政府对 NGO 管理的方式。应该承认，政府与 NGO 之间应该有明确的权利边界和职能范围。保障它们之间界别清晰的是相关的法律框架和相关规定，而这些法律制度本身就是政府管理的工具或产物。NGO 的合法性不管是来源于对政府的批评还是合作，都不改变它遵从法制社会规则的事实。进入东道国的国际 NGO，在威斯特伐利亚体制下，则要遵从主权国家管制。

在某种意义上说，政府服务与政府管制之间相辅相成。政府为维护和达到特定的公共利益所进行的管制，实质也是为构建良好市场环境的服务。尽管管制的方式如制定规章、设定许可、监督检查、行政处罚和行政裁决等行政处理行为，约束性较强，但是不能否认其服务性。只不过侧重点有所区别，管理的"度"不同而已。

在全球化进程中，"国家权力主导社会"和"主权国家的权威正在被削弱"这两个极端观点都不尽合理。不能因为 NGO 的性质和政府管理手段的差异而否定政府对境外在华 NGO 管理的真实性、必要性和合法性。

上述辨析表明，尽管公民社会三部门有相互分工，但是，在国家范围内，基于国家权威、国内秩序需要，主权管理仍然有效。即使在全球化国

①　周俊：《全球公民社会：理论模式与研究框架》，《现代哲学》，2006 年第 2 期。
②　星野昭吉：《全球化时代的世界政治：世界政治的行为主体与结构》，刘小林译，社会科学文献出版社 2004 年版，第 305—306、307 页。

家权威削弱的背景下，统治了几个世纪的国家系统，既不会完全垄断整个社会，也不会轻易被消除。只是，它正在变化，最引人注目的变化与跨国公民社会相关"。

事实上，导致政府管理加强的原因还有："非营利组织与市场相互渗透，旧的互惠组织演变成为纯粹的商业组织；由于政府财政支持力度加强，公共资金的责任问题受到关注"①。

（二）政府对境外 NGO 管理相对滞后的后果

政府责任缺失在思想意识、社会秩序和依法管理上造成一定程度的混乱。表现在：

1. 宏观上，挑战中国法制，成为社会秩序的隐患

一部分境外组织在比较宽松的政策下进入境内，开展活动，却没有登记备案。中国规定非登记即非法。这些没有合法身份的组织的存在，既是对中国法制的挑战，也是社会秩序的隐患，给怀揣不良动机的组织以可乘之机。

2. 不利于境外 NGO 开展活动

对境外 NGO 而言，处于非法状态和不规范的状态，不利于开展活动。多数境外在华 NGO 无合法身份，处于地下或半地下状态。"1000 家左右的美国在华 NGO 中，大约只有不到 3% 的组织在中国拥有正式合法的 NGO 身份"，这是中民慈善捐助信息中心《国际 NGO 在华慈善活动分析报告》中揭示的美国在华 NGO 的状况。其他国家和地区在华民间组织拥有的合法身份的数量比例同样很低。其实，目前在中国活动的绝大多数国外 NGO 没有"身份证"，这在业界一直是没有争议的事实。还有许多组织注册为企业，"曲线"入华。数千家机构的非正常化生存，很容易成为大规模清理活动和政治活动的牺牲品和替罪羊，合法权益得不到相应的法律保障。

不可否认，政府管理主体欠缺，对于急于进入中国的外国合法 NGO 来说，有一定优势，使它们能够灵活而快速地通过私人影响力和非正式关

---

① 周志忍、陈云：《自律与他律——第三部门监督机制个案研究》，浙江人民出版社 1999年版，第42—43页。

系开展活动。但是另一方面却是资源浪费，合作成本增加。这既不利于恰当发挥境外 NGO 应有的积极作用，调动它们投入需要的慈善事业、公共服务事业的热情，又无法制止和约束它们中的非法、不恰当的活动。

3. 增加政府监管难度

在政府看来，他们在中国的数量和活动状况是一个谜，就连许多省市级民间组织管理部门和外事部门对它们的身份也是讳莫如深。

20 世纪 80 年代，福特基金会等少数几家境外在华 NGO 在政府特许下入境中国。到目前国内有多少家境外 NGO，各个说法都不一样。清华大学 NGO 研究所所长王名教授 2007 年的观点，"境外在华民间组织，目前国内大约有 1 万余家这样的机构。"① 清华大学 NGO 研究所博士后韩俊魁曾表示，虽然在华境外 NGO 的准确数字无法得知，但数量肯定"至少在 5000 家以上"②。这些跨度相当大的两个数据，或许从中可见问题的复杂性。真实情况到底是多少，直到现在也没有统一的数据。

4. 容易滋生腐败

境外 NGO 进入境内渠道多样，乱象丛生。一方面，各部门或单位根据各自需要与境外民间组织建立这样那样的关系，给予它们进入中国的条件和机会。另一方面，境外民间组织为了寻求较高的合法性，为了取得身份的合法性，通过各种策略方式、途径与有管理权的政府部门建立这样那样的非规范化的关系。非规范的人脉关系却带来监控监管的困难，也容易滋生腐败和不良社会现象。

5. 境外非政府组织自身管理问题突出

尽管有一些境外在华 NGO 采取了工商登记、国家外国专家局颁发的《国际人才交流服务境外机构资格证书》，与云南省国际民间组织合作促进会签订谅解备忘录等方式获得合法身份，但还是有大量境外在华 NGO 因未能纳入到日常监管、服务体系中而带来了许多问题。如：项目很难统筹，造成人财物的浪费；违反规定发展会员；擅自建立分支机构。例如韩国企业主、韩籍人员在昆明成立的"昆明韩国人商会"等；管理不善导

① 郭鲲：《涉外民间组织拟合法登记》，新浪网（http：//news. sina. com. cn/c/2007 - 03 - 13/024411396501s. shtml）。

② 韩俊魁：《境外在华 NGO：与开放的中国同行》，社会科学文献出版社 2011 年版，导言第 8 页。

致的纠纷对政府与境外在华 NGO 合作带来消极影响，例如，美国妈妈联谊会和丽江妈妈联谊会之争等；2008 年云南勐海"仁爱儿童之家"事件给境外在华 NGO 带来的信任危机等；合作双方纠纷增加；还有由于国家对 NGO 社保政策和社会福利体系的不完善，致使一些境外在华 NGO 无法登记注册，很多员工无法办理"五险一金"，薪酬待遇的差别也常常导致在滇境外在华 NGO 内部危机。除了造成上述内部管理混乱和危机之外，外部管理体制的关系仍然没有理顺。

由此看出，政府对境外在华 NGO 仍然缺乏战略管理思路及系统的具体管理办法。

（三）防范境外 NGO 消极影响是一门管理艺术

中国经济发展和政治影响力的增强，肯定会吸引更多的国外 NGO 来华。不可否定，中国许多地方确实需要境外 NGO 参与建设。中国进入小康社会建设的矛盾多发期，贫富悬殊问题、环境问题等，一定程度也需要外国 NGO 社会服务的技术经验和资金。纷繁众多的合作项目活动也从另一方面证明了社会的需要。尽管顶层设计缺乏，但并不阻止境外 NGO 进入境内的步伐。原因在于众多的政府部门和境内 NGO 需要它们，并提供各式各样的合作路径。"不管我们愿意还是不愿意，国际 NGO 已经成为国际社会的重要组成部分，一味回避和排斥是鸵鸟政策，得不偿失，'堵'远不如'疏'。应该站在全球化高度，学会与国际 NGO 建设性相处"。① 政权在手，不应畏惧。

中国政府对境外在华 NGO 管理的态度，很大部分源自于境外在华 NGO 消极作用的担忧。不可否认，有些组织作为外国政府或组织的工具，收集中国信息，威胁国家安全，对中国政治经济和社会稳定造成不利；尽管事例并不多，但始终不能排除这方面的可能。对这些消极影响我们不得不防。当然，如何预防是一门管理艺术，需要探索。非政府组织的活动及其成员一般都具有很高的专业水准和活动能力，政府要善于引导和利用。

---

① 张海滨：《依法管理不做"鸵鸟"》（http://www.newpathfound.org/html/volunteer/shiye/20080619/322.html）。

三　正确处理中国政府与境外 NGO 之间的关系

政府管理境外 NGO 的问题实质就是政府与社会组织关系、政府与国外社会组织的关系的定位问题。当然，也关涉国家宪政层面的结社自由权的落实问题。问题的解决取决于政府管理意愿和管理能力。

（一）正确判断中国政府与境外社会组织的关系

在吉德伦、萨拉蒙等人看来，政府与非政府组织的关系不外乎四种：传统的政府支配模式、非政府组织起决定作用的极端支配模式、政府与起补充作用的非政府组织的独立并存模式、政府与代理人的非政府组织的合作并存模式。它们划分的标准是在资金筹措和公共服务的提供方面。中国已经走过传统的支配阶段，进入补充或合作的并存阶段。不过，中国政府与境外 NGO 的关系却比国内复杂得多，取决于不同部门、不同领域、不同地区、不同领导人的不同看法。没有国家层面的明确表态，如何应对外国非政府组织？中国国家权力的层次大致有四种基本态度①：妖魔化、天使化、被动消极的开放态度、积极有为。前三种不利于中国发展，只有在中国社会领域里采取积极有为的开放态度，致力于外国非政府组织在中国活动的法治化、制度化和基本秩序的建立，才是中国正确的选择。

合作方式有许多，既有事务中钱财物的合作，也有决策、执行、监督、服务环节的组合，更有社会对政府的辅助性的拾遗补阙。长期制度化的合作需要通过立法和政策规章的规范。

对境外在华 NGO 的管理，既是国家主权的表现，也是政府应尽职责。境外在华民间组织是关涉国家主权的大事。是否允许境外非政府组织进入中国，以及如何规范它们的行为，是国家主权行使的表现。由于境外在华 NGO 的国际性或境外性，使得该类组织的管理除了要考虑一般非营利性组织行为的规约之外，还必须考虑有关国际法精神、考虑其跨国性质、所在国家或地区的态度、国际贸易管制规程等，需要考虑国际影响、国家形象以及同世界人民的友谊等。这考验政府的能力。我们"既不要敌视它，

---

① 赵黎青：《如何应对外国非政府组织》，《学习时报》，2006 年 9 月 18 日第 004 版。

也不要忽视它；既不要惧怕它，也不要溺爱它；既不要放任它，也不要封堵它"。① 要有充分的主权自信。

（二）明确政府管理态度，厘清政府管理难题

政府需要在肯定主权国家管理权的前提下，克服对境外 NGO 不重视、不放手、不放心的态度，认真回答如何管理的问题，即谁管理、管理什么、何时管理、用什么方式管理等重大问题。这些问题的答案既要符合当前形势需要，又要预估未来趋势；既要符合现有法律框架，又要遵守WTO 承诺；既要考虑政府监管，又要顾及市场发展；既要保护中方利益，又要照顾外方权益、他国态度等更深层次的因素。关键的是政府的态度问题。

有专家认为，从中国国家权力层次看，对待境外非政府组织大致可以采取四种基本态度：

1. 对境外非政府组织的"妖魔化"。对境外非政府组织采取全面怀疑和敌视的态度，主张予以打压和排斥。

2. 对境外非政府组织的"天使化"。因而主张大开国门，无须设防，任其为所欲为。

3. 在社会领域里被动消极的开放态度。这是多年以来的一种实际状况。

4. 在中国社会领域里采取积极有为的开放态度。主要内容可以概括为"知己知彼，态度明确，依法治理，有效监督"。

境外非政府组织得以在改革开放新时期进入中国的重要背景是，中国要顺利进行经济建设，实现经济发展，需要资金和技术作为基础，而境外非政府组织恰恰能提供这些要素。换言之，中国政府在作出允许境外非政府组织进入中国的决策时，看重的是境外非政府组织对中国的有用性。这种在对待境外非政府组织问题上的实用价值取向一直持续至今，构成了中国对境外非政府组织态度的一个重要方面。

但是，中国政府对境外非政府组织存在根深蒂固的不信任心态和防范意识。这也使得中国政府在建构关于境外非政府组织的管理制度时处于两

---

① 俞可平：《对中国公民社会若干问题的管见》，见高丙中等：《中国公民社会发展蓝皮书》，北京大学出版社 2008 年版，第 26 页。

难的困境。既要能为境外非政府组织来华活动提供便利条件，以尽可能地获取它们的资金和技术；又要能有效避免它们参与政治活动或宣扬西方价值观影响国家安全和社会稳定。这无疑需要在制度建构过程，特别是立法过程中具有高超的平衡技巧。然而，这种平衡在实践中很难实现。因此，在管理境外非政府组织的法律制度长期缺位的情况下，中国政府在实践中发展出一种对在华境外非政府组织"不承认、不取缔、不干预"的"三不政策"。这一政策的具体内容是：中国政府不承认在华境外非政府组织的法律地位，不取缔已来华活动的境外非政府组织，也不干涉它们的内部事务，但它们不得危害中国的国家安全或社会稳定。总体而言，"三不政策"中的"不取缔、不干预"可以视为是以一种消极方式，反映了欢迎和支持境外非政府组织来华活动的态度，其目的意在为境外非政府组织来华活动排除来自政府方面的不利干扰。但是态度并不明朗。

中国政府管理态度要明确，旗帜要鲜明。禁止、限制和鼓励都要以法律的方式确定。消除受制他国的恐惧。做好自己的事情，选择合适的方式和节点作出突破。延误管理政策出台时机，只会更加被动。

四 选择合适的立法模式

法治国家，首先是政府依法行政。境外 NGO 管理同样需要健全的法律。有法可依是境外在华 NGO 管理的顶层设计的重要内容，任何外国民间组织在中国开展活动，首先必须获得中国政府合法性的确认。这就需要早日出台相关法律，制定《境外在华 NGO 管理法》。没有民间组织管理的统一法律，不在整体上有所突破，头痛医头、脚痛医脚的方式很难改善社会组织环境，而且还可能使问题更加复杂化。

对于 NGO 立法的形式，目前有分散立法与统一立法之争。分散立法即针对不同的组织类型单独立法，等待条件成熟，再统一。统一立法即将非营利组织作为民事主体的一类纳入民法典中作出规定。这两个都遭到"实施派的反对"，认为结社自由的宪法规定没有落实前，这种争论没有意义，紧急的是用足用好现有法律所提供的空间。这些争论都有道理。本文认为，在条件不成熟情况下，可以制定具有操作性的制度政策，将已经确定的政策内容法律化，将管理理念显现出来。

（一）完善入口管理制度

借鉴他国经验，选择立法模式。目前，世界各国对外国民间组织的态度主要有：自由主义、威权主义以及它们之间的中间态三种。表现在对境外 NGO 的身份认定或入口管理上，有两种：一是自由成立模式，如英国、美国、印度等，民间组织可自由成立，而无须经过任何登记手续，一旦存在违法犯罪行为，国家将予以追查惩罚，因此又称为追惩制或承认制。如果要享受税收优惠，则需要申请或资格审查。二是登记设立模式，如德国、日本、新加坡。民间组织必须依法在特定的国家机关进行登记注册才能合法活动，否则将被视为非法组织，因此又称为预防制或强制注册制。这两种管理方式各有利弊。

（二）实施分类管理制度

对于敏感类政治类境外在华 NGO 采用登记设立模式，其他社会服务类、慈善类、救助类的境外在华 NGO 可以考虑自由成立模式。前提是法律体系完备，管理框架完整，政府监管与行业自律、社会监督相结合，境外在华 NGO 的公开化、透明化。

（三）法律内容必须完备

1. 获得合法性资格条件

任何境外 NGO 都必须有章程、组织者的姓名、中国境内的办公地址等，这是社会监督的依据。即使是派出机构，也要有相关条件，同时，还必须有母国的合法性证明。如原登记国合法性文件和相关政府部门的担保。这样，外国民间组织的合法性问题可以被有效地进行国外追溯，避免了外国非政府组织成立之初"身份"合法性的疑虑。所有境外 NGO 只有注册或备案后，才能获得合法身份，才能光明正大地开展活动。

2. 明确的禁止、限制、鼓励

这些禁止的活动包括：一是危害国家安全和国家利益的活动；二是试图颠覆共产党执政地位，实现政策更迭的各种活动；三是其他围绕国家政权开展的政治活动；四是违反中国法律法规和政策的活动等。总之，对危害中国国家安全和国家利益的各种活动、对试图在中国颠覆共产党的执政地位、涉入中国其他政治性活动加以禁止。

限制：对外国非政府组织在中国开展某些类型的活动，是必须根据中国国情予以限制的。如，某倡导型组织通过各种方式去倡导一些主张、政策和价值观等，在活动的领域和活动的地域上，都须根据中国的具体情况对外国非政府组织施加一些限制。

鼓励：鼓励和支持的方式有很多，如提供工作上的便利，提供资金支持，允许其享有较大的工作自由等，对在中国社会发展与社会进步过程中有突出贡献的那些外国非政府组织及其工作人员也可以通过一些方式进行评比和表彰。在国民待遇后，给予相应的税收财政鼓励。

3. 公开透明原则

在中国活动公开化。除了定期向政府监管部门提交文字报告外，还须向社会公开和备查。在中国的财务透明化。外国民间组织在中国开展活动所涉及的各种财务事项和资金的调拨，包括跨境的资金流动和在中国境内的资金分配，应依据发达国家的惯例，实行透明化的管理。

4. 惩罚条款

执行《取缔非法民间组织暂行办法》。下列情形之一的属于非法民间组织：（一）未经批准，擅自开展社会团体筹备活动的；（二）未经登记，擅自以社会团体或者民办非企业单位名义进行活动的；（三）被撤销登记后继续以社会团体或者民办非企业单位名义进行活动的。依法取缔并公告。此外，增加"警告、罚款、限制活动、取缔和承担刑事责任、禁止准入"等手段；增加罚则；增加对非政府组织的惩处种类。中国现有法规中对非政府组织的惩罚只有"警告、罚款、限制活动、取缔和承担刑事责任"几种，形式过于简单。可考虑增加"禁止准入、取消税收优惠和财政补贴"等手段，为未来管理做铺垫。

五　构建政府监管与社会监管的监管平台

政府对境外 NGO 的监管非常重要，但是仅仅依靠政府监管肯定不行。中国政府对境外 NGO 监管的虚化根源在于政府监管的单一性，它赋予登记管理部门和业务主管部门过多过重的责任，从而使之难以胜任。有的管理部门不堪重负，甚至以推卸注册责任回避后续工作。因此，必须改革，处理 NGO 自律与政府监管关系、政府监管与社会监管的关系，使之相结合，让境外 NGO 自身承担行为的后果和责任。

（一）改预防性管理为全过程管理

预防性管理是传统路径依赖的产物，在人员编制越来越严格的行政体制内部，幻想政府单一管理的思路肯定行不通。民间组织出了任何问题都由登记管理和业务主管部门负责，这样管理部门就没有大力发展它们的积极性，反而设置门槛，不让登记。这种管理制度本身是失败的。需要改革，把管理部门从无限责任中解脱出来，改变由管理部门承担社会组织连带责任的错误观念。建立社会组织责任自负的管理机制，以及政府宏观管理、全社会共同监督的全方位管理局面。树立全过程管理思路，将年检工作与日常监督、绩效管理、信用建设、执法查处结合起来，推进以评估、监控、引导为主要内容的社会化管理，建立不同类型的涉外民间组织登记注册管理机制、日常监管、资源引导和退出等方面的管理机制。

（二）建立健全社会监管信息平台

建立由民政、税务、市场监管、人事劳动、公安、外事、银行等相关部门参与并相互协调的境外 NGO 的信息共享系统，形成协同监督的责任机制。信息数据库中境外民间组织的章程、组织机构、活动情况和财务管理等相关信息公开，供民众随时查询。让境外 NGO 的章程真正成为社会组织的"宪法"，用章程约束社会组织的行为，用章程为社会监督提供依据。时刻保持社会组织的公开、透明，让社会各界人士都可随时了解组织发展动态。

翔实的信息资料是政府实施有效监管的基础。境外非政府组织千差万别，活动纷繁复杂，无论是备案登记管理还是过程管理，对境外非政府组织进行信息收集并分类都是非常重要的基础工作。通过简化备案程序、年检环节及年度工作报告等途径，深入了解境外非政府组织的性质、类别、活动方式、活动范围及受益者等基本情况，并归类建档，建立境外非政府组织数据库，逐步建立境外非政府组织分类体系，并将该体系纳入到监管的法律框架内，在具体的法律规定、条例及暂行办法中予以明确规定。

（三） 建立健全公益慈善制度

跳出双重管理体制的篱笆，建立社会监管体制。可以分步分阶段实施。借鉴的对象有两个方面：一是国内外资企业管理的渐进方式。参照管理，实施境外 NGO 非国民待遇到国民待遇的过渡。二是他国和地区监管 NGO 的做法。英美国家对注册登记的社会组织不分国别，而只区分是否为慈善组织。在相关部门认定为慈善组织后可以享受税收减免。对于没有或者不愿意享受税收减免的社会组织则管理宽松。对于一般组织，可以采用自动注册方式，对于涉及宗教、政治、人权的社团，采用普通程序方式进行注册。

（四） 建立基于退出机制的多种监管模式

一是主管部门监管模式。新加坡社团注册局通过传媒报道、公众举报等掌握社团违法行为，并协同警察、反贪等机构进行查处。二是自我监管模式。建立社会组织自律机制。包括内部治理结构完善、运作规范、业诚信执、竞争公平、信息公开、自律保障等六项机制。其中内部管理的理事会民主议事制度、民主决策程序、监事会制度等完善而规范，提高自我管理能力。三是第三方监管模式。建立第三方评估机制、社会组织等级评估和信用评价制度，公开的评估结果成为公众捐资或政府购买服务的依据。初步形成主管部门监管、NGO 自我监管、第三方监管的主体多元化、措施多样化和程序规范化的社会组织监管机制。

不论哪种监管模式，都要落实在境外非政府组织的退出上。对于监管中发现与国家利益不符的组织，通过冻结资金账户，撤销登记，吊销登记证书。同时，直接责任人依法追究刑事责任，有关机关对于违法境外人员依法限期出境、遣送出境或者驱逐出境。

六　重建归口管理体制

没有归口管理，各部门自行其是；没有中央明确表态，地方政府摸着石头过河，乱象丛生；没有国家的决心，任何部门都碍于境外 NGO 的特殊身份和国际问题的敏感性投鼠忌器，不敢作为，也乱作为。因此，需要归口管理。

（一）建立完善归口管理制度

对于社会组织管理体制改革，"十二五"规划提出了二十字方针，即统一登记、各司其职、协调配合、分级管理、依法监管。其中的"统一"，应该理解为归口管理，确定主管部门。至于归于民政部门还是外事部门或其他部门，则可以论证。国家要有统一安排，而不能由地方协调。就未来发展和境外 NGO 国民待遇的趋势，鉴于民间组织管理同质性，民间组织管理局作为境外在华 NGO 管理部门也许比其他管理部门更合适，更有利于管理。外事部门、公安及业务单位与民间组织管理部门相互协调。

（二）建立部门之间协作机制

由于管理分散，各省采取的方式不同。有的由外事部门"牵头"，建立有民政、公安等参加的协调机制；有的由民政部门"牵头"，建立有外事、公安等参加的协调机制。但是，在官僚体系中，平行单位作"牵头"组织实施困难。需要打破部门之间的隔绝，确定管理机构与其他部门的管理职权，使管理机构之间职责清晰，在部门之间建立有分工、有合作的协作体制。

（三）落实各自监管责任

公安消防、公安、市场、财政、税务、统计、国家安全、外事等相关部门在规定职责范围内承担对社会组织的监督管理责任。

七 吸引国际组织总部落户中国

国际组织的聚集程度是城市国际化水平的重要指标。中国多个城市地方政府提出了吸引国际组织总部落户的政策。这些政策反映出恶性竞争的趋势，需要引起中央的重视。国家需要统筹规划。

（一）站在"一带一路"的高度，从战略上把握吸引国际组织总部落户的重要性

"国际组织在处理国际事务、化解国际矛盾、解决国际争端中发挥着

日益重要（在一定程度上是不可替代）的作用"①。随着中国国际地位和国际影响力的提升，中国有必要吸引一些重要国际组织在中国设立其总部或地区总部。经济实力的此消彼长，影响着国际组织、峰会、智库的影响力，并由此改变着当下的国际秩序。② 吸引国际组织落户具有重要意义：有利于提升中国的国际影响力；有利于带动相关国家和城市经济的发展；有利于提升东道国和城市的知名度、美誉度和国际化程度。

（二）加强统筹，制定吸引国际组织总部落户中国的战略规划

全球大约有国际组织 4 万多个，却只有寥寥几个的总部设在中国，这与中国大国地位不符。目前，北京、上海、广州、深圳等地将吸引国际组织（机构），尤其是总部入驻，作为新一轮推进国际化建设的战略机遇和衡量国际化的重要指标，作出了吸引国际组织落户本地的政策文件。北京市委常委会召开会议，提出吸引国际组织落户是北京打造国际活动聚集之都，建设中国特色世界城市的必然要求③。上海市提出相应政策。深圳市在 2015 年 3 月党的第六次代表大会上的报告中，提出未来五年的主要目标任务之一，就是"引进国际组织实现重大突破，国际交流活动更趋频繁"。可见，地方政府非常重视，并纳入未来规划。但是，国家层面，却没有这方面的规划和战略。为了避免地方政府之间的不规则竞争而损害国家利益，需要国家进行统筹。要制定体现地方特色和各地经济社会发展状况的规划，分类别、分阶段地规划吸引国际组织总部落户，有计划、有选择地吸引国际组织落户。要合理布局相关国际组织的落户城市。要规划长期，以确保吸引国际组织战略的持续和稳定。当然，规划是原则性的，不可过于具体。

（三）做好信息工作，为地方政府对接服务

积极建立与中央部委对接的合作机制，掌握国际组织的可靠信息。对国际组织的宗旨、过往业绩、影响力等做好前期调研，做到心中有数。关

---

① 周汉民：《吸引国际组织总部落户中国》，《中国经济网》，2006 年 3 月 6 日。

② 朱禁弢、王璐、余巧楠、吕立夏：《新兴国际组织改写全球权力格局——知名国际组织、国际峰会、智库大盘点》，《中国经济周刊》，2013 年 7 月 8 日。

③ 《北京日报》，2012 年 1 月 5 日第 1 版。

注那些符合中国价值观念、道德准则和21世纪人类发展理念的国际组织，关注能够促进中国经济发展、社会进步、科技创新的国际组织，对它们进行目标定位，预测核心国际组织的集聚效应和延伸影响。并建立新信息资源统筹的工作协调机制，建立中央与地方政府之间、地方政府内部之间的信息互通渠道，以利于地方政府根据不同 NGO 的贡献与问题比率，进行选择。

优化政策环境，制定一定的优惠政策，为国际组织落户提供条件。目前，在国际组织落户、中国的政策、制度、资金、基础设施等方面，仍然存在很多问题：主要包括注册身份问题、业务主管部门问题、国际组织及其工作人员纳税标准问题、运作资金短缺以及国际组织人员出国手续问题等。这些问题不同程度地阻碍了中国吸引国际组织。中央政府应发挥核心角色，提供外交、法律、税收等方面的制度支撑，要允许地方政府在资产购置、税收缴纳、人员出入境等方面给予落户的国际组织及其工作人员优惠的待遇。也可以制定国际组织人才政策，形成政策体系。

参考文献

褚松燕：《中外非政府组织管理体制比较》，国家行政学院出版社2008年版。

果町：《全球化时代的国际组织变迁与中国的战略选择》，《国际关系学院学报》，2012年第1期。

韩俊魁：《境外在华NGO：与开放的中国同行》，社会科学文献出版社2011年版。

黄浩明，石忠诚，张曼莉，杨洪萍：《中国社会组织国际化战略与路径研究》，《中国农业大学学报》（社会科学版），2014年第4期。

黄浩明：《民间组织国际化的趋势——兼谈中国的现状、挑战与对策》，《中国非营利评论》，2011年9月。

黄浩明，赵国杰：《美国非营利组织国际化发展现状与趋势》，《中国行政管理》，2014年第3期。

黄浩明：《中国社会组织国际化战略与路径研究》，《中国发展简报》，2014年第2期。

贾西津：《第三次改革：中国非营利部门战略研究》，清华大学出版社2005年版。

江忆恩（Alastir Iain Johnston）：《美国学者关于中国与国际组织关系研究概述》。

灵子：《一个官办基金会的转身》，《南风窗》，2010年第23期。

逯莹：《中国社会组织国际化浅析——以全球能源研究所为例》，《黑河学刊》，2011年第6期。

李峰：《国际社会中的国际宗教非政府组织》，上海人民出版社2013年版。

李韬：《沉默的伙伴——美国现代慈善基金会研究》，中国社会出版社 2008 年版。

李先波：《主权人权国际组织》，法律出版社 2005 年版。

李赞：《国际组织的司法管辖豁免研究》，中国社会科学出版社 2013 年版。

李英：《论联合国对区域性国际组织的监督与制约》，《国际关系学院学报》，2001 年第 1 期。

李瑞昌：《试论国际组织风险规制强化及其政治后果》，《现代国际关系》，2004 年第 2 期。

李小瑞：《对外援助的国际法律规范分析》，《国际关系学院学报》，2012 年第 2 期。

李安山：《为中国正名：中国的非洲战略与国家形象》，《世界经济与政治》，2008 年第 4 期。

倪健：《民间组织在公共外交中大有可为》，《公共外交季刊》，2013 年秋季号第 2 期（总第 15 期）。

吕晓莉：《中国非政府组织在民间外交领域中的作用研究》，《中国治理评论》，2013 年第 4 期。

吕晓莉：《中国非政府组织的国际化路径研究》，《当代世界与社会主义》，2012 年第 12 期。

马广志：《民间组织的国际化路径》，《华夏时报》，2013 年 2 月 21 日。

［美］玛格丽特·E. 凯克、［美］凯瑟琳·辛金克：《超越国界的活动家：国际政治中的倡议网络》，韩召颖等译，北京大学出版社 2005 年版。

刘鸿武、沈蓓莉：《非洲非政府组织与中非关系》，世界知识出版社 2009 年版。

刘贞晔：《国际政治领域中的非政府组织：一种互动关系的分析》，天津人民出版社 2005 年版。

王名：《英国非营利组织》，社会科学文献出版社 2009 年版。

王名：《中国民间组织 30 年（1978—2008）：走向公民社会》，社会科学文献出版社 2008 年版。

王名：《中国非营利评论》，社会科学文献出版社 2007 年版。

王名、李勇、黄浩明编著：《德国非营利组织》，清华大学出版社2006年版。

王杰等：《全球治理中的国际非政府组织》，北京大学出版社2004年版。

孙发锋：《涉外民间组织对中国国家安全的影响及对策》，《领导科学》，2014年第6期。

唐兴霖：《国家与社会之间：转型期的中国社会中介组织》，社会科学文献出版社2013年版。

唐小松：《中国公共外交的发展及其体系构建》，《现代国际关系》，2006年第2期。

徐莹：《中国参与能源国际组织的现状及前景》，《现代国际关系》，2010年第12期。

肖杨、严安林：《台湾基金会》，九州出版社2009年版。

［美］詹姆士·N.罗西瑙：《没有政府的治理》（中译本），张胜军、刘小林等译，江西人民出版社2001年版。

［美］约瑟夫·S.奈、约翰·唐纳胡：《全球化世界的治理》（中译本），王勇译，世界知识出版社2003年版。

［德］贝亚特·科勒－科赫等：《欧洲一体化与欧盟治理》（中译本），顾俊礼等译，中国社会科学出版社2005年版。

［美］迈克尔·麦金尼斯：《多中心体制与地方公共经济》（中译本），毛寿龙译，上海三联书店2000年版。

［美］B.盖伊·彼德斯：《政府未来的治理模式》，吴爱明、夏宏图译，中国人民大学出版社2000年版。

［美］西奥多·H.波伊斯特：《公共与非营利组织绩效考评：方法与应用》，肖鸣政等译，中国人民大学出版社2005年版。

［美］埃莉诺·奥斯特罗姆：《公共事物治理之道》，余逊达、陈旭译，上海三联书店2000年版。

［美］珍妮特·登哈特，罗伯特·登哈特：《新公共服务：服务而不是掌舵》，丁煌译，中国人民大学出版社2004年版。

［美］戴维·奥斯本、特德·盖布勒：《改革政府：企业精神如何改革着公共部门》，上海译文出版社1996年版。

〔美〕E. S. 萨瓦斯：《民营化与公私部门的伙伴关系》，周志忍译，中国人民大学出版社 2002 年版。

〔美〕B. 盖伊·彼得斯：《政府未来的治理模式》，吴爱明等译，人民出版社 2001 年版。

张楠：《民间外交与政府外交关系探析——以东亚地区民间外交为例》，《南京政治学院学报》，2013 年第 3 期。

邹谠：《二十世纪中国政治》，牛津大学出版社 2002 年版。

苏力：《规制与发展——第三部门的法律环境》，浙江人民出版社 1999 年版。

冯彩红、刘桥、刘姗姗、罗莎、马琳：《关于在中国的澳大利亚非政府组织的调研报告》。

胡卫清：《英国长老会在客家地区传教活动研究（1881—1949）》，《汕头大学学报》（人文社科版），2014 年第 8 期。

龙宁丽：《区域性社会组织的集聚发展——对国际工商经济类社会组织在深圳前海集聚发展机制研究》，《中国社会组织》，2013 年第 3 期。

刘鹏：《从分类控制走向嵌入型监管：地方政府社会组织管理政策创新》，《中国人民大学学报》，2011 年第 5 期。

灵子：《一个官办基金会的转身》，《南风窗》，2010 年第 23 期。

李安山：《为中国正名：中国的非洲战略与国家形象》，《世界经济与政治》，2008 年第 4 期。

黎尔平：《多维视角下的国际非政府组织》，《公共管理学报》，2006 年第 3 期。

刘佑平：《美国 NGO 在华活动的现状和影响》，《凤凰周刊》，2012 年第 13 期。

韩俊魁：《境外 NGO 在中国 15 年的影响利大于弊》，《公益时报》，2010 年 10 月 12 日。

张海滨：《依法管理不做"鸵鸟"》。http：//www. newpathfound. org/html/volunteer/shiye/20080619/322. html.

俞可平：《对中国公民社会若干问题的管见》，见高丙中等：《中国公民社会发展蓝皮书》，北京大学出版社 2008 年版，第 26 页。

江忆恩、肖欢容：《美国学者关于中国与国际组织关系研究概述》，

《世界经济与政治》，2001 年第 8 期。

王岳：《俄罗斯如何应对外国非政府组织》，《国际资料信息》，2008 年第 2 期。

王妮丽、王虹：《国际非政府组织在云南的项目运作》，《云南师范大学学报》，2009 年第 4 期。

余晖：《论行政体制改革中的政府监管》，《江海学刊》，2004 年 1 月。

赵黎青：《如何应对外国非政府组织》，《学习时报》，2006 年 9 月 18 日第 004 版。

周俊：《全球公民社会：理论模式与研究框架》，《现代哲学》，2006 年第 2 期。

钱春元：《美国私人基金会与美中关系：兼论国际政治社会化》，外交学院博士论文，2005 年。

胡敏：《境外公益性民间组织在华发展状况调研报告》，清华大学，硕士论文，2005 年。

蔡旻：《在华外国非政府组织依法登记问题研究》，上海交通大学硕士论文，2009 年。

1. 唐红丽：《主动应对其对中国国家安全的威胁和挑战草根》，《中国社会科学报》，2014 年第 5 期。

2. 于娜：《福特基金会悄然脱离 NGO？》，《华夏时报》，2011 年 8 月 5 日。http：//www. chinatimes. cc/pages/moreInfo1. htm？id＝25268.

3. 《美国 NGO 在华慈善活动分析报告》，《中国公益慈善网》，2013 年 7 月 29 日。http：//www. charity. gov. cn/fsm/sites/ngoreport/index. jsp

4. 《美国非营利组织运作和管理的启示与思考》，民政部赴美代表团学习考察报告，《社团管理研究》，2011 年 3 月。

5. 徐彤武：《慈善委员会——英国民间公益性事业的总监管》，2007 年 6 月 15 日。http：//www. chinalaw. gov. cn/article/dfxx/zffzyj/200706/20070600057239. shtml.

6. 郭鲲：《涉外民间组织拟合法登记》，《新浪网》。http：//news. sina. com. cn/c/2007－03－13/024411396501s. shtml.

7. 中华人民共和国外交部政府网站，http：//www. fmprc. gov. cn/mfa_

chn//20130329.

8.《广东放宽民间组织注册　境外组织担忧区别对待》，凤凰网资讯频道，http：//news. ifeng. com/shendu/sdzb/detail ＿ 2011 ＿ 12/01/11033858 ＿ 0. shtml.

9.《广州规定 NGO 接受境外资金需报告》，财新网政经频道，http-tp：//china. caixin. com/2014 － 11 － 05/100747180＿ 1. html.

10.《广东对在粤境外非政府组织推行年检制》，凤凰网资讯频道，http：//news. ifeng. com/mainland/detail＿ 2011＿ 05/18/6464785＿ 0. shtml.

11. 中华人民共和国民政部政府网站，http：//www. mca. gov. cn/article/zwgk/jggl/20130329.

致　谢

　　本项目三年的研究，得到课题组成员的大力支持和各方面人士的无私帮助。他们既有境外 NGO 人员，也有政府管理人员、大学学者，还有我的学生、朋友、家人，他们在课题组的访谈、问卷调查、问题讨论以及书稿审查等方面，都给予了无私的支持。在此表示诚挚的感谢！

　　感谢：绿色和平北京办公室项目协调专员罗志伟先生、国际人口服务组织云南办事处武海燕女士、世界自然基金会云南办事处赵云涛女士、国际计划云南办闫海霖女士、香港台湾慈济会香港静思堂陈女士、香港苗圃行动张民光副部长、绿色和平（香港区）李冠芬项目经理、香港社工人员协会郁德芬会长、香港民众安全服务队林国华总参事、张达贤参事、叶慧主任以及台湾 2001 年桃园国际青年商会会长简馨泓先生。还有乐施会深圳区陈平女士、深圳狮子会唐仕风先生以及 2013 年、2014 年深圳慈善博览会的境外 NGO 组织负责人。

　　感谢清华大学贾西津博士、北京师范大学王振耀教授、杨丽博士、中央编译局俞可平教授、中央编译局马瑞教授、龙宁丽博士、昆明理工大学黎尔平教授、上海交通大学第三部门研究中心徐家良教授、深圳开发研究院阮萌教授、深圳市社会科学院徐宇珊博士、广东外国语大学彭未名教授、深圳大学陈文博士、香港中文大学陈建民博士、汕头大学法学院徐兰兰博士。

　　感谢广东省民间组织局廖局、李建辉处长、韦建国处长，湖北省民政厅社会组织管理局村夫调研员、湖北省外事办杨处长等有关领导、湖南省民政厅杨先生、云南省民政厅民间组织管理局管理处姜莉副处长、广东省外语外贸大学吴副处长、深圳市民政局李文海副局长。

感谢湖北省潜江市姚立法先生，以及为我调研提供条件的各位朋友同学和学生。

感谢深圳职业技术学院管理学院 12 级、13 级行政管理专业的学生。尤其是邓翠琴、李境斌、林晓梅、温妙霞、王柳妹、杨冰冰、沈嘉明等同学。

最后，感谢课题组成员。没有大家的参与，以及家人的支持，就没有我们课题顺利结项。谢谢课题组成员及其家人的鼎力支持和无私奉献。

本书出版获得深圳职业技术学院著作出版基金资助。

本著作参考和借鉴了许多学者的相关成果，并得到中国社会科学出版社的支持和帮助，在此一并致谢！由于作者水平有限，书中错漏之处在所难免，敬请读者批评指正。

联系方式：hywei@ szpt. edu. cn

1090765467@ qq. com

作者

2015 年 8 月 28 日